真実の戦国時代

渡邊大門［編］

柏書房

はじめに

日本史の分野で最も人気のある時代は、戦国時代である。小説、映画、テレビドラマ（特にNHK大河ドラマ）でも、頻繁に取り上げられる時代でもある。人気の秘密は、個性豊かな多くの戦国武将が日本列島を舞台にして戦い、数多くの興味深いエピソードがあるからであろう。また、それぞれの地域を代表する戦国武将も存在し、熱心なファンが存在する。

ところが、一般に知られている戦国時代の基礎的な知識は、自分が教わった当時の中学校や高校の日本史の教科書、小説、映画、テレビドラマ（教養番組も含む）に基づいているのではないだろうか。そもそも小説などは、ストーリーを劇的かつ面白くするために、根拠のない逸話や創作を含むことがある。また、教科書も最新の研究成果を随時盛り込むのではなく、数年遅れで反映されることが多い。したがって、戦国史研究者と一般の戦国史ファンとでは、戦国時代に関する認識に格段の差があると言えるかもしれない。

例えば、平成二十六年（二〇一四）に放映されたNHK大河ドラマ「軍師官兵衛」では、主人公の黒田官兵衛《くろだかんべえ》（孝高《よしたか》）を「軍師」とするが、研究者の間では戦国時代における「軍師」なる者の存在は否定されている。また、平成十九年（二〇〇七）に放映されたNHK大河ドラマ「風林火山」の主人公は山本勘助《やまもとかんすけ》（介）であるが、その関連史料は近年いくつか新たに発見されたとはいえ、ごくわずかしか残っていないことに変わりはない。つまり、一年を通してその生涯を放映するには、ほとんどの部分を想像で補うしかないのである。

むろん、それだけではない。「太閤検地《たいこうけんち》によって本当に『兵農分離《へいのうぶんり》』が実現したのか」、「豊臣秀吉の『惣無事令《そうぶじれい》』は、本当に存在したのか」などのテーマは、教科書で取り上げられつつも、今も当否をめぐって議論が沸騰している研究テーマである。要するに、戦国時代の研究は現在進行形でどんどん書き換えられていると言っても、決して過言ではないのである。

しかし、これまでの戦国時代の入門書は、概して難解なこともあり、通読に困難を来たすケースがあったのも事実である。本書は「戦国時代についてもっと知りたいという方」をはじめ、「これから本格的に研究を志す大学一・二年生」などを読者として想定している。また、戦国時代の始期と終期については諸説あるが、本書ではおおむね応仁・文明の乱から関ヶ原の戦いまでを取り扱っている。

第1部では、そもそも戦国大名がいかなる存在だったのかをめぐり、その定義をはじめとして「家臣団」「外交」「法制」「史料」などの基礎的な問題を取り上げた。第2部では、戦国大名の重要な政策のうち「検地」「村落」「都市・経済政策」「惣無事」をテーマとして取り上げた。第3部では、最も関心が高いと考えられる「戦争・合戦」「城郭」「水軍」を取り上げている。第4部では、一見して脇役と思われている「天皇」「将軍」、そして「官途」の問題を取り上げた。最後の第5部では、「文化」「寺社」「キリスト教」「女性」の話題を取り上げている。

本書では戦国時代の主要なテーマを取り上げ、わかりやすく解説を行った。これまで漠然と信じていた戦国時代の常識は正しいのだろうか。あるいは、何か釈然としない思いで信じていたことは、本当に正しかったのだろうか。戦国時代のファンであれば、誰もが感じることはあるだろう。本書は、そうした疑問にも答えるはずである。

なお、本文では読みやすさを重視して、細かい研究文献の注記を省略し、また難解な漢文史料の掲出もあえて控えるようにした。最初から順番に読んでいただいても構わないし、興味のある項目から読んでいただいても構わない。きっと読者の戦国時代観が大きく変わるはずだ。

真実の戦国時代　目次

第4部　天皇・将軍と戦国大名 215

第5部　戦国期の宗教と文化

第1部
戦国大名とは何か

戦国大名論

はじめに――戦国大名イメージ

戦国大名は、戦国時代を最も象徴する存在と言えよう。戦乱に明け暮れた時代の申し子であり、下剋上《げこくじょう》によってその地位を築き、旧体制である室町幕府をも必要とせず、その領国内には独自の法（戦国法）を制定し、裁判権や軍事指揮権を独占し、自らの実力で支配を貫徹して、天下統一を目指し邁進《まいしん》していく姿を思い浮かべる人も多いであろう。東国の武田氏、北条氏、今川氏や、西国の毛利氏、大友氏を筆頭に、大小様々な戦国大名を全国に見出すことができる。

戦国大名については、過去、約六十年間の研究蓄積があり、様々な論点と事実関係が明らかにされている。ここで論点すべてを俯瞰《ふかん》することは無理であるが、基礎的な研究動向を中心に叙述を進めていきたい。

戦国大名という術語

そもそも戦国大名という言葉は、十五・十六世紀の同時代史料には登場しない。すなわち史料用語ではない。そのため、戦前から戦後すぐまでの研究者は、戦国時代に現れた強大な地方権力を、「戦国諸侯《しょこう》」「戦国の諸大名」「諸大名」などと呼んでいた。戦国時代における大名、という意味である。実のところ、戦国時代という言葉自体も同時代史料には登場せず、戦国時代という言葉で十五・十六世紀社会を呼ぶようになったのは、明治時代になってからである。早い例としては、明治二十九年（一八九六）の三浦周行《みうらひろゆき》氏の「戦国時代の国民会議」や、明治四十三年（一九一〇）の論集『戦国時代史論』（三省堂書店）が挙げられる（山田：二〇一五）。

戦国大名を学術語として初めて使用したのは、一九五〇年代、太閤検地論《たいこうけんちろん》で学界に論争を巻き起こした安良城盛昭《あらきもりあき》氏である。それまでの守護大名と戦国期の大名との間に質的な断絶を見て、「戦国諸侯」（戦国大名）の発展形態が近世大名だとする中村吉治《なかむらきちじ》氏の見解に対し、安良城氏は昭和二十八年（一九五三）発表の「太閤検地の歴史的前提」で、戦国大名は中世社会の最終段階の政治権力であって、近世大名との間に質的差があるとした。安良城氏は、太閤検地によって奴隷制《どれいせい》に終止符が打たれた点に、中世と近世の断絶を見たのである。これにより、戦国大名の用語に歴史的意味が付与されることとなった。

基本事項の提出

昭和三十五年（一九六〇）に奥野高廣《おくのたかひろ》氏がまとめた概説書『戦国大名』は、戦国大名の成立から家臣団構成、動員兵力、兵器、民政、攻撃的経済戦略の章を設けて、その特徴を概観している（奥野：一九六〇）。その三年後、安良城氏の批判を受けた中村吉治氏も論文「戦国大名論」で、領国の形成、貫高制《かんだかせい》、検地と人別改《にんべつあらため》、領国制度、領国経済、戦国合戦論、戦国大名論の項目を設けており、この段階で戦国大名を語る上での基本事項は提出されている（中村：一九六三）。昭和三十九年（一九六四）に発表された村田修三《むらたしゅうぞう》氏「戦国大名研究の問題点」では、ここ十年間の研究は戦国大名を近世大名へ移行する過渡期と見るが、近世大名への必然化として見ることで見えなくなる部分が生まれるとする。「権力が模索した諸々の可能性」を探り、戦国大名権力の特殊性を明らかにすべきとする（村田：一九六四）。本格的な研究が始まってわずか十年余りで、戦国大名論の大枠は示されたと言えよう。

ちなみに、平成二十六年（二〇一四）に刊行された黒田基樹《くろだもとき》氏の概説書『戦国大名』は、戦国大名概念、家臣団構造、税制、流通政策、行政機構、国衆《くにしゅう》との関係、戦争、近世大名への展望を章立ての内容としている（黒田：二〇一四）。扱う項目は奥野・中村両氏とよく似ているにもかかわらず、そこで描かれた戦国大名像は、その後五十年間に深められた自立する村や戦争、流通、国衆、家中《かちゅう》など、東国を事例としつつも、戦国大名を特徴づける近年の研究を多く採り入れており、従来の研究とは随分と違うことに気づくであろう。

国人

　従来、戦国大名が生み出された中世後期の社会は、「在地《ざいち》（現地）」支配に深く関わる「国人《こくじん》」と呼ばれる人々を明らかにすれば解明できる、として研究が進められてきた。これは生産世界を生活の根拠地とし、在地民の生産活動に対して強い指導性を持っていた領主層によって中世社会が生み出され、推進されたことによる。彼ら領主層を、京・奈良などに住む都市貴族や寺社の荘園《しょうえん》領主（都市領主）と区別して、「在地領主《ざいちりょうしゅ》」と呼んだ。特に鎌倉時代は、鎌倉幕府の御家人《ごけにん》層（地頭《じとう》）を中心に、南北朝・室町時代は国人と呼ばれる人々によって在地支配が進められた。

　国人は史料用語であり、国人の解明こそ中世後期社会を解くカギと見たのである。中でも、その支配のあり方（領主制）が重要と考えられた。この国人語句とその領主的側面を合わせた「国人領主」という造語も生まれた。「国人領主」を含む在地領主の支配のあり方は「在地領主制」と呼ばれた。国人研究は、当初、在地領主―名主百姓《みょうしゅひゃくしょう》という縦の関係を重視した領主的側面（国人領主制）に重きを置いた研究が中心であった。しかしその後、国人の存在形態に関心が移り、横の繋がりを重視した一揆《いっき》研究（国人一揆）へと研究者の関心は向かう。これは一九八〇年代以降の、社会史や一揆論の隆盛によるところが大きい。

そして、国人理解の到達点は、御家人のほかに荘園の代官や沙汰人《さたにん》など幕府―守護に対する公役《くやく》の納入責任者が国人と呼ばれていたとする理解である（伊藤：一九九三）。つまり国人とは、室町幕府との関わりを抜きにしては成り立たない語句なのである。

大名領国制論

昭和四十二年（一九六七）の永原慶二《ながはらけいじ》氏の著書『大名領国制』に始まる大名領国制論は、中世後期を守護領国制と戦国大名領国制の二段階に設定し、戦国大名領国制は在地領主制が高度に発達した段階と位置づける。すなわち戦国大名は、荘園制的秩序を克服して成長した「国人領主」や、農民上層から成長した新興の地侍《じざむらい》的「小領主《しょうりょうしゅ》」層から構成される在地領主を家臣化して権力基盤としており、在地領主制を土台とする領域支配体制が戦国期の大名領国制であるとした（永原：一九六七・一九七六・一九九二）。永原氏の大名領国制を継承したのが池享《いけすすむ》氏で、大名領国制を「地域封建権力による一国人領主を越えた独自の公的領域支配制度」と位置づける（池：一九八八）。

戦国領主論

一九七〇年代後半は、領主制論の退潮をいかに克服するかという試行錯誤の時期であった。昭和五十四年（一九七九）に発表された矢田俊文《やたとしふみ》氏の戦国領主論は、それまでの戦国大名・大名権力論に対し、領主像の相対化を目指したものである。矢田氏によれば、室町期の国人領主が、判物《はんもつ》・印判状《いんばんじょう》という直状《じきじょう》形式（側近者が上意を奉じて出す奉書《ほうしょ》形式に対し、発給者自身が差出者となる形式）の文書を発給する自立した郡規模の領域支配を行う地域権力、すなわち「戦国領主」と呼ぶべき存在に変化したと見る。そして、それは戦国大名と同質の権力体であったとする（矢田：一九七九）。戦国期権力論の立場から、戦国大名用語をも不要とする見解であり、戦国社会の見方を変える視点を提供した点で重要である。

戦国期守護論

一九八〇年代半ばには、それまでの戦国史研究の総括が行われた。それは昭和五十八年〜昭和六十一年（一九八三〜八六）に全十八冊で刊行された『戦国大名論集』で、総論・地域別・個別大名・統一政権の四部に分け、基本的研究を再録し、詳細な文献目録に研究動向をまとめた解説を付したものである。この時期までの戦国史研究の到達点であると共に、その後の起点となる論集であった。

この論集刊行の最中である昭和六十年（一九八五）、矢田氏に続いて戦国大名像に改変を迫る研究が現れる。それは、室町幕府から離れて独自の領国支配を達成していたとするそれまでの戦国大名論に対し、戦国期に至っても室町幕府の規定性が無視できない点を明らかにした戦国期守護論である（今岡・川岡・矢田：一九八五年）。戦国期の領域支配権力者が、室町期の守護権（国成敗権）を継承することで支配を成り立たせていたことを重視するもので、室町幕府―守護体制の枠組みが戦国期においても規定性を持ち続けていたとする。

この頃に、戦国期における室町幕府は無力で実態のない存在という評価の段階から、衆議《しゅうぎ》による政務体制を整えた、幕府として実質的に機能していたとする段階へと至る。また、戦国大名自身の問題として、領国経済が領国内で自己完結できず、検地も不徹底であったため、自前で権威を確立できなかった点を、将軍権威の利用や、旧主家をも奉戴《ほうたい》する形で克服していくことも、徐々に明らかになってきた。

家中論

一九七〇年代後半から、研究者の関心は地域社会や一揆へと向かい、八〇年代に入ると戦国期の様々な在地領主の一揆結合が発見された。その一つが、戦国大名や戦国期の在地領主に見られる「家《か》中《ちゅう》」である。

「家中」の研究は、昭和五十五年（一九八〇）の松浦義則《まつうらよしのり》氏の論文「戦国期毛利氏『家中』の成立」に始まる。松浦氏は、室町期の毛利《もうり》一族の団結が惣領《そうりょう》中心の「盟約的な衆中組織」（一家中）段階から、毛利庶子の執権《しっけん》就任（執権制）の段階を経て、享禄《きょうろく》五年（一五三二）に毛利「家中」が成立するとした。

成立の契機は、「家臣相互の矛盾克服のための一揆的結合といういわば『下から』の動向」があったとする（松浦：一九八〇）。これに続いて矢田俊文氏は、国人領主が水利権・流通権を毛利氏へ一元化することで領主経営の危機を乗り切り、自らは小領主化し、毛利氏「家来《けらい》」（＝家中）が成立するとして、毛利「家来」の画期を天文《てんぶん》十九年（一五五〇）とした（矢田：一九八二）。

西国の毛利氏に対し、東国では、文明《ぶんめい》年間（一四六九〜八七）から慶長《けいちょう》五年（一六〇〇）まで史料に見える「洞《うつろ》」が市村高男《いちむらたかお》氏によって検討された。洞とは「東国の旧族領主層が地域権力へ転化してゆく過程で形成した新たな社会集団（族縁的集団）」であり、重層的に存在し、「公」的性格を有する。北条氏などの新興勢力や、旧来の諸関係解体を志向する勢力には洞は成立せず、洞を基盤とする中小の「地域領主」と、北条氏などの「地域的統一権力」との区分と差の検討が必要だとする（市村：一九八一）。

これらの研究を受けて池享氏は、一揆的結合を契機として成立した「家中」が、その確立過程で「上意」支配に服する、その意味を問うべきだとした。そして戦国大名への家臣化は「家中」化の前提であり、「家中」編成の独自の原理を明らかにすべきだとする（池：一九八三）。

池氏の「家中」論を継いだ菊池浩幸《きくちひろゆき》氏は、平成十三年（二〇〇一）に、「家中」形成の要因を喧嘩・人返《ひとがえし》・所領などの相論《そうろん》や戦争問題（毛利氏の軍事指揮権による主導）に求め、天文十九年に「井上氏誅罰《ちゅうばつ》」という毛利家の体制的危機を共同で克服して成立した、毛利氏当主と家臣との重層的な領主の結集体」が「家中」だとする。そして「家中」は身分制的編成でなく、領主の地域的結集体である

「衆」の集合によって成り立っている点から、「家中」は地域的に拡大できるとする。さらにその統合のあり方は、大名が「領主層の地域的結合関係を容認した緩やかな統合」であるとした（菊池：二〇〇一ａｂ）。

また長谷川裕子《はせがわやすこ》氏は、村落間の諸権益をめぐる争いが大名家臣間の対立構造を生み出している点を指摘し、これを回避するために領主層は結集して、様々な紛争解決を実現する「家中」を成立させたとする。戦国大名が村と直接対峙《たいじ》するようになるのも、家臣同士の対立軽減であり、「家中」内の争いや離反を避けるためという（長谷川裕：二〇〇一）。つまり、個々の領主は自立救済を放棄し、大名権力に判断を委ねる状況が生まれたのである（黒田：二〇〇六）。

国衆

「家中」について黒田基樹氏は東国の事例から、戦国大名の「家臣団」を一門《いちもん》・譜代《ふだい》・外様《とざま》に区分し、「家中」は譜代にあたる者のみで、大名から知行《ちぎょう》などの直接扶持《ふち》を受けるという点で「家中」構成員のみが「家臣」と言えるとした（黒田：一九九七）。また「国人領主」概念は、室町期のものであり、戦国期の領主制とは区別すべきとし、国人用語も身分標識としての側面が強いため、戦国期に多く史料に登場する「国衆《くにしゅう》」用語の使用を提起した。

国衆とは、昭和四十四年（一九六九）に峰岸純夫《みねぎしすみお》氏が、関東において十六世紀前半に徐々に形成された「領主権の及ぶ地域的・排他的・一円的な領域を意味する」『領』の階級結集の人的側面が『衆』であると捉えた「衆」理解を敷衍《ふえん》したもので、国衆を「地域的領主」と捉える（峰岸：一九六九）。これは戦国大名の領国支配を考える際に有効で、これによって様々な属性や領域の違いを持つ領主たちを、国衆という括りで一元的に捉えることができるようになる。ただし、東国では家中・国衆の使用例は少なく、「国衆は永禄以降に限られ、北条氏の使用例は稀有である」とする市村高男氏の指摘もあり、東国における家中・国衆の意味については考察の余地がある（市村：二〇一五）。

発給文書から権力の違いを探る

戦国領主論では、室町期の「国人領主」が判物《はんもつ》・印判状《いんばんじょう》という直状《じきじょう》形式の文書を発給し始めることに、自立した郡規模の領域支配を行う地域権力の誕生を見たのであるが、発給文書形式の違いに戦国大名の地域差を明らかにした研究も現れた。山室恭子《やまむろきょうこ》氏は全国の戦国大名の発給文書の形式を分類し、東国に印判状形式（印章を捺《お》した文書）が多く、西国には非印判状形式の文書（花押《かおう》を据えるなど）が多いことを突き止めた。そこでは東国の大名が郷村《ごうそん》へも文書を多く発給するのに対し、西国の大名は少ない点や、命令や優遇措置を講じた内容が多い東国の大名に対し、西国の大名は抽象的な名誉を与える内容が多いことなどを分析し、大名と家臣との力関係の違いが発給文書形態の違いに現れているとする（山室：一九九一）。

発給文書の変化に守護大名から戦国大名への転換を見た事例として、京極《きょうごく》氏が挙げられる。宮島《みやじま》敬一《けいいち》氏は、戦国大名の指標として、「①守護職権、あるいは幕府との関係によって存立しているのではないこと、②守護あるいは幕府（将軍）権力から脱皮・展開し、独自の権力編成をとっていること、③一定地域・地域社会における統治者・支配者であること、④戦国時代の社会に規定されあるいは対応して、固有の完結した権力編成・権力体系を形成していること」とする（宮島：一九九六）。

この指標に沿って、室町期に出雲《いずも》・隠岐《おき》（共に島根県）、近江《おうみ》（滋賀県）、飛驒《ひだ》（岐阜県）四ヶ国の守護であった京極氏の発給文書を見ると、①応仁の乱まで発給された当主の直状が無くなり、乱後は書状しか発給しなくなること、②奉行人が担う奉書《ほうしょ》（奉行人奉書）の書式が、「行政的問題の執行」を担うものから「所領の宛行《あてがい》など主従制的原理」を担うものへ変化する点から、京極氏権力の性格が転換し、守護大名ではなく戦国大名となったと見るのである。そのため、戦国大名化の時期は、京極氏は応仁の乱後、その後の浅井《あざい》氏の場合は天文末期とする（宮島：二〇〇八）。

国家・公儀論

戦国大名は、「国家」という新しい言葉を用いた。自らの支配領域（国）と当主の家を成り立たせる家臣たち（家）の総体を「国家」と戦国大名は意識し、「国家の存続を至上目的とし、国家のためと称してその構成員に対し国家への忠誠を強制し、その政策を国家の意志としての国法というかたちで実現させようとしていた」と勝俣鎮夫《かつまたしずお》氏は指摘する（勝俣：一九九四）。そして戦国大名は自らを「公儀《こうぎ》」や「大途《だいと》」と称して、「公《おおやけ》」として自身の行為を正当化し権威づけていく（永原：一九九一、久保：二〇〇一）。

おわりに――いかなる課題のために戦国大名概念を措定するか

平成二十四年（二〇一二）、村井良介《むらいりょうすけ》氏は、これまでの「戦国大名とは何か」という問いの立て方自体に問題があると指摘した。いかなる課題のために戦国大名概念を措定《そてい》するかが重要だとするのである。矢田氏の戦国領主論を深化させた議論であり、村井氏の場合は、戦国大名と「戦国領主」を同レベルでは捉えていないが、「戦国大名と、独自の『家中』と『領』を持つという『戦国領主』の関係」を問い、「戦国大名による『戦国領主』の編成が、軍事的暴力のあり方や、地域秩序形成に与えた影響」について考察を行っている（村井：二〇一二）。

続いて長谷川博史《はせがわひろし》氏も、毛利氏の「家中」形成の段階を示すとされた享禄・天文・弘治《こうじ》の起請文《きしょうもん》を検討し、これら起請文が毛利元就《もとなり》もしくはその周辺の構想によるもので、「家中の一揆的な性格やその変化を反映させ顕在化させたものとは必ずしも言え」ないことを指摘し、「戦国期固有の状況」の抽出が重要であるとした（長谷川博：二〇一五）。

家中論を軸に「戦国期固有の状況」を探る方向性が示される中で、戦国大名概念は現在、その有効性が揺らぎつつあると言えよう。

主要参考文献

安良城盛昭「太閤検地の歴史的前提」（『日本封建社会成立史論』上、岩波書店、一九八四年。初出一九五三年）
池享「戦国大名権力構造論の問題点」（『大名領国制の研究』校倉書房、一九九五年。初出一九八三年）
池享「大名領国制試論」（池前掲書。初出一九八八年）
市村高男「戦国期における東国領主の結合形態」（『戦国期東国の都市と権力』思文閣出版、一九九四年。初出一九八一年）
市村高男「地域的統一権力の構想」（『岩波講座日本歴史』第9巻中世4、岩波書店、二〇一五年）
伊藤俊一「南北朝～室町時代の地域社会と荘園制」（『室町期荘園制の研究』塙書房、二〇一〇年。初出一九九三年）
今岡典和・川岡勉・矢田俊文「戦国期研究の課題と展望」（『日本史研究』二七八号、一九八五年）
奥野高廣『戦国大名』（塙書房、一九六〇年）
小和田哲男『戦国大名』（教育社歴史新書、一九七八年）
勝俣鎮夫「戦国大名「国家」の成立」（『戦国時代論』岩波書店、一九九六年。初出一九九四年）
菊池浩幸「戦国期「家中」の歴史的性格」（『歴史学研究』七四八号、二〇〇一年a）
菊池浩幸「戦国期領主層の歴史的位置」（『戦国史研究』別冊、二〇〇一年b）
久保健一郎『戦国大名と公儀』（校倉書房、二〇〇一年）
久留島典子『日本の歴史13　一揆と戦国大名』（講談社学術文庫、二〇〇九年。初刊二〇〇一年）
黒田基樹「戦国期外様国衆論」（『増補改訂　戦国大名と外様国衆』戎光祥出版、二〇一五年。初刊一九九七年）
黒田基樹『百姓から見た戦国大名』（ちくま新書、二〇〇六年）
黒田基樹『戦国大名――政策・統治・戦争』（平凡社新書、二〇一四年）
永原慶二『体系・日本歴史3　大名領国制』（日本評論社、一九六七年）
永原慶二「大名領国制の構造」（『戦国期の政治経済構造』岩波書店、一九九七年。初出一九七六年）
永原慶二『日本中世の社会と国家　増補改訂版』（青木書店、一九九一年）

中村吉治「戦国大名論」（『幕藩体制論』山川出版社、一九七二年。初出一九六三年）
長谷川博史「国人一揆と大名家中」（『岩波講座日本歴史』第9巻中世4、岩波書店、二〇一五年）
長谷川裕子「地域権力家中の形成とその背景」（『中近世移行期における村の生存と土豪』校倉書房、二〇〇九年。初出二〇〇一年）
藤木久志『戦国社会史論――日本中世国家の解体』（東京大学出版会、一九七四年）
藤木久志『戦国大名の権力構造』（吉川弘文館、一九八七年）
松浦義則「戦国期毛利氏「家中」の成立」（広島史学研究会編『史学研究五十周年記念論叢日本編』福武書店、一九八〇年）
峰岸純夫「戦国時代の「領」と領国」（『中世の東国――地域と権力』東京大学出版会、一九八九年。初出一九六九年）
宮島敬一『戦国期社会の形成と展開――浅井・六角氏と地域社会』（吉川弘文館、一九九六年）
宮島敬一『浅井氏三代』（吉川弘文館、二〇〇八年）
村井良介『戦国大名権力構造の研究』（思文閣出版、二〇一二年）
村田修三「戦国大名研究の問題点」（永原慶二監修『戦国大名論集1　戦国大名の研究』吉川弘文館、一九八三年。初出一九六四年）
矢田俊文「戦国期の権力構造」（『日本中世戦国期権力構造の研究』塙書房、一九九八年。初出一九七九年）
矢田俊文「戦国領主の成立」（矢田前掲書。初出一九八二年）
山田邦明「戦国の争乱」（『岩波講座日本歴史』第9巻中世4、岩波書店、二〇一五年）
山室恭子『中世のなかに生まれた近世』（講談社学術文庫、二〇一三年。初刊一九九一年）
『戦国大名論集』全十八巻（吉川弘文館、一九八三～八六年）

西島太郎（にしじま・たろう）

一九七〇年生まれ。松江歴史館学芸員。博士（歴史学）。
主要業績：『戦国期室町幕府と在地領主』（八木書店、二〇〇六年）、「中世後期の在地領主研究」（中世後期研究会編『室町・戦国期研究を読みなおす』思文閣出版、二〇〇七年）、「室町幕府奉公方と将軍家」（『日本史研究』五八三号、二〇一一年）など。

戦国・織豊期の家臣団編成

はじめに

ここでは、戦国大名や織田・豊臣期の家臣について考察する。もとより、家臣は大名にとって自らの権力を支える源泉であるから、これをうまく編成・統御し、最大限に活用しようとするのは当然である。それに失敗すれば、国力の低下によって他大名に滅ぼされるか、または反乱によってその座を追われるかもしれなかったから、極めて切実な課題であった。やがて統一政権である豊臣期に入ると、家臣＝大名の時代となり、統制の形態も大きく様変わりしていくことになる。

戦国大名の家臣団

全国に散在する戦国大名の家臣団のありようが同じであるはずもないが、初めに家臣の種類について、大まかではあるが整理しておこう。

まず、当主に直属する直臣《じきしん》集団がある。北条《ほうじょう》氏ではこれを「小田原衆《おだわらしゅう》」と呼び、本城の小田原城（神奈川県小田原市）に配備されていた。また当主の親衛隊として馬廻衆《うままわりしゅう》があり、これに足軽衆《あしがるしゅう》を加えた三つが当主直属の軍団であった。こういった直臣層には領地高の格差があり、それに応じて彼らは寄親《よりおや》・寄子《よりこ》という二つの階層のどちらかに分けられている。寄親は、ほかの家臣を軍事的・政治的に指揮し、寄子は寄親の配下に入って、その軍事的・政治的指揮を受けた。また、各支城にもそれぞれ軍団が配置されていた（黒田：二〇一四）。

次に国衆《くにしゅう》であるが、西日本最大の戦国大名であった毛利《もうり》氏においては、国衆と呼ばれるのは国人《こくじん》（在地領主）の中でも特に有力な家に限られていた（秋山：一九九八）。彼らは元来、毛利氏と同格の存在であったが、元就《もとなり》の勢力拡大を経て、やがてはその臣下として再編されていく。

それから他国衆《たこくしゅう》であるが、これは外様《とざま》国衆と言うべきもので、戦国大名の権力の外部にあって自立的に存在していたとされる。大名から領地の安堵を受けはするが、直臣とは異なり、役（税）を負担することはなかった。

最後に一門衆《いちもんしゅう》であるが、言うまでもなく当主の親族であり、これも役は負担せず、独自の家臣団を編成していた。

さて、次に大名と家臣の関係について、もう少し論点を絞って見ていこう。

毛利氏においては、加冠状《かかんじょう》や補任状《ぶにんじょう》といったものが数多く出されている。加冠状とは、大名が自身の名乗りの一字を与えるもので、家臣が元服《げんぷく》する際に出されるのが通例であった。毛利氏では「元」

字を与えている。補任状は官途名《かんと》（筑前守《ちくぜんのかみ》、左衛門尉《さえもんのじょう》などといったもの）を称することを許すものだが、正規に朝廷から与えられるわけではなく、あくまで大名が独自に行っているに過ぎない。つまりは私称（僭称《せんしょう》）である。このような現象は、戦国時代には全国的に横行するようになるが、毛利氏ではこれを言わば家の制度として家臣団統制に利用した。正式なものではなくても、大名家中においてはこれを当主から与えられることが大きなステータスだったのである。

そしておそらくは、最大にして最後の戦国大名とも言うべき織田信長も、同様のことを行っている。例えば羽柴秀吉は筑前守、柴田勝家《しばたかついえ》は修理亮《しゅりのすけ》という官途名を名乗っているが、これらも私称に過ぎないであろう。上洛した信長は朝廷を保護したから、信長が朝廷に奏上《そうじょう》して正式な官途をもらってあげたに違いないと考える向きもあるが、筆者はこれには賛同しない。理由は二つある。

第一に、秀吉が筑前守を称するようになるのは天正《てんしょう》四年（一五七六）からだが、それ以降も藤吉郎《とうきちろう》という通称を約六年間にわたって用いているからである。つまり秀吉は、時に筑前守、また、ある時には藤吉郎というように使い分けていたのだ。もし筑前守が正式な官途であったならば、権威好きな秀吉のこと、きっと筑前守だけを使用したのではなかろうか。

第二に、秀吉が天正十年（一五八二）十月三日付けで従五位下《じゅごいのげ》に叙されているからである（「木下家文書」）。筑前守に任官したならば、必ず同時に位階が与えられている。筑前守ならば従五位下相当だから、秀吉はこの六年前にはすでに従五位下に叙されていなければならない。同じ位に叙すということは普通あり得ないので、天正十年の段階で秀吉は無位無官であったに違いないのだ。

もっとも、信長の家臣で正式な官途を与えられた者もわずかだが存在する。京都の奉行職を務めた村井貞勝《むらいさだかつ》などはその中の一人で、おそらくは京都において、信長になり代わって公家と折衝を行うにあたり、無位無官では不都合が生ずるとの考えによるものであろう。これは言わば特例的措置であり、信長は基本的に一族以外の任官には消極的であった。

織田信長の家臣団

信長を支えた家臣団を地域別に分けてみた場合、その中核が尾張衆《おわりしゅう》であったことは間違いない。尾張（愛知県）は織田家の本貫の地であり、柴田勝家・佐久間信盛《さくまのぶもり》・丹羽長秀《にわながひで》・羽柴秀吉といった軍団長クラスはいずれもこれに属する。滝川一益《たきがわかずます》は近江《おうみ》（滋賀県）出身と言われるが、信長出世の契機となった永禄《えいろく》三年（一五六〇）の桶狭間《おけはざま》の戦いより、だいぶ前に信長に仕えているから、ここに入れてよいだろう。やや格が下がるが、池田恒興《いけだつねおき》・川尻秀隆《かわじりひでたか》・前田利家《まえだとしいえ》・佐々成政《さっさなりまさ》らも尾張出身である。彼らは皆、戦場における歴戦の指揮官であった。

次に美濃衆《みのしゅう》である。ここまでが、信長の譜代《ふだい》と言えようが、明智光秀《あけちみつひで》・森可成《もりよしなり》・稲葉良通《いなばよしみち》・安藤守就《あんどうもりなり》・蜂屋頼隆《はちやよりたか》などがいる。主に、かつて斎藤《さいとう》家に仕えていた者たちで、永禄十年（一五六七）の斎藤氏没落に伴って信長の家臣となっている。もっとも、明智光秀についてはやや異色な経歴で、越前《えちぜん》（福井県）の朝倉義景《あさくらよしかげ》や、のちに信長に擁立されて室町幕府最後の将軍となった足利義昭《あしかがよしあき》などに付き従ったあとで信長に仕えている。尾張・美濃両国の部将は織田家の戦力の基盤であり、これらの軍団を率いて信長は京都を目指すことになる。

京都を制圧した信長は、さらに近隣の諸国をも切り従え、支配領域は一気に拡大していく。これに伴って家臣団も膨張し、摂津《せっつ》（大阪府・兵庫県の一部）の荒木村重《あらきむらしげ》・中川清秀《なかがわきよひで》・高山右近《たかやまうこん》、大和《やまと》（奈良県）の松永久秀《まつながひさひで》・筒井順慶《つついじゅんけい》などがその傘下に入った。

やがて四方を敵に回した信長は、能力のある者を抜擢し、各地に軍団長として派遣する。北陸へは柴田勝家、中国地方へは羽柴秀吉、天正《てんしょう》十年（一五八二）三月に仇敵《きゅうてき》である甲斐《かい》（山梨県）の武田《たけだ》氏を滅ぼしたあとは関東へ滝川一益が送り込まれ、各軍団強化のため、その麾下《きか》には信長の直臣が与力《よりき》として配属された。特に柴田勝家には、強敵である越後《えちご》（新潟県）の上杉《うえすぎ》氏に対抗するためであろう、前田利家・佐々成政・不破光治《ふわみつはる》といった有力部将が属している。

各軍団長は、信長からその才覚を認められた者たちが任にあたったが、末期には形態が変化してくる。例えば天正九年（一五八一）の伊賀《いが》（三重県）平定戦における主将は信長次男の信雄《のぶかつ》であったし、翌十年の武田氏攻撃における事実上の総大将は嫡男信忠《のぶただ》だった。また、本能寺《ほんのうじ》の変《へん》の発生によって実現しなかったが、天正十年六月に予定されていた四国攻略戦では三男信孝《のぶたか》が総大将とされている。息子たちが成長し、ある程度任せられる年齢に達したことも理由の一つであろうが、それだけではあるまい。大敵と対峙《たいじ》しこれを打ち破るには、当然ながら大将の資質は重要な要素となる。しかし、圧倒的な戦力差があれば別であろう。頼りになる補佐役さえ付けてやれば、さほど心配はいらないはずである。近い将来の全国統一を見据えた信長は、能力至上主義による家臣中心の軍事体制を改め、一門を中核とした体制へと変革させようとしていたのではなかろうか。

つまるところ織田政権は、軍事体制の枠組みを超えた体系的な家臣団統制の段階には至っていなかった。なおも周囲に敵対勢力を抱えていたのだから、それは当然ではあるが、後述するように、秀吉による組織的な体制を整えた豊臣政権とは大きな乖離《かいり》が存在することは否定できない。そこで筆者は、織田政権を戦国最末期、つまりは中世と見なし、豊臣政権以降を統一政権の時代、すなわち近世と見なしたいと思う。これも後述するが、豊臣政権の本質は、織田政権よりも徳川政権のほうが遥かに近かったのである。

さて、信長の家臣団を語る際に避けて通れないのは、天正十年六月に勃発した本能寺の変である。明智光秀の反逆によって信長の生涯が幕を下ろしたこの大事件は、あまりにも有名であろう。ここ最近は、やや下火になってきているように感じられるが、実行犯が光秀であるのは間違いないにしても、その背後には光秀をそそのかした人物がいるという、いわゆる「本能寺の変黒幕説」をめぐる論争は、世間でも大いに注目された。この黒幕説についてはここで触れるつもりはないが、もう一つ、別の問題については考えなければならないだろう。それは、本能寺の変が偶発的なものであったのか、それともある種の必然性を孕《はら》むものであったのか、という点である。これは織田政権の本質に関わる重要なテーマと言えよう。

本能寺の変が、信長の油断に起因する偶発的要素を多分に含んでいることは確かだろう。信長がせめて二、三千の兵を率いていれば、討ち漏らすことを恐れて、光秀は決起を思い止まったのではなかろうか。また、信長と時を同じくして上洛し、やはり光秀に襲われて自害することになる嫡男の信忠が別行動をとっていても、光秀は挙兵しなかったに違いない。すでに信忠は、織田家の家督を継いでおり、信長の後継者としての地位は盤石《ばんじゃく》であった。仮に信長を討ち果たしても、信忠が健在であれば、織田家の諸将は信忠の下に結集することは目に見えていた。そうなれば光秀は滅ぶしかない。信長と信忠の二人が同時に、しかもわずかな手兵のみを連れて入京したことで、光秀に絶好の機会を与えることになったのである。その意味では、変はまさにアクシデントとしか言いようがない。

しかし、このように考えることもできる。確かに条件が揃わなければ、光秀はこの時は思い止まったかもしれないが、結局はほかの機会を捉えて、いずれは決起したのではないか。いや、光秀でなくとも別の誰かが信長を弑逆《しいぎゃく》したのではないか。これは、織田家内部にはそもそも潜在的な弱点が存在したとの考え方に基づいている。織田家の家臣たちは、信長から常に競争を強いられていて、かつその統制は不十分で脆弱《ぜいじゃく》なものであったため、その結果として謀反《むほん》が起こったという(藤田:二〇〇七)。

確かに信長は、いくつかの謀反にさらされている。代表的なものとしては、天正五年(一五七七)の松永久秀の反乱と、翌六年の荒木村重の反乱が挙げられる。この二つの事件と本能寺の変を、別個のものではなく一連性の出来事と見なしたならば、確かにこの見解は説得力を帯びよう。信長の苛烈《かれつ》な統率が原因で、家臣の中にはいつ反旗を翻《ひるがえ》しても不思議ではない、言わば「謀反予備軍」とも言うべき者が多数いて、結局のところ信長は、天下を平定する前に謀反で死ぬ運命だったのだ、本能寺の変がたとえ起こらなかったとしても、第二、第三の変がやがて信長を襲ったはずである、という考えは、全くの的外れとは言えないかもしれない。

本能寺の変は、やはり偶発的なものであったのではないか、と個人的には考えているが、可能性を否定してばかりいては進歩しないのも事実である。通説を何の根拠もなく疑うのはよくないが、かといって無批判で受け入れてはいけないだろう。

豊臣秀吉による大名支配

卑賤《ひせん》の出から身を起こした秀吉にとって、家臣団の育成は極めて切実な課題であったに違いない。信長や家康、あるいはほかの戦国大名にしても、生まれた時にはすでに数百数千の家臣がいたのに対し、秀吉には一人としていなかったのだから。信長の家臣として出世を重ねていった秀吉は、その過程の中で頼りとなる家臣を発掘し、これを編成せねばならなかった。

当初から秀吉を支えたのは、実弟の秀長《ひでなが》と蜂須賀正勝《はちすかまさかつ》である。そして、秀吉の妻「おね」の実家の当主である杉原家次《すぎはらいえつぐ》や、秀吉と相婿《あいむこ》の関係にある浅野長政《あさのながまさ》などは最古参とも言うべき存在であった。この二人は、信長直臣から秀吉家臣へと転じたわけだが、これを現代に置き換えてみると、本社務めであったのが支社へ転属となったようなものと言えばわかりやすいかもしれない。「織田株式会社」本社から「長浜支社《ながはまししゃ》」への異動である。むろん、本社務めのほうが良いに決まっているが、その見返りとして昇進や昇給などの措置がとられよう。信長の直臣から陪臣《ばいしん》（家臣の家臣）へと格は下がるけれど、待遇の向上によってその分を補塡《ほてん》する、ということである。ほかにもいたであろうし、また信長直臣という身分はそのままに、与力として秀吉に属した者も存在したはずである。それらは言わば「出向」ということになろうか。いずれにせよ、そういった者たちが初期秀吉権力を支える中核的存在であったことは間違いない。

もちろん、新たな家臣登用も行われている。尾張出身の福島正則《ふくしままさのり》・加藤清正《かとうきよまさ》、近江出身の石田三成《いしだみつなり》・片桐且元《かたぎりかつもと》らが、秀吉が天正《てんしょう》元年（一五七三）に長浜城（滋賀県長浜市）の城主となってのちに仕えたことは、よく知られていよう。ただし、この時期の彼らはまだ若年で、家中において重きをなすには至っていない。

天正十年（一五八二）に勃発した本能寺の変、それに続く一連の内部抗争によって瓦解《がかい》した織田政権のあとを受けて、秀吉による政権が成立する。いわゆる豊臣政権である。秀吉は天正十八年（一五九〇）には全国統一を完成するが、その過程において実に様々な階層の大名を自身の下に編成する必要に迫られることになった。秀吉に属した大名は、大きく四種に分類できる。

第一に秀吉の親族大名。弟の秀長や甥の秀次《ひでつぐ》がこれにあたる。秀吉の養女を娶《めと》り、幼い頃から愛情を注がれた宇喜多秀家《うきたひでいえ》も、この範疇《はんちゅう》に入れてよいかもしれない。

第二に秀吉直臣系大名。これは秀吉が信長の一部将であった時代から秀吉の家臣であった者たちである。蜂須賀正勝・黒田孝高《くろだよしたか》・浅野長政・中村一氏《なかむらかずうじ》・堀尾吉晴《ほりおよしはる》・福島正則・加藤清正・増田長盛《ましたながもり》・石田三成・小西行長《こにしゆきなが》・大谷吉継《おおたによしつぐ》などがこれに該当する。

　第三に旧織田系大名。織田信雄・徳川家康・前田利家・細川忠興《ほそかわただおき》・蒲生氏郷《がもううじさと》・堀秀政《ほりひでまさ》・池田輝政《いけだてるまさ》などがその代表であろう。

　第四に旧戦国大名。上杉景勝《うえすぎかげかつ》・毛利輝元《もうりてるもと》・伊達政宗《だてまさむね》・最上義光《もがみよしあき》・島津義弘《しまづよしひろ》・大友吉統《おおともよしむね》・龍造寺政家《りゅうぞうじまさいえ》・長宗我部元親《ちょうそかべもとちか》などは、中でも有力な存在であった。徳川家康をこの系統に入れてもよいが、信長麾下として一貫した行動をとっていたことを考慮すれば、家康は旧織田系とも言える。よって、旧織田系・旧戦国大名系の両者の性質を併せ持った存在、ということになろう。

　さて、このような雑多な集団をまとめあげるため、秀吉は官位と氏姓《しせい》を利用することを思いつく。画期となったのは天正十三年（一五八五）で、この年の七月に秀吉は関白《かんぱく》に就任しているが、このことよりもっと重要なことは、秀吉が麾下の大名に対して豊臣姓と羽柴名字《みょうじ》の授与を開始したという点である。

　よく、羽柴秀吉が豊臣秀吉になったと誤解されているが、これは事実ではない。豊臣は姓で羽柴は名字、これらは全くの別物なのだ。例えば室町幕府を開いた足利尊氏《あしかがたかうじ》の場合、姓は源《みなもと》、足利は名字であり、江戸幕府の創設者である徳川家康の場合も姓は源、徳川は名字、ということになる。信長で言えば、若年時は藤原《ふじわら》姓を称していた時期があったが、のちに平《たいら》姓に変えているので、平姓織田名字である。秀吉は天正元年（一五七三）に木下から羽柴へと名字を変えているが、それ以降は一貫して羽柴名字のままであった。姓については、天正十年（一五八二）以降、初めは平姓、のちに藤原姓へと改姓し、関白職も「藤原秀吉」として任官している。その後、間もなく豊臣姓が創出されて、秀吉は豊臣姓羽柴秀吉となった。「豊臣秀吉」の誕生だが、それから時を移さずして、秀吉は家臣に対する豊臣姓の授与を始めたのであった。また、羽柴名字の授与はこれに先んじて行われており、天正十三年（一五八五）の夏頃までには丹羽《にわ》長重《ながしげ》・細川忠興・前田利家・蒲生氏郷といった旧織田系大名が羽柴を称していることが確認できる。

豊臣姓・羽柴名字の授与は、秀吉を頂点とする同族集団の形成を意味する。豊臣姓創出に伴い、秀吉は豊臣の氏長者《うじのちょうじゃ》となっていたから（堀越：二〇〇三）、秀吉は豊臣という氏族集団の長として君臨したと言える。また、羽柴名字授与は、羽柴という「家」において、秀吉を惣領《そうりょう》、羽柴名字を与えられた者をその庶流《しょりゅう》と位置づけたことになる。これによって秀吉は、言わば家父長《かふちょう》としての権威を得ようとしたのであろう。

ただし、天正十三年段階では、豊臣姓・羽柴名字の授与は秀吉直臣系大名と旧織田系大名に限定されており、かつ誰もが与えられるわけではなかった。特に羽柴名字は、旧織田系大名中の有力者のみにしか与えられておらず、直臣系大名は例外なく授与の対象とされていない。

それが大きく変化したのが天正十六年（一五八八）である。この年の夏までの間に、西国の諸大名が続々と上洛している。上洛した毛利・島津・大友・龍造寺らの諸大名は、秀吉の推挙によって官位を与えられ、同時に秀吉から豊臣姓と羽柴名字を授与された。直臣系・旧織田系に限定されていた氏姓授与の範囲が旧戦国大名にまで拡大したのであり、全大名に対して官位叙任と引き換えに氏姓を与えるというシステムがここに確立する。臣従した大名はすべて、豊臣氏長者・羽柴宗家たる秀吉の隷《れい》下《か》に自動的に置かれることになったのである。大名支配の装置は、ここに完成したと言えよう。次代の天下人である徳川家康ですら例外ではなく、豊臣期においては「豊臣姓羽柴家康」であった（堀新：二〇一二）。

この体制は、豊臣政権による大名支配の根幹として慶長《けいちょう》五年（一六〇〇）の関ヶ原の戦いまで維持されているから、筆者はこの時期をもって豊臣政権の成立と見るべきだと考えている。天正十八年（一五九〇）、秀吉は関東・奥羽を平定して全国統一を成し遂げ、伊達・最上・宇都宮《うつのみや》といった大名が豊臣姓・羽柴名字を与えられているが、これはすでに確立していたシステムを東国に適用したに過ぎない。

さて、このように氏姓を利用することによって、秀吉は絶対的な存在として諸大名に君臨したが、その秀吉も慶長三年（一五九八）八月に死去することになる。後事を託されたのは五大老《ごたいろう》と五奉行《ごぶぎょう》であった。

五大老・五奉行

五大老と五奉行は、秀吉亡きあと、遺児の秀頼《ひでより》を助けて政権を維持していくために設けられた役職で、共に秀吉の死去直前に成立している。五大老は徳川家康・前田利家《まえだとしいえ》・宇喜多秀家《うきたひでいえ》・上杉景勝《うえすぎかげかつ》・毛《もう》利輝元《りてるもと》という、豊臣政権下における最有力大名から成り、一方の五奉行は前田玄以《まえだげんい》・浅野長政《あさのながまさ》・増田《ました》長盛《ながもり》・石田三成《いしだみつなり》・長束正家《なつかまさいえ》という、主に秀吉直臣系大名によって構成されている。五大老にはすべて豊臣姓・羽柴名字が与えられているのに対して、五奉行には豊臣姓はともかく羽柴名字は与えられていない。官位からしても、五大老に比べて遥かに格式が低かったことは疑いない。

五大老と五奉行の関係については、五大老が実権を握っていて、五奉行はこれに隷属《れいぞく》していたというような説が一般的だが、これには反対である。その理由は別稿で詳述したことがあるが（堀越：二〇一四）、簡単に言えば、成立当初において五大老は言わば飾り物であり、実際の政務は五奉行が担うことになっていたのである。

ここで、家康と三成の立場を現代風に置き換えてみよう。家康は飛躍著しい「豊臣株式会社」に吸収合併されたライバル企業の社長であり、合併後は「徳川支社」の社長を続けつつ本社の副社長あるいは専務となったようなものであろう。一方の三成は「豊臣株式会社」の本社務めのエリート、創業者であるワンマン社長のお気に入りで、営業部長か社長室長といったところか。社長の死去の間際には、役員に抜擢されている。さて、自分が社長であったなら、どちらを信頼して後事を託すかと考えてみれば、自ずと答えは出よう。

豊臣政権をよく理解するためには、この政権には建前と本音、あるいは表向きと実状といったものが存在していたことを認識しなければならない。家康は、確かに秀吉から丁重な待遇を受けていた。高い官位、一族待遇、そして広大な領国は、その証左としては十分であろう。しかし、秀吉が行った政策に関与することはほとんどなかった。一方の三成は、家康の家臣と同じ程度の官位でしかなく、一族待遇の証しである羽柴名字も与えられず、石高《こくだか》も家康の十分の一に満たないが、その代わりに様々な形で政策に関わっていた。検地（土地調査）、蔵入地《くらいりち》（豊臣家直轄領）の設定とその管理など、時には現地に派遣されて指揮・監督を行い、あるいは秀吉側近として中央にあり、これを補佐していたのである。

三成は、明らかに秀吉死後も引き続き政務を担うつもりであった。その三成からすれば、豊臣家の天下を覆す恐れのある家康など、どのような形であれ政権内部には入れたくなかったに違いないし、秀吉もそれは同様であったろう。しかし、五奉行だけでは秀吉の抜けた穴を塞《ふさ》ぐことはできず、諸大名を統制することが困難であることもわかっていた。そのため、仕方なく家康をはじめとする五大老を担ぎ出したのである。言わば神輿《みこし》のようなもので、神輿は黙って担がれてくれていればよい、というわけだ。だが、政権奪取を狙う家康が、それを許容できるはずはない。三成との対立は当然の帰結であった。

おわりに

氏姓授与は、秀吉独自の政策というわけではなかった。実は戦国大名もやっていて、北条氏に仕えた北条綱成《つなしげ》や、播磨《はりま》（兵庫県）の小寺《こでら》氏に仕えた黒田氏などの先例が見受けられ、特に黒田氏が小寺名字を称していたことは史料上はっきりと確認できる。平成二十六年（二〇一四）のＮＨＫ大河ドラマ「軍師官兵衛」で、黒田官兵衛孝高《くろだかんべえよしたか》が一時期小寺を名乗っていたことを覚えている方も多いだろう。信長についても、朝倉義景を滅ぼしたあと、降伏した朝倉一族に対して織田名字を与えたとされる。秀吉がこういった事例をどこまで知っていたかはわからないが、あるいはその影響を受けていたのかもしれない。また秀吉自身、羽柴名字の授与を行う以前に、荒木村重《あらきむらしげ》旧臣に木下名字を与えて召し抱えている例がある。

これらの事例に共通しているのは、授与の対象が代々仕えている譜代の臣ではなく、新たに臣下となった者であったという点である。前者とはすでに強固な主従関係が構築されているのに対し、後者とはそうではない。それゆえに、名字を与えることによって、いまだ希薄な主従関係を強めようとしたのであろう。

この政策は徳川幕府にも引き継がれ、有力な外様大名は皆、松平《まつだいら》の名字を称していた。名字授与によって臣下を統制するという方法は、戦国・織豊期のみならず江戸時代まで続いていたのである。ただし、姓までも授与するというのは、秀吉以外に例を見ない。松平名字を与えた徳川幕府も、姓を源に統一するということは、さすがにしなかった。姓・名字の両方を同化し、擬制的同族関係を介在として大名を支配するという秀吉の手法は、完全に秀吉の独創だったのである。

主要参考文献

秋山伸隆『戦国大名毛利氏の研究』（吉川弘文館、一九九八年）
池上裕子『戦国時代社会構造の研究』（校倉書房、一九九九年）
池上裕子『日本中近世移行期論』（校倉書房、二〇一二年）
久野雅司「織田政権の京都支配――村井貞勝の職掌の検討を通して」（『白山史学』三三号、一九九七年）
黒田基樹「慶長期大名の氏姓と官位」（『日本史研究』四一四号、一九九七年）
黒田基樹『戦国大名――政策・統治・戦争』（平凡社新書、二〇一四年）
藤田達生『秀吉神話をくつがえす』（講談社現代新書、二〇〇七年）
堀越祐一「豊臣期における武家官位制と氏姓授与」（『歴史評論』六四〇号、二〇〇三年）
堀越祐一「知行充行状にみる豊臣『五大老』の性格」（『國學院大學紀要』四八号、二〇一〇年）
堀越祐一「豊臣五大老の実像」（山本博文ほか編『豊臣政権の正体』柏書房、二〇一四年）
堀新「豊臣秀吉と『豊臣』家康」（山本博文ほか編『消された秀吉の真実――徳川史観を越えて』柏書房、二〇一一年）

堀越祐一（ほりこし・ゆういち）

一九六六年生まれ。國學院大學兼任講師。博士（歴史学）。
主要業績：「豊臣『五大老』・『五奉行』についての再検討――その呼称に関して」（『日本歴史』六五九号、二〇〇三年）、「豊臣期における武家官位制と氏姓授与」（『歴史評論』六四〇号、二〇〇三年）、「太閤秀吉と関白秀次」（山本博文ほか編『消された秀吉の真実――徳川史観を越えて』柏書房、二〇一一年）など。

戦国大名の外交

はじめに

今日、外交と言えば国際間の交際や交渉を意味する。「鎖国《さこく》」体制を敷いて国際交流を制限した江戸時代では、もっぱら他人や他家との交わりのことを指していた。では、戦国時代の大名たちが他家と行っていた交渉を外交として見た場合、それはどのようなものであったのだろうか。戦国大名の外交について、外交の主な目的の一つである同盟交渉、交渉において窓口となった取次《とりつぎ》役の人々、そして交渉中にやりとりされた贈答品に注目して見ていこう。

同盟交渉

同盟とは、共通の目的を成し遂げるために、同一行動をとる約束をした関係を指している。現代の日本では、同盟というと軍事的な意味合いを多分に含んでいる。乱世である戦国時代では、大名間の合従連衡《がっしょうれんこう》が繰り返された。甲斐《かい》（山梨県）の武田《たけだ》氏・駿河《するが》（静岡県）の今川《いまがわ》氏・相模《さがみ》（神奈川県）の北条《ほうじょう》氏の三氏による三国《さんごく》同盟、越後《えちご》（新潟県）の上杉《うえすぎ》氏と北条氏の間で結ばれた越相《えっそう》同盟、尾張《おわり》（愛知県）の織田《おだ》氏と三河《みかわ》（愛知県）の松平《まつだいら》（徳川《とくがわ》）氏の同盟などがよく知られている。

　同盟は、例えば永禄《えいろく》十二年（一五六九）に結ばれた越相同盟の史料を見ると「一味《いちみ》」「一和《いちわ》」「和《わ》融《ゆう》」などと見え、また「和与《わよ》」とも言われた。越相同盟を結んだ上杉・北条両氏はそれまでは敵同士であった。同盟はまず和睦《わぼく》を意味したのである。和睦はまた、「無事《ぶじ》」「無為《ぶい》」とも言われた。戦争状態の停止である。そして同盟を結ぶための交渉が行われる。同盟の前提には共通の目的が必要であるが、上杉氏と北条氏の場合は共通の敵となった武田氏を討つことにあった。永禄十一年（一五六八）十二月に武田氏が駿河に出兵して今川氏を攻めたことにより三国同盟は破れ、北条氏は今川氏を援助するために武田氏と断交したという事情があった。敵の敵は味方というわけで、北条氏は急ぎ上杉氏に同盟を求めたのである。

　戦国大名間の同盟の中身は、主に①攻守《こうしゅ》軍事協定、②相互不可侵《そうごふかしん》協定、③領土協定、④縁組《えんぐみ》の四つから成っていた（藤木：一九八三）。これらを中心とした交渉がまとまると、互いに起請文《きしょうもん》に血判《けっぱん》をして交換を行う。起請文というのは、誓約文と偽りであった場合に神仏《しんぶつ》の罰《ばつ》を受けることを記したものである。

　四つのうち②相互不可侵協定と③領土協定は密接に絡んでいる。要するにお互いの勢力圏を定めて、侵略しないという約束である。戦国時代の大名間の争いは「国郡境目相論《こくぐんさかいめそうろん》」と言われ、領土協定を当時「国分《くにわけ》」と言ったのは、任意の軍事境界線で線引きするのではなく、中世的な国郡を単位としていたことを示している。中世に形づくられた国郡を枠組みとして、領土の交渉が行われたのである。上杉氏と北条氏の場合は領地を奪い合ってきた敵同士であったから、どこで線引きをするのかについては大いにもめている。

国分の交渉では、まず現状の承認が行われた。これは「当知行《とうちぎょう》」の安堵《あんど》にあたる。当知行とは、現実に支配していることを意味する。北条氏は、現実に支配している伊豆《いず》（静岡県）・相模（神奈川県）・武蔵《むさし》（東京都・神奈川県・埼玉県）については上杉謙信《けんしん》の承認を求めたのである。その代わりに上野《こうずけ》（群馬県）一国は上杉氏の本国であるとして譲った。こちらは本領の安堵ということになる。しかし謙信は、初めて関東へ出兵した時、すなわち永禄三年（一五六〇）時点で謙信の幕下に属していた領主やその本領を旧《きゅう》に復《ふく》するように求めた。武蔵内の藤田《ふじた》・秩父《ちちぶ》・成田《なりた》・岩付《いわつき》・松山《まつやま》・深谷《ふかや》・羽生《はにゅう》（いずれも埼玉県）である。これに対して北条氏は、伊豆・相模・武蔵は北条氏歴代が切り取ってきた場所であるとして、武蔵国内からの譲渡に抵抗した。しかし、謙信に一刻も早く対武田戦に参加してもらいたいがために、結局は受け入れている。

この当知行安堵を否定する謙信のやり方に、北条氏は不満を抱いた。同盟を推し進めていた北条氏《うじ》康《やす》が、元亀《げんき》二年（一五七一）十月三日に亡くなると、子の氏政はすぐに武田信玄との同盟を復活させている。越相同盟の場合は、当知行安堵と本領安堵の考えが真っ向からぶつかったため、国分の交渉に手間取った。ようやく成立した国分だが、あくまでも大名同士の領土協定に過ぎない。勢力圏内に入った領主たちを実際に従わせることができるかどうかは別な問題であり、中世的な解決方法としての「自力《じりき》」次第にあった。

④縁組は、同盟交渉の中でよく行われている。政略結婚と言ったほうが通りがよいだろうか。武田・今川・北条三氏の三国同盟では、実に入り組んだ縁組をしている。今川義元《よしもと》の娘が武田信玄《しんげん》の嫡子《ちゃくし》義信《よしのぶ》へ、信玄の娘が北条氏康の嫡子氏政《うじまさ》へ、氏康の娘が義元の嫡子氏真《うじざね》へそれぞれ嫁ぎ、三家の結びつきを深めている。また越相同盟では、謙信のもとへ北条氏康の子三郎《さぶろう》が養子に入っている。謙信の養子縁組は、ほかに織田信長との間でも話し合われている。信長が娘を、同盟を結んだ徳川家康の嫡子信康《のぶやす》へ嫁がせたことはよく知られているし、妹は浅井長政《あざいながまさ》のもとへ嫁がせている。

縁組の例は数多く見られ、いずれも相手方の嫡子との婚姻である。縁組は、一般に人質《ひとじち》という側面が強調されるが、自分の血統に連なる者が相手方の大名の名跡《みょうせき》を継ぐことを期待して行われたものである。謙信の場合は、子供がいなかったので養子であったが、北条三郎は謙信の跡目《あとめ》を継ぐ者として期待され、上杉景虎《かげとら》と名乗っている。そして、この上杉景虎の養子入りは上野一国の支配権とセットであった。

天正六年（一五七八）三月の謙信死去をきっかけに起こった越後の内乱（御館《おたて》の乱）で、景虎がライバルの上杉景勝《かげかつ》に敗れて自害したことで、景虎の兄北条氏政は、景虎が死亡した上は上野の仕置は北条氏が行うのは当然である、と宣言している。また今川氏と北条氏の間では、武田氏に攻められて劣勢であった今川氏真が、永禄十二年（一五六九）五月に北条氏政の子国王丸（氏直《うじなお》）に名跡を渡して、駿河一国の支配権を北条氏へ任せたことがある。名跡の継承が、その支配権とセットでの場合があったことから、縁組は国分と密接に絡んでいるとみていいだろう。

領土問題が片づき、縁組も済んで「骨肉《こつにく》」「入魂《じっこん》」の間柄になると、同盟の目的である①攻守軍事協定の実現が主な課題となる。攻守軍事協定とは連携して軍事作戦を行うことを約束するものである。史料上には「手合《てあい》」とみえる。例えば徳川家康と同盟を結んでいた上杉謙信は、天正《てんしょう》三年（一五七五）二月に武田方の遠江二俣《ふたまた》城（静岡県浜松市天竜区）を攻撃中の家康に対して、武田領の西上野《にしこうずけ》へ兵を出すので「手合」をすることが大事だと言い、もし家康が「手合」をしなければ今後は一切催促《さいそく》しないと言っている。このことから、攻守軍事協定が同盟の中核であり、その実現が同盟を存続させる基本的な要件といえる。だから、同盟を結んだあとも、頻繁に書状のやりとりをして入魂の間柄を再確認しながら、「手合」の打ち合わせをしている。その中で贈答品のやりとりもされている。それでも「手合」が実現しなければ同盟に意味が無くなり、やがて同盟自体が解消されることになる。

同盟の解消は「手切《てぎれ》」と呼ばれる。越相同盟交渉の始まりとなった永禄十一年（一五六八）十二月十九日の北条氏照《うじてる》の書状には、三国同盟の手切について書かれている。氏照は北条氏政の弟で、謙信へ宛てた書状で三国同盟の崩壊を伝え、上杉氏との同盟を申し出た。この書状の六日前に武田信玄が同盟国の駿河へ乱入しており、氏照の書状によると、信玄の言い分は、氏真と謙信が示し合わせて自分の滅亡を企んだために氏真との「手切」に及んだとある。氏照は、氏真が謙信へ「内通」したので滅亡も仕方がなく、ここに至っては北条方へ「一味」してもらいたいと願い出たのである。三国同盟のうち武田・北条両氏は上杉氏と勢力圏を接し、幾度となく合戦《かっせん》を繰り返していた。その点、越後から遠い駿河にいる今川氏にとっては上杉氏に対してそれほど脅威を感じていなかったであろう。

だが、同盟は共通の目的を達成するために結ばれるものであるから、氏真の行為は信玄にとって裏切り行為であった。信玄は氏真と手切をし、同盟を結ぶ北条氏へその旨を連絡してきたのである。同盟の解消には、手切を証する書状のやりとりがあった。例えば北条氏政は、元亀二年（一五七一）十二月に謙信との同盟を破って武田信玄との同盟を復活させたが、後日これを知って怒った上野金山《かなやま》城（群馬県太田市）の城主由良成繁《ゆらなりしげ》に対して、重臣にさえも伝えずに秘密裏に事を進めたことと釈明しながら、同盟解消の証拠として謙信から送られた手切の一札《いっさつ》（書状）と、氏政から謙信へ送った手切の一札の写を成繁へ送っている。

取次――交渉の窓口

戦国時代、大名同士が面会することは、たやすくできることではなかった。互いの思いを伝えるために用いられたのが書状である。永禄十年（一五六七）十二月、駿河の今川氏真は上杉謙信のもとへ書状を出した。この頃、氏真は謙信との友好関係を築こうとしていた。謙信が氏真の父義元以来の筋《すじ》目《め》を守って友好関係を保つと伝えてきたことに感謝したのである。後日、このことを知った武田信玄が駿河を攻めて今川氏は没落することになる。

さて、氏真書状の末尾には、氏真の重臣である「朝比奈泰朝《あさひなやすとも》と三浦氏満《みうらうじみつ》が申します」とある。これは、朝比奈らが謙信のもとへ出向いたのではなくて、主人氏真の書状に添えて彼らも書状を書いたことを指している。これを副状《そえじょう》（添状）と呼んでいる。また、朝比奈らは連名で永禄十一年四月に謙信の重臣直江景綱《なおえかげつな》と柿崎景家《かきざきかげいえ》に宛てて書状を出している。内容は武田信玄の非道《ひどう》を伝えるものだが、末尾には「詳しくは遊雲斎《ゆううんさい》が申し述べます」とある。遊雲斎という人は実際に越後へ派遣されているので、この場合は彼が謙信へ口上《こうじょう》を述べることを指している。大名は、家臣の副状や使者の口上によって相手方へ思いを伝える工夫をしているのである。使者としては、僧侶や修験者《しゅげんじゃ》など、どこにいてもおかしくないような属性の人物が用いられることが多い。特に「使僧《しそう》」として史料に見える僧侶は学識があり、正確に伝えてくれることを期待された。

ところで、朝比奈らは書状を書く時に、なぜ直江や柿崎に宛てたのであろうか。つまり、交渉するにあたって相手方の窓口をどのように決めて交渉ルートを確立したのかということである。例えば、永禄十一年（一五六八）末から始まる上杉氏と北条氏の同盟交渉では、「北条手筋《きたじょうてすじ》」と「由良手筋」という二つのルートがあったことが知られている（岩沢：一九八四）。「手筋」とは交渉ルートという意味合いである。

「北条手筋」は北条氏康・氏政―北条氏照―北条高広《きたじょうたかひろ》―直江景綱―上杉謙信というルート、「由良手筋」は北条氏康―北条氏邦《うじくに》・遠山康光《やすみつ》・同康英《やすひで》―由良成繁―沼田在城衆《ぬまたざいじょうしゅう》―山吉豊守《やまよしとよもり》―謙信というルートであった。この両ルートの接点は北条高広と由良成繁である。北条高広は、上野厩橋城《まやばし》（群馬県前橋市）の城主で、もともとは謙信の重臣であったが、永禄九年末に北条氏に属した。一方の由良成繁は、上野金山城主で、もとは上杉氏に属していたが、北条高広と同時期に北条氏に属していた。上杉氏と北条氏の勢力圏が接するところに両者は位置し、さらに氏照と高広、氏邦と成繁の関係は、北条家当主に対する取次関係にあった縁により設定されたと見られている。

また上杉氏側では、上野沼田城（群馬県沼田市）に配置されていた上杉氏の城将たちと、謙信の側近である山吉豊守の間には取次関係があったことがわかっている。北条氏との交渉中の永禄十二年（一五六九）六月に、沼田在城衆の一人松本景繁《まつもとかげしげ》は、直江景綱と河田長親《かわだながちか》から書状を受け取ったことに驚き、なぜ山吉豊守から来ないのか不審《ふしん》に思っている。そのわけは、山吉豊守とは「申合《もうしあわせ》」を身血《しんけつ》をもって誓い合ったからだという。つまり、沼田在城衆は謙信への取次を豊守に頼んでいた。そのルートを外れて直江らから書状が届いたために驚いたということである。

家臣団の中でも取次関係があり、取次を通して当主と繋がっている。支配地が広がっていくと、当主に面会することもままならなくなる。知らぬ間に、誰かが自分の悪口を当主に吹き込んでいないとも限らない。そこで、当主との間に信頼の置ける取次役が必要となるのである。身血をもって誓ったということとなので、両者は起請文を取り交わしたのであろう。なお、「北条手筋」「由良手筋」という二つの交渉ルートができたのは、交渉開始の初めに限られ、交渉が進展する中で大名により整理統合され、結果として「由良手筋」をもとにした交渉ルートに一本化されたという（丸島：二〇〇四）。

外交交渉では、現代でもいきなり首脳会談というわけにはいかない。実務レベル、閣僚レベルといったいくつかの段階を踏んで交渉が重ねられるだろうし、様々な相手を窓口とする交渉ルートが試されるだろう。そのうち交渉が熟してくると、有効な交渉ルートに絞られて、最終的に当主の決断が下されるということになる。

越相同盟では、支配領域の接点にいて上杉氏とも関係の深い北条氏と由良氏が交渉ルートを接続する重要な役割を果たしていることがわかり、交渉ルートの確立については比較的わかりやすい例である。それでは、今川氏のように上杉氏と勢力圏を接していない場合は、どのように交渉ルートが設定されたのであろうか。同様に上杉氏と勢力圏を接していない徳川氏の場合を見ていこう。

徳川家康は、永禄十一年（一五六八）二月に、武田氏と同盟して今川氏への攻撃を約束していた。だが家康は、信玄がその矛先を駿河から西隣の遠江、ひいては三河へ向けてくることを警戒して、信玄と敵対している謙信と同盟を結ぼうとした。交渉は永禄十一年三月以前には始まっていたようである（栗原：一九九六）。

この交渉には大きな問題があった。今川氏の存在である。謙信は、すでに前年十二月には今川氏真と同盟を結んでいたため、その今川氏を攻撃している家康と同盟を結ぶことは信義に反する。謙信はこの点を気にしたが、家康は信玄と結ぶ一方で謙信とも結ぼうとしており、謙信ほどには気にかけていないようである。結局、家康は今川領国《りょうごく》の遠江へ侵攻し、謙信へは翌十二年二月になって今川氏との関係について回答している。直後の三月には、家康は氏真と和平を結び、氏真がいた遠江懸川城《かけがわ》（静岡県掛川市）を受け取っている。

障害がなくなったため、家康は元亀元年（一五七〇）十月に謙信へ起請文を送って同盟を成立させた。この同盟交渉において、家康は重臣の酒井忠次《さかいただつぐ》・石川家成《いしかわいえなり》に交渉を担当させている。二人は東三河・西三河の旗頭《はたがしら》で、徳川家臣団では最上位を占めていた。一方で、謙信は河田長親・直江景綱・村上《むらかみ》国清《くにきよ》の三人に交渉を担当させている。河田長親は関東諸領主や足利将軍家との交渉に顔を出していて、謙信の重臣として対外的に認められていた。家康も長親を交渉窓口としていれば安心できると考えたのであろう。ところが、長親は謙信が力を入れていた越中に派遣されてしまう。長親の代わりに窓口となって交渉の実務を担当したのは直江景綱であった。景綱はこの頃織田信長との交渉も単独で担当しており、織田氏と徳川氏を一体として見ている謙信にとっては妥当な人選であったと言える。

その後、起請文が出されて同盟が成立してからは村上国清が取次を主に務めるようになっている。国清は、信濃（長野県）の村上義清《よしきよ》の子で、上杉氏の一族山浦《やまうら》家を継いで謙信から一門格《いちもんかく》を与えられていた。この点で、長親や景綱とは家格の差がある。国清の登用は、同盟成立後では実務的なことよりも儀礼的な面が重視されたためであろう。上杉氏側の交渉窓口は時期的に交代しており、それは支配態勢の変更によるものであった。徳川氏は上杉氏と勢力圏を接しておらず、そのため地縁《ちえん》的なつてを持たないため、上杉氏側の一方的な変更を受け入れながら交渉を続けていかざるを得なかったのである。

例に挙げた大名家は、いずれも重臣クラスが交渉を担当している。彼ら重臣は当主側近として政務に参与しながらも、状況に応じて前線の支城へと派遣される場合があった。外交交渉ルートは、常にそれぞれの大名の支配態勢の変更に左右されていた。つまり、外交と支配の態勢は一体であると言えるのである。

贈答品のやりとり

外交交渉において贈答は欠かせない。贈答は人間関係を円滑に保つための手段であり、それは今も昔も変わらない。ましてや、人に物を頼む際に手ぶらでは頼みづらいだろう。大永《たいえい》四年（一五二四）十一月、小田原の北条氏綱《うじつな》は越後の長尾為景《ながおためかげ》に「和尚《おしょう》の絵」を贈った。和尚の絵とは、中国の禅僧画家牧谿法常《もっけいほうじょう》の絵で、日本ではたいそう珍重《ちんちょう》されたという（山田：二〇〇二）。ところが為景は、気に入らずに返してきたのである。せっかくの贈り物なのにずいぶん失礼な話である。しかし、氏綱はめげずに足利将軍家の所蔵品であったという寒山拾得《かんざんじっとく》の絵をやっとのことで手に入れて、再び為景へ贈っている。氏綱が、これほど為景の歓心《かんしん》を買おうとしたのはなぜなのか。

この頃の氏綱は、大永四年正月には扇谷《おうぎがやつ》上杉氏の江戸城を奪うなど、関東の中央へ勢力を伸ばしていた。このことが、それまで仲の悪かった山内《やまのうち》上杉氏と扇谷上杉氏との間で同盟が結ばれるきっかけとなり、両上杉氏との全面的な対決を招いてしまっていた。そこで氏綱は上杉氏の背後にいる為景の存在に注目し、為景には少なくとも両上杉氏に協力しないでもらえるように苦心したのである。しかし、氏綱の贈り物攻勢も虚《むな》しく、結局為景は応じなかったようだ。為景が絵を受け取らなかったのは、関東の情勢に巻き込まれたくないという政治的な判断であった。その点で、贈答は外交交渉に欠かせない儀礼であることは確かであろう。

為景の子上杉謙信も、他家と頻繁に贈答を行っている。謙信に関わる贈答品として有名な物に、天正二年（一五七四）に織田信長から贈られたという屏風絵《びょうぶえ》がある。現在、米沢市上杉博物館に収蔵されている国宝「上杉本洛中洛外図屏風《うえすぎぼんらくちゅうらくがいずびょうぶ》」である。この絵は狩野永徳《かのうえいとく》制作のもので、描かれている景観は天文十六年（一五四七）から永禄四年（一五六一）の間にほぼ収まるとされている。ただし、注文主は信長ではなく、十三代将軍の足利義輝《よしてる》（永禄八年五月十九日歿）であった。義輝が謙信に贈るために依頼したものの、実際に謙信へ贈ったのは信長であるという（黒田：一九九六）。信長の真意はわからないが、贈り物には相手への気遣いが込められていると見れば、かつて二度も上洛して将軍義輝と面会している謙信にとって、義輝の形見《かたみ》とも言える屏風絵は最上の贈り物であったかもしれない。

そのほか、信長は実に様々な物を謙信へ贈っている。糸毛《いとげ》の腹巻《はらまき》や甲《かぶと》、唐糸《からいと》、紅《べに》、豹皮《ひょうがわ》、隼《はやぶさ》、南蛮《なんばん》の笠《かさ》や服、毛氈《もうせん》などである。手に入りにくい異国の品物が多く、いかにも信長らしい。

対する謙信は、もっぱら鷹を信長へ贈っている。もちろん謙信も諸家へ贈った品は鷹に留まらず、太刀《たち》・小袖《こそで》・緞子《どんす》・馬・扇子《せんす》・白布《はくふ》・青銅《せいどう》など多種にわたっているが（新潟県立歴史博物館：二〇〇一）、信長への贈答品は鷹のほかには知られていない。

謙信が鷹を贈ったのは、信長が鷹を欲しがったからであった。信長は元亀二年（一五七一）正月に奥州の鷹を求めるために鷹師《たかし》を派遣し、通行の便宜《べんぎ》を図ってもらえるよう謙信に頼んでいる。また同じ年の三月には、鷹師を謙信のもとへ派遣して、謙信が常にそばに置いて可愛がっていた鷹を贈られている。鷹を見た信長は、稀に見る素晴らしい鷹だと絶賛している。

信長が特に鷹好きだったわけではない。そもそも武士と鷹もしくは鷹狩りは、武士の役割の一つである狩猟にとって欠くことができない（盛本：一九九七）。鷹の確保は、現代人には想像もつかない重要事であり、またステータスなのである。鷹の名産地といえば奥州《おうしゅう》で、謙信も鷹を求める使者を出《で》羽《わ》檜《ひ》山《やま》城（秋田県能《の》代《しろ》市）の城主安《あん》東《どう》氏へ派遣し、永禄七年（一五六四）に安東氏から鷹を贈られている。信長も鷹を求めて奥州へ使者を派遣している。戦国期において鷹を求めることは、武士にとって一般的なことであった。鷹を求められた側は、鷹を贈ることによって友好的な関係を築くきっかけとなる。鷹の贈答は、外交交渉の始まりと共に、友好的な関係を維持することにもなった。謙信と信長は対等な関係であり、また謙信と安東氏も主従関係にはない。彼らの間で、鷹の贈答は対等な関係の上にあった。

しかしながら、鷹やその獲物を進上する場合は、支配関係を示していることがある。天正十年（一五八二）に小田原の北条氏政は、武田氏を滅ぼした信長のもとへ武蔵野で得た五百羽余りの雉《きじ》を贈っている（『信長公記』）。さらに氏政は、馬十三頭と鷹三羽も贈った。信長は、いずれも気に入らずに返したという。氏政からの贈答が「進上」と『信《しん》長《ちょう》公《こう》記《き》』に記されているように、信長は氏政を自分に従う者として扱ったことがわかる。

その後、鷹や鷹《たか》場《ば》は、全国政権となった豊臣氏そして徳川氏が支配や権威の誇示のために統制していく。穿《うが》った見方をすると、信長が謙信に対して鷹を求めたことは、対等の外交交渉以外の意図があったのかもしれない。

おわりに

戦国大名の外交について、同盟交渉・取次役・贈答品に注目して見てきた。当主や重臣が心を砕いて丁重な書状を送ったり、相手の歓心を買うために贈り物を懸命に探し求めたり、礼を尽くしていたことが窺える。礼など失われた、と思われがちな戦国時代だが、礼儀が存亡に結びつく時代だったのである。

主要参考文献

岩沢愿彦「越相一和について――『手筋』の意義をめぐって」(『郷土神奈川』一四号、一九八四年)
栗原修「上杉氏の外交と奏者――対徳川氏交渉を中心として」(『戦国史研究』三二号、一九九六年)
黒田日出男『謎解き洛中洛外図』(岩波新書、一九九六年)
新潟県立歴史博物館編『よみがえる上杉文化――上杉謙信とその時代』(二〇〇一年)
藤木久志「戦国大名の和与と国分」(『月刊百科』二四八号、一九八三年)
丸島和洋「越相同盟と手筋論」(『戦国大名武田氏の権力構造』思文閣出版、二〇一一年。初出二〇〇四年)
盛本昌広『日本中世の贈与と負担』(校倉書房、一九九七年)
山田邦明『戦国のコミュニケーション――情報と通信』(吉川弘文館、二〇〇二年)

栗原修（くりはら・おさむ）

一九六五年生まれ。江東区文化財主任専門員。
主要業績：『戦国期上杉・武田氏の上野支配』（岩田書院、二〇一〇年）、「上杉氏の外交と奏者――対徳川氏交渉を中心として」（『戦国史研究』三二号、一九九六年）、「上杉・織田間の外交交渉について」（所理喜夫編『戦国大名から将軍権力へ』吉川弘文館、二〇〇〇年）など。

戦国大名の分国法

はじめに――分国法とは何か

分国法《ぶんこくほう》とは、戦国大名が家臣団統制・領国支配のために制定した基本法で、戦国家法《せんごくかほう》とも言う。

これが、『国史大辞典』（吉川弘文館）に示された分国法の概念である。戦国大名が発令した法は、単行法令と分国法に大別されるが、そのうち分国法は、大名家の法全体の基礎とする目的で制定されたものである。長期的観点から重要と見なされたものが選ばれ、恒久的効力が付与され、法典の形式をとったものが多い、ということである。

こうした解説からは、分国法は、ほかの法令に優位する法令で、現代の憲法にあたるようなイメージが作られるだろう。現代の法体系が憲法を頂点としているように、戦国時代には分国法を頂点とする法体系があったとイメージされるだろう。果たして戦国大名は、分国法を頂点とする法体系を作っていたのであろうか。そうした法体系があったとすると、それはどのような法体系であったのだろうか。あるいは、そうした法体系がなかったとすると、戦国大名の法構造はどのようなものであったのだろうか。ここでは、戦国大名が分国法を制定した背景を見ていこう。

そのためには、どのような分国法があるのか、確認しておかなくてはならない。分国法と言えば、「相良氏法度《さがらしはっと》」「大内家壁書《おおうちりかべがき》」「今川仮名目録《いまがわかなもくろく》」「塵芥集《じんかいしゅう》」「甲州法度之次第《こうしゅうはっとのしだい》」「結城氏法度《ゆうきしはっと》」「六角氏式目《ろっかくししきもく》」「新加制式《しんかせいしき》」「長宗我部氏掟書《ちょうそかべしおきてがき》」「吉川氏法度《きっかわしはっと》」の十種類を挙げるのが、現在では一般的である。

もっとも、法と道徳との分離が完全とは言えない時代状況からすると、家訓《かくん》という形式ながら、家法的な条項を含む「朝倉孝景条々《あさくらたかかげじょうじょう》」(「朝倉孝景十七箇条」)、「早雲寺殿廿一箇条《そううんじどのにじゅういっかじょう》」なども分国法の範疇《はんちゅう》に含めることが可能とされている。しかしここでは、法制定の背景を探るという観点から、一般に分国法とされる十種類を中心に、中でも戦国期のもの八種に限定して取り上げる。

なお、分国法の本文については、『中世法制史料集　第三巻 武家家法Ⅰ』(「相良氏法度」「大内家壁書」「今川仮名目録」「塵芥集」「甲州法度之次第」「結城氏法度」「六角氏式目」「新加制式」「長宗我部氏掟書」「吉川氏法度」「朝倉孝景条々」「早雲寺殿廿一箇条」)と、『中世政治社会思想 上　日本思想大系21』(「相良氏法度」「今川仮名目録」「塵芥集」「結城氏法度」「六角氏式目」「朝倉孝景条々」「早雲寺殿廿一箇条」)に掲載されている。両書は、単に本文を掲載するのみでなく、各分国法の制定に関する研究として、基本文献とされている。以下の記述も、両書の成果に多く依存している。また、分国法によっては基礎的な研究がない場合もある。その際、『国史大辞典』の解説が有益である。

相良氏法度

「相良氏法度《さがらしはっと》」は、戦国時代に肥後球磨郡《ひごくま》・八代郡《やつしろ》・葦北郡《あしきた》（いずれも熊本県）の三郡を領した相良氏の分国法である。

制定時期は三段階に分かれるとされる。まず、明応《めいおう》二年（一四九三）四月二十二日に相良為続《ためつぐ》が七ヶ条の法度を制定した。次に、為続の子長毎《ながつね》が某年（長毎死去の永正《えいしょう》十五年〈一五一八〉五月十一日以前）に十三ヶ条の法度を制定する。さらに、長毎から四代後の晴広《はるひろ》（長毎の弟上村頼廉《うえむらよりおき》の孫）によって、天文《てんぶん》二十四年（一五五五）二月七日に二十一ヶ条の法度が制定された。この間、晴広は、天文十八年（一五四九）五月に、為続・長毎制定の法度の効力を再保証している。この三つの法度を「相良氏法度」と称するのが一般的である。

内容は、逃亡した下人《げにん》の返還についての条項（人返し）、用水に関する規定、土地の売買に関する条項などが多く見られる。このうち、土地売買規定に見られる売買と貸借は、未分離状態だということが指摘されている。これらについては、一揆契状《いっきけいじょう》的特色が強く出ている、あるいは、その在地性に大きな特色を持つという評価が下されている。そうした評価の背景には、相良氏の権力としての性格が影響している。

相良氏は、三郡それぞれに存在した郡中惣《ぐんちゅうそう》の上に乗る権力であった。郡中惣は、老者《おとな》・中老《ちゅうろう》・若《わか》衆《しゅう》という階層を持ち、老者に指導されるものの、衆議《しゅうぎ》という意志決定機関を持つ結合組織であった。例えば、戦闘開始などの重大事項は、衆議における衆中《しゅうちゅう》の全会一致の原則によって決定された。郡中惣は、相良氏権力からある程度独立した主体性を持っており、相良氏権力の意志決定・行動に大きな影響を与えていたとされている。

このような性格を持つ相良氏によって制定された法には、①相良氏が制定した法、②各郡の郡中惣により起草され、相良氏の承認をもって制定される法の二種類が存在した。ただし、いずれも郡中惣の衆議によって効力が保証された。しかし、現存する「相良氏法度」は、いずれも球磨郡を対象とするもので、八代・葦北両郡へは伝達されていない。八代郡・葦北郡を対象とする法度は、今のところ見つかっていないのである。そして、「相良氏法度」は、その成立時点においては、形式・内容から見て基本法の性格を持つものとして制定されたものでないことは明瞭だと言われている。

なお、晴広の先代義滋《よししげ》も、天文十四年（一五四五）二月五日に五ヶ条の法度を、翌天文十五年（一五四六）八月十五日に二十一ヶ条の法度を制定している（『八代日記《やつしろにっき》』）。その内容は、現代には伝わっていない。晴広の家督は、クーデターによって成立したものであり、義滋の跡を継いだ晴広によって消されたためと考えられている。

「相良氏法度」に見られる一向宗《いっこうしゅう》（浄土真宗《じょうどしんしゅう》）の禁止条項などは、江戸時代にも肥後人吉《ひとよし》藩（熊本県人吉市）に遵用《じゅんよう》された形跡が知られ、法の命脈の保持という点で、戦国家法中でも特異な位置を占めると評価されている。もっとも、戦国時代以降江戸時代まで、同一地域で領主であり続けたのはごく少数であり、分国法を制定したとされる戦国大名では唯一の存在である。相良家の「家法」として、江戸時代まで遵守されたとも考えられる。

大内家壁書

周防《すおう》（山口県）を本拠とする守護大名大内《おおうち》氏の分国法である。写本によって、「大内家法」「大内家掟書」「大内家諸掟留書《しょおきてとめがき》」「大内殿掟制札類《せいさつるい》」と、別名が付けられている。「大内家壁書《おおうちけかべがき》」は、分国法の中でも特異な形式で、一時に制定された法典ではなく、それまでに出された法令を編集したものである。編者は明らかではないものの、大内氏の国政近くに位置した者と考えられている。

内容は、椀飯《おうばん》・御節《おせち》などの殿中《でんちゅう》儀礼、相伴衆《しょうばんしゅう》・出行時供奉衆《しゅっこうじぐぶしゅう》など大内氏自体の儀礼的規定、御《ご》家人《けにん》の知行地《ちぎょうち》・養子・身暇・喧嘩、郎従《ろうじゅう》の官位《かんい》、参洛供奉《さんらくぐぶ》や鏡城法式《きょうじょうほうしき》などの軍役《ぐんやく》関係、鷲頭妙見《わしずみょうけん》社《しゃ》・今八幡《いまはちまん》・築山明神《つきやまみょうじん》・氷上妙見社《ひかみみょうけんしゃ》など尊崇《そんすう》厚い寺社の保護法令など、領主側を保護あるいは規制する規定が多い。

領民支配の一般的法令は、山口市中取締《しちゅうとりしまり》の禁制《きんぜい》、金銀両目定法《きんぎんりょうもくじょうほう》・撰銭《えりぜに》・年貢麻布寸尺《ねんぐあさぬのすんしゃく》など商業・経済関係、鯖川渡《さばがわのわたし》・赤間関《あかまのせき》渡賃など交通関係、諸人被官公役《しょじんひかんくやく》・商売船公事《しょうばいせんくじ》など年貢公事関係を含んでいる。ただし、それらは比較的少ない。

全体的に見て「大内家壁書」は、ほかの分国法と共通した性質を帯びるものの、ほかの分国法と比べていくつかの特色が見られる。家臣統制面では、寄親《よりおや》・寄子《よりこ》制、家臣知行権制限、私盟《しめい》の禁止などの条項を欠く。領民支配面では、隠田《おんでん》・用水《ようすい》・入会地《いりあいち》などに関する規定がない。刑罰面では連坐法《れんざほう》が明確でなく、また下人《げにん》・奴婢《ぬひ》の身分規定が存在しない――などである。また、明らかに、鎌倉幕府法の条文に依拠した法令が存在することも注目される。

こうした内容上の特徴は、大内氏の所在地が、社会経済発展において中間的な役割を果たす中国地方の西端であったこと、「大内家壁書」が諸分国法中で成立年代が早く、当時、守護出自の大名として大内氏権力が安定していたことと関係があろう。

「大内家壁書」という名称は、群書類従本《ぐんしょるいじゅうぼん》（内閣文庫本《ないかくぶんこぼん》系）によるもので、同本によると諸法令は直状《じきじょう》形式二通、奉書《ほうしょ》形式四十四通、記録形式三通、請書《うけしょ》一通である。奉書形式のうち「壁書如件《かべがきくだんのごとし》」の書止《かきと》めのものが三十四通で、所載法令の大半を占めるところから、壁書の名称が生じたのであろうと考えられている。壁書とは、木または紙に書いて、官衙《かんが》や寺院などの壁または門などに掲示したもので、多く事書《ことがき》（「一、…の事」という書式で書くこと）で法令の要旨を掲げるのが一般である。ところが、「大内家壁書」の諸法令は、必ずしもこれに該当しないとされている。

「大内家壁書」には伝来する諸本が多いものの、おおよそ四つの系統に分けられる。それぞれ、内閣文庫本系・前田本《まえだぼん》系・永田本《ながたぼん》系・布施本《ふせぼん》系と名づけられている。このうち内閣文庫本系と前田本系は、同じ本を写したという近い関係にあり、しかも原型に近いとされている。収録されている法令が明応《めいおう》四年（一四九五）までなので、明応四年以後、それほど遠くない時期に編集されたと考えられている。永田本系は、内閣文庫本系・前田本系に、多くの法令を追補《ついほ》したもので、明応四年から遥かに遅れて成立した。布施本系は、法令数が少ないこともあり、ほかの系統とは全く無関係に、永田本系よりも、さらに遅れて編集された。四つの系統に分けられる伝本《でんぽん》は、このように理解されている。

実は、「大内家壁書」は、大内氏の関係者が編集したとの確証は得られていない。収められた法令が、ほかの分国法と同様の方針で集められているという理解によって、大内氏が編集したと考えられている。そこには、前田本系・布施本系の存在が考慮されていない。「大内家壁書」は、分国法であったのかも、検討しなければならない。少なくとも、法令集ではなく、判例集により近いのである。

今川仮名目録

「今川仮名目録《いまがわかなもくろく》」は、駿河《するが》（静岡県）の戦国大名今川氏が制定した分国法である。今川氏親《うじちか》が、大《たい》永《えい》六年（一五二六）四月十四日に「仮名目録」を制定し、氏親の子義元《よしもと》が、天文《てんぶん》二十二年（一五五三）二月二十六日に「仮名目録追加」を制定した。

「今川仮名目録」の条文は、二系統の写本によって伝えられている。今川記本《いまがわきぼん》（『続群書類従』合戦部所収）と黒川本《くろかわぼん》（明治大学刑事博物館所蔵本）である。「仮名目録」の条数が、前者は三十三ヶ条で、後者は三十一ヶ条である。差異の二ヶ条のうち、一ヶ条は誤脱の可能性があるが、もう一ヶ条は不明である。「仮名目録追加」は、共に二十一ヶ条であるものの、条文配列の順序・語句などにも異同が見られ、さらに黒川本には、義元によって制定されたと考えられている「訴訟条目」（十三ヶ条）が付されている。こうした異同によって、両者は種本《たねほん》が異なるのではないかとも考えられている。

内容は、奴婢《ぬひ》・下人《げにん》の年期《ねんき》に関する問題、知行地売買の禁止、不入地《ふにゅうち》に対する大名権力の関わり方など、興味ある規定が多く見られる。全般的な一つの基調として注目されることは、主従関係における御恩《ごおん》と奉公《ほうこう》の相互関係の観念が強く打ち出されていることである。立法者である今川氏が、家臣に対し、奉公しない者には恩が与えられないと強調し、またその観念の上に立法しているのは当然として、寄親・寄子の関係、嫡子《ちゃくし》・庶子《しょし》の関係、他国人を被官《ひかん》として召し抱える場合など、いずれの場合も、両者の間に主従の関係が成立するかしないかは、前者の後者に対する扶持《ふち》の有無がポイントとなることが知られている。そして、ここでは、恩を与えないものは主人たり得ないという観念が厳しく貫かれていることが読み取れ、その一方で、下人の子の帰属《きぞく》をめぐる問題など、意図的に鎌倉幕府が制定した「御成敗式目《ごせいばいしきもく》」の法理を否定している条文が多く見られる。こうした点から、「今川仮名目録」は、総体的に、戦国時代の分国法としては最も新しい方向を示すものであると言われている。

氏親は、「今川仮名目録」を制定した目的を、次のように記している。

> 自分が領国を支配してきた経験から、法典に定めておいたほうが領国のために良いと思われるものを密かに記しておいた。最近は人々が、ずる賢くなって、思いもよらない紛争が起こるので、この法典を作って、事前に備えておく。そうすれば、依怙贔屓《えこひいき》の判決を下したというような誹《そし》り

を受けないであろう。そのような訴訟が持ち込まれた時には、この法典を箱の中から取り出して、この条項に基づいて判決を下せ。このほか、天下の法度と今川家が過去に出した法令は改めて載せていない。

これは「今川仮名目録」の後書《あとがき》である。氏親は、これを裁判の規範とするとしながら、天下の法度と過去の法令は改めて載せないとしている。つまり、「今川仮名目録」は法令を網羅するものではなく、むしろ補完するために制定したもの、ということである。氏親自身は「今川仮名目録」を基本法とは捉えていなかったと言える。

塵芥集

「塵芥集《じんかいしゅう》」は、奥州の戦国大名伊達《だて》稙宗《たねむね》が、天文《てんぶん》五年（一五三六）四月十四日に制定した分国法である。制定当時は百七十一ヶ条で、分国法の中でも、最も浩瀚《こうかん》なものである。なお、写本によって条文数に違いがあり、制定以降、稙宗によって逐次《ちくじ》増補された可能性も指摘されている。

内容は、社寺法・刑事法・貢租《こうそ》法・用水法・土地法・質法・売買法・境界法・下人法・婚姻法など多岐にわたる。中でも刑事法は、全条文の約三分の一を占め、内容もほかの分国法には見られないような詳細なものである。また、主人と下人との関係、地頭《じとう》と百姓との関係を規定した条文も、分国の実情に即した独自のものが多いとされている。

構成は、法の効力の不溯及《ふそきゅう》を宣言した前書《まえがき》、本文、稙宗の署名・花押《かおう》、裁判の公平な実施を神仏に誓約した起請文《きしょうもん》、重臣の署名・花押となっている。その体裁および前書・起請文の文章は、一部の条文と共に「御成敗式目」を模倣している。

「塵芥集」の制定は、大永《たいえい》三年（一五二三）の春頃、稙宗が室町幕府から補任《ぶにん》された陸奥国守護職を前提としたもので、かつ天文四年（一五三五）の『棟役日記《むねやくにっき》』、同七年の『御段銭古帳《ごたんせんこちょう》』の作成など、稙宗による一連の領国支配の諸政策と密接に関係するという。ところが、「塵芥集」が伊達家の裁判で適用されたという事例は、今のところ見つかっていない。「塵芥集」は稙宗の自己満足に終わったのではないか、との指摘もある。少なくとも、天文十一年（一五四二）に稙宗が失脚《しっきゃく》すると、効力を失ったというのが、通説である。

甲州法度之次第

「甲州法度之次第《こうしゅうはっとのしだい》」は、武田晴信《はるのぶ》（信玄《しんげん》）が制定した分国法である。江戸時代、「信玄家法《しんげんかほう》」の名称で流布した。現在知られているものに、二十六ヶ条本と五十五ヶ条本がある。

二十六ヶ条本（①保阪潤治《ほさかじゅんじ》氏旧蔵本）は、天文《てんぶん》十六年（一五四七）六月朔日の日付と、信玄の花押《かおう》が据えられている。五十五ヶ条本には二種類ある。一つは、二十六ヶ条本の二十六ヶ条に二十九ヶ条を加え、さらに追加二ヶ条を合わせて五十七ヶ条としたものである（②松平文庫本《まつだいらぶんこぼん》など）。もう一つは、二十六ヶ条のうち一ヶ条を除く二十五ヶ条に、三十ヶ条および追加二ヶ条を加え、五十七ヶ条としたものである（③東京大学法学部研究室本などの流布本《るふぼん》系統のもの）。共に、この五十五ヵ条は天文十六年（一五四七）六月に定めたもので、追加二ヶ条は天文二十三年（一五五四）五月に定めたと注記されている。

これらの関係は、まず二十六ヶ条が天文十六年（一五四七）に制定され（①）、その後二十九ヶ条が加えられ、それに二ヶ条が追加された（②）。その後、条文の整備が行われて五十七ヶ条になった（③）。このように三段階で制定されたというのが、一般的な捉え方である。なお、信玄の家臣であった駒井《こまい》政武《まさたけ》の日記『高白斎記《こうはくさいき》』の天文十六年（一五四七）五月晦日条に、「甲州新法度之次第を書いて信玄へ進上した」と記されている。ここから、駒井政武が起草《きそう》した法典を、信玄が承認して、天文十六年（一五四七）六月朔日に発布したと考えられている。

内容について注目されるのは、「今川仮名目録」の影響である。二十六ヶ条本では、約半数の十二ヶ条に強い影響が見られ、ほぼ同文の条項もある。残りの十四ヶ条には、罪科人跡《ざいかじんせき》に対する地頭《じとう》の恣意《しい》的没収の禁止、恩地の規定、私の徒党《ととう》立ての禁止、寄親《よりおや》・寄子《よりこ》に関する規定などがある。五十五ヶ条本で追加された条項は、郷村《ごうそん》単位の棟別銭《むねべつせん》徴収に関する規定、貸借関係が大半を占めている。

特色としては、信玄の施政に対する批判や意見上申を求めた条項が挙げられる。これは五十五ヶ条本にも踏襲されている。信玄の行状《ぎょうじょう》や法度などが、「甲州法度之次第」の旨趣に違えた場合には、「身分にかかわらず」訴状によって訴えるように、というのである。

この条文をもって、「甲州法度之次第」が領国中に発布《はっぷ》・通達されており、家臣のみでなく領民も知っていたことを示す、とされている。そのためか、「甲州法度之次第」の写は、武田家の領国であった旧家から発見される事例が多いとの見解がある。しかし、ここでいう「身分にかかわらず」（原文では「不撰貴賤」）は、家臣に限定している可能性もある。旧武田領国における信玄に対する郷愁《きょうしゅう》は、ほかの大名領国に比べて非常に強い。それは、「甲州法度之次第」が信玄家法として流布していたことにも表れていよう。したがって、「甲州法度之次第」が武田家の領国であった旧家から発見されることが、領国へ発布されていたことの証明とはならない。「甲州法度之次第」も、披見《ひけん》できるのは家臣たちに限定されていたのではないだろうか。

結城氏法度

「結城氏法度《ゆうきしはっと》」は、下総《しもうさ》結城（茨城県結城市）の領主結城政勝《まさかつ》が弘治《こうじ》二年（一五五六）に制定した分国法である。構成は、前文、百四ヶ条の本文、制定奥書《おくがき》、追加二ヶ条、家臣連署請文《れんしょうけぶみ》から成っており、さらに末尾に政勝の次代晴朝署判《はるともしょはん》の追加一ヶ条が付けられている。

内容は、主従関係・行政手続・刑事犯に関する規定に重点が置かれている。さらに、財産・家族・従属身分についての規定がある。これらについて、戦国時代の大名領主にとっての領内統治の基本問題が全面的に取り扱われていると評価し、この法度を紛れもなく結城氏の基本法規であったと捉える見方がある。

この時期、結城政勝は、前後を通じて最大の支配領域を獲得していた。その勢力圏は、結城から下館《しもだて》（茨城県筑西市）・下妻《しもつま》（同下妻市）・山川《やまかわ》（同結城市）・小山《おやま》（栃木県小山市）・富屋《とみや》（茨城県桜川市）・小栗《おぐり》（茨城県筑西市）・海老島《えびしま》（同）などの諸地域に及んでいた。しかし、「結城氏法度」の施行範囲は、自らが直轄統治した本領の結城郡を中心とする一帯に限定されていたとされる。そして、直接の対象は、結城氏直属家臣であった。そのほかの諸階層・諸職業に関する条項も含まれているものの、それらは家臣との関係において規定されたものであった。

「結城氏法度」の制定目的は、家臣の秩序維持にあった。統治規範をあらかじめ明示することによって、家臣の不当な主張を抑止し、領内の平和と結束を保持するためのものであると、前文に記されている。

六角氏式目

「六角氏式目《ろっかくしもくろく》」は、近江《おうみ》（滋賀県）の六角氏の分国法である。永禄《えいろく》十年（一五六七）、蒲生定秀《がもうさだひで》ら二十名の重臣が連署《れんしょ》して要請した六十七ヶ条の条項に、六角義治《よしはる》がその遵守《じゅんしゅ》を約定《やくじょう》したものである。遵守の約定は、起請文《きしょうもん》によってなされており、写本によっては父義賢《よしかた》（承禎《しょうてい》）と連署となっているものもある。つまり、家臣たちによって作られた分国法である。これは、この当時の六角氏の状況を反映している。

六角氏は、永禄六年（一五六三）に重臣の後藤賢豊《ごとうかたとよ》父子を誅殺《ちゅうさつ》し、権力の掌握を図った。ところが、諸将の離反を招き、逆に観音寺城《かんのんじ》（滋賀県近江八幡市）を追われることになった。蒲生氏の助力によって帰城したものの、永禄九年に北近江の浅井《あざい》氏から侵攻を受けると、多くの将が浅井氏に呼応した。こうした状況下で君臣協約という形でなったのが、「六角氏式目」である。

内容は、所領相論《そうろん》、刑事犯罪、債務関係など多岐にわたり、訴訟手続や年貢収納など農民支配に特色があるとされる。特徴としては、六角氏の権限や恣意的な行為を制約する条項が半数を超えている点にある。そのため、「六角氏式目」は、領主権益の擁護を目的として、領主相互の協約と、六角氏の権限の制約という二つの特質を持つと言われる。

中には、原則として在地に定着している慣習法を破ってはならない、との条文もある。「六角氏式目」は、慣習法を補完するものとして位置づけられていたことを示していると言えるだろう。

新加制式

「新加制式《しんかせいしき》」は、戦国時代、四国の東部と畿内に大領国を築いた三好《みよし》氏の分国法である。制定年代は明確でなく、三好長慶《ながよし》の弟実休《じっきゅう》（之虎《ゆきとら》）が討死した永禄《えいろく》五年（一五六二）から、三好氏の家宰篠原《かさいしのはら》長房《ながふさ》が敗死した元亀《げんき》四年（一五七三）までの間と考えられている。

現存の写本では、二十二ヶ条である。中世武家法典の形式に準じて、社寺に関する条文で始まるものの、法典としての形式は整っているとは言えないとの評価がある。また、分国法というよりも、家臣を対象とした家中法の性格が強いとも言われている。

おわりに——分国法の性格

さて、これまで、分国法の制定状況を見てきた。これらを通覧すると、分国法とは、家臣を対象とするものであり、慣習法などの補完的性格が強く、法令を網羅するものではないことがわかる。そして、法令として遵守《じゅんしゅ》すべき事項を列記したのではなく、裁判を公正に行うために参照すべきものとして制定されたと考えられる。分国法は、基本法ではないのである。

戦国大名には法体系と呼べるようなものはなかった、と見るのが正確だろう。おそらく、慣習法を中核としつつ、その時々に応じて対応したのだと思われる。ちなみに、戦国大名の文書に散見される「国法」は、成文化《せいぶんか》された法令・法律というよりも、慣習法そのものを指すと見たほうがよさそうである。戦国大名の概念には、成文法としての法令・法律はなかったのである。

主要参考文献

石井進ほか校注『中世政治社会思想 上　日本思想大系21』（岩波書店、一九七二年）
井上和夫『長宗我部掟書の研究——近世初期法制の研究』（高知市立市民図書館、一九五五年）
勝俣鎮夫『戦国法成立史論』（東京大学出版会、一九七九年）

小林宏『伊達家塵芥集の研究』（創文社、一九七〇年）
佐藤進一ほか編『中世法制史料集　第三巻 武家家法Ⅰ』（岩波書店、一九六五年）
藤木久志『戦国社会史論――日本中世国家の解体』（東京大学出版会、一九七四年）
水林彪ほか編『新体系日本史2　法社会史』（山川出版社、二〇〇一年）

平野明夫（ひらの・あきお）

一九六一年生まれ。國學院大學兼任講師。博士（歴史学）。
主要業績：『三河松平一族』（新人物往来社、二〇〇二年）、『徳川権力の形成と発展』（岩田書院、二〇〇六年）など。

史料とは何か

はじめに

戦国時代に限らないことだが、歴史に関する特定の「史実」を書き記す場合、根拠となるのが「史料」である。

では、「史料」とは何だろうか。小学館刊行の『日本国語大辞典』（第二版第七巻）によれば、「歴史研究の素材となる文献、遺物、文書、日記、伝承、絵画、建築などの総称」とのことである。わかるようでわからない説明、と感じる方も多いのではないだろうか。

「歴史研究の素材」とは、歴史的な出来事について、「○○は△△である」と断定するための証拠となるものである。そして、我々現代人が過去を知るためのツールにもなる。学問としての「歴史学」は、当然、個人の想像や思いつきを証拠として「史実」を構築するわけにはいかない。そのための根拠となるのが、「歴史研究の素材」たる「史料」である。

一口に「史料」と言っても、あらゆる「史料」が存在している。最も有名と言ってよいのが古文書《こもんじょ》であろう。同じく『日本国語大辞典』によれば、古文書とは「古くなって効力を失った証文を指し、主に特定の対象に意思を伝えるために作成された文献」を言う。例えば、書状一つをとっても、戦国大名や「国衆《くにしゅう》」が政治的・外交的に差し出した書状（手紙）から、親子や友人・知人とのやりとりを記した書状に至るまで、実に豊富な古文書が現在に伝わっている。

加えて、第三者宛てではない個人的な日記や、寺院に残る「過去帳《かこちょう》」（戒名《かいみょう》・俗名《ぞくみょう》など、死者の情報を記した名簿）や「史書」（いわゆる軍記などの編纂物）などを「記録」という。戦国時代の歴史を探るための日記は、天皇や上流の貴族（公家）、僧侶、武士といった支配階級に属する人々が残したものが有名である。こうした日記は、これまで断片的・部分的に記述が利用されてきた。しかし近年、日記を記した「記主《きしゅ》」を取り巻く政治・社会的背景を含めた、あらゆる視点からの総合的な研究が進んでいる。

文字で記された古文書や記録に対して、遺物（遺構）・絵画といった、文字で残されていない考古・古美術などは「モノ」史料と呼ばれる。通常、遺物（遺構）は考古学、絵画は美術の学問分野に属していて、直接関係がないように思える。しかし、様々な「モノ」史料を積極的に利用することで、古文書・記録からは知ることができない歴史の空白や、当時の文化・風習が明らかになってきている。ほかにも、系図（系譜）や地図（地形図）、板碑《いたび》（供養《くよう》のための石碑）なども、「史料」として利用されている。

一方、地方の村々に語り継がれている民俗学的伝承や、国文学作品なども、歴史を繙《ひもと》く「史料」として見直されている。

近年では、これらの様々な「史料」を蒐集《しゅうしゅう》・整理・分類する学問としての「史料学」の重要性も増し、歴史学を支える基盤となっている。様々な「史料」の特性について解説を加えたいところではあるが、ここでは戦国・織豊《しょくほう》時代の研究において頻繁に使用される古文書・日記・軍記物に絞って見ていこう。

史料の価値――「一次史料」「二次史料」とは

「史料」は、歴史を知るために過去から現在に伝えられてきた貴重な「宝物」である。「史料」はすべて貴重であり、その価値は等しいと言えよう。

しかし歴史学研究では、しばしば「一次史料」「二次史料」という、「史料」に価値を定めるかのような評価を下し、使用していることがある。本来、分け隔てなく平等に使用されるべき「史料」に、どうして「一次」や「二次」という価値区分が生じているのだろうか。具体的な例を挙げて説明しておきたい。

メディアのアンケートなどで、好きな戦国武将として常にトップで、近年、多くの一般向け書籍が出されている織田信長。彼について知るための基本史料となるのが、信長の家臣であったとされる太《おお》田牛一《たぎゅういち》が書き残した『信長公記《しんちょうこうき》』である。信長が「本能寺の変」に際して発言したとされる、「是非に及ばず」(是か非か議論する必要はない)という有名なセリフも、信長の生涯を記した『信長公記』の記述に基づくものである。

太田牛一は、信長と同時代を生きた人物である。しかし『信長公記』は、慶長《けいちょう》三年(一五九八)に成立したとされ(信長の死去は天正《てんしょう》十年〈一五八二〉)、リアルタイムに記録されたものではない。牛一自身が経験した出来事や、信長の近くに仕えた家臣や女性などの証言をまとめたと思われる、信《しん》憑《ぴょう》性《せい》の高い記述もある。しかし一方では、記述が混乱しており、記憶や憶測に頼った部分が多いのも、また事実である。したがって、成立年代が信長の時代に近いとはいえ、後年に編纂されたものであることから、『信長公記』は二次史料とされている。

では、『信長公記』は全く信頼できない作り話で、無価値な「史料」なのであろうか。決してそうではない。現在の我々が、歴史的な出来事を正確に知ることは不可能だが、『信長公記』も、ほかの「史料」から確認できない信長の姿を知らせてくれる。その『信長公記』でしか確認できない記述について、信長と同時代に書かれた「史料」を蒐集《しゅうしゅう》し、内容を検討することで、正確なものか否かを検証するのである。

では同時代史料とは、どういう「史料」を指すのであろうか。実はこの同時代史料こそ、「一次史料」と呼ばれる「史料」なのである。文字通り、同じ時代に記された古文書・記録・日記などの文字「史料」が、「史実」を描き出す際に、最も信用に値する根拠となり得る「一次史料」と認識されている。

信長研究の「一次史料」として真っ先に挙げられるのが、信長もしくは、信長の意思を伝えるため、第三者宛てに差し出された文書（発給《はっきゅう》文書）と、信長や信長に関係する第三者から信長や関係者宛てに差し出された文書（受給《じゅきゅう》文書）である（奥野編：二〇〇七など）。

加えて、信長や、信長に関係した公家や僧侶の日記がある。以下に代表的なものを記しておこう。

『多聞院日記《たもんいんにっき》』（奈良興福寺塔頭《こうふくじたっちゅう》多聞院の院主英俊《いんしゅえいしゅん》らの日記）
『兼見卿記《かねみきょうき》』（京都吉田神社の神主吉田兼見《よしだかねみ》の日記）
『晴豊公記《はれとよこうき》』（朝廷と武家の交渉を担当した武家伝奏勧修寺晴豊《ぶけてんそうかじゅうじはれとよ》の日記）
『言経卿記《ときつねきょうき》』（公家の山科言経《やましなときつね》の日記）
『御湯殿上日記《おゆどののうえのにっき》』（御所《ごしょ》に仕えた女官《にょかん》によって書き継がれた日記）

これらが「一次史料」と見なされている。

当然、「一次史料」だからといって、完全に信用が置けるわけではない。なぜなら、信長の発給した文書にしても、本当に重要な事柄は文面には書かず、文書を相手方に持参する「取次《とりつぎ》」という使者（外交担当者）に口頭で伝えさせているからである。これは、文書が紛失・略奪された場合の情報漏洩《ろうえい》を防ぐ意味合いがあった。また、何らかの権益を保障する文書などでは、偽文書《ぎもんじょ》が作成される場合もあった。

一方、公家や僧侶の日記なども、私的なものと言うより、第三者に見られることを想定して書かれていた。何より、記主やその家（イエ）の政治的・社会的立場を背景にした思惑もあって、事実を改《かい》竄《ざん》して書かれていることもあった。つまり、あくまで「一次史料」は、後世に伝聞や記憶を頼りに書かれた軍記・家譜などの編纂物に比べて信用度が高い、というだけに過ぎない。言い換えれば、古文書にしても、日記にしても、歴史学研究においてはそのまま利用されているのではなく、あらゆる史料の内容との突き合わせ（史料批判・検討）を経ているのである。

信長研究の「二次史料」には、『信長公記』のほかに、どのような史料が挙げられるだろうか。以下の四点が代表的な史料であろう。

『立入左京亮入道隆佐記《たてりさきょうのすけにゅうどうりゅうさき》』（朝廷の御蔵職《みくらしき》であった立入宗継《むねつぐ》の覚書《おぼえがき》）
『耶蘇会《やそかい》（イエズス会）日本年報』（耶蘇会宣教師が日本での布教活動の状況を中心に書き止めた記録）
『日本史』（宣教師ルイス・フロイスが編年体《へんねんたい》で記した歴史書）
『信長記《しんちょうき》』（儒学者の小瀬甫庵《おぜほあん》が『信長公記』を改変して記述した記録）

これらは、あくまで信長に関わるものの一部に過ぎないが、『信長記』を除いて、比較的良質な「二次史料」とされている。すでに述べたように、「二次史料」とは後世に記された編纂物であり、信長やその当時に生きた者がのちに書いた場合もあるが、基本的に同時代史料とは言えない。さらに、それを記した当事者の祖先や、祖先の仕えた戦国大名を顕彰《けんしょう》する目的で、過度な脚色や創作が加えられて記述された軍記物や、自らの出自を改竄して、歴史上の著名な一族に繋げた「家譜《かふ》」や「系図」などもある。事実、正否は別にして、信長も自らの出自を、藤原氏から平氏に変更している。

「二次史料」が脚色や創作にまみれた信用の置けないものだとすれば、利用しないほうが良いのだろうか。決してそうではない。現代の我々が知っている歴史的な出来事には、「二次史料」からしか確認できないものもある。仮に「一次史料」のみで歴史的な出来事を知ろうとすれば、虫食いだらけの、不明なことばかりで、無味乾燥《むみかんそう》の限定的な「歴史」となってしまうだろう。したがって、「二次史料」だからという理由だけで排除してしまうのではなく、その「史料」を有効に利用するための「工夫」が必要となる。

そこで、「二次史料」を使用する際には、「一次史料」以上の史料批判が必要になってくる。この史料批判が「二次史料」の場合、かなり困難を伴う。なぜなら、記されている人名や出来事、時期などの情報を「一次史料」と照合し、整合性があるか否かを確認することに加え、伝来する過程で派生した数種類の写本との内容照合を行わなければならないからである。

同じ「二次史料」であっても、利用する研究者によって「史料」の評価が真っ二つに分かれることもある。それゆえ「二次史料」の場合は、その史料を「使う」「使わない」の二者択一論に陥ってしまいがちである。さらに、部分的に引用する場合でも、その部分以外のすべての記述について、信用が置けると判断して使用する傾向が強い。軍記物などは、対象とする時代に成立年代が近いほど良質な（信用の置ける）「史料」とされる場合が多いが、決してそうとは限らない。確かに、対象とする時代に近ければ、当事者が記述した事柄に関わっている可能性は高いだろう。しかし、軍記物は編纂物である。自身や先祖、主君などの顕彰を目的とするものもある。事実をそのまま記述せずに脚色を加えていたり、伝聞や思い込みによって不正確な記述を行ったりしている場合もある。「二次史料」は、こうしたフィルターに覆われていると考えるべきである。

また、重要な史実を確定する際には、「二次史料」を単独で使用することには慎重でなければならない。あくまで、「一次史料」から窺い知ることのできない空白部分を補う副次的（参考程度）な利用に留めておかなければ、史料的根拠の薄い「史実」が拡散されてしまう。信憑性が低い「二次史料」が、それを利用する者の都合によって恣意《しい》的に利用されることを防ぐ必要がある。十分な史料批判を経てもなお、疑ってかかるべきだろう。それぞれの「二次史料」に対する史料批判の進捗状況には温度差があることも、踏まえておかなければならない。

以上のように、「史料」には、「一次史料」と「二次史料」という区分が存在し、それぞれの特性に基づく史料批判が必要であることを理解しておきたい。

古文書とは

すでに触れたように、古文書とは「第三者に意思を伝えるために作成された文書」である。中でも、いわゆる「一次史料」は、同時代の生の声を知ることのできるものとして利用されている。

戦国時代の古文書、特に「戦国大名」関係の古文書は、現在では多くが翻刻《ほんこく》・刊行され、利用の便が図られている。各自治体が刊行する自治体史の史料編をはじめ、東京大学出版会刊行の『大日本古文書　家わけ文書』（伊達《だて》、上杉《うえすぎ》、毛利《もうり》、島津《しまづ》氏など）や、東京堂出版刊行の『戦国遺文《せんごくいぶん》』（後北条《ごほうじょう》、武《たけ》田《だ》、今川《いまがわ》、房総《ぼうそう》、古河公方《こがくぼう》、佐々木六角《ささきろっかく》、三好《みよし》、瀬戸内水軍など）が挙げられる（なお、柏書房からは『戦国大名の古文書』（東日本編／西日本編）の二冊が刊行されている。文書の写真に翻刻、読み下しが付されており、テキストとして便利である）。

また、時代は下るが、奥野高廣《おくのたかひろ》編『増訂　織田信長文書の研究』や、最近刊行が始まった名古屋市博物館編『豊臣秀吉文書集』（全九巻刊行予定）、中村孝也《なかむらこうや》編『新訂　徳川家康文書の研究』（別に徳川義宣《よしのぶ》氏による第一輯・第二輯あり）も参照されるべき成果であろう。さらに、史料の保存・研究機関が公開するデータベースによって、写真やデジタルデータで古文書の原本を見ることができるようになってきた。

ひと昔前は一部の研究者のみが閲覧し、利用していた古文書が、広く公開されることで、利用されやすくなったのである。

一方、日本中世における「古文書学」は、古文書そのものを深く理解するための学問として、ほかの時代に比べ深化してきた。中世の古文書は、そこに記されている文言（内容）だけでなく、書札礼《しょさつれい》（書状を出す際の作法）、料紙《りょうし》のサイズや形状、折り方や紙の質、書体や花押《かおう》の形の変化などの細部にまで注意を払う必要がある。つまり、翻刻・刊行された活字の史料集からだけでは知ることのできない情報を、原文書からすくい上げることが重要である。加えて、古文書の伝来過程や、偽文書の作成背景なども理解しなければならない。

最近は、中世の古文書にスポットを当てた博物館の展示会や、社会人を対象とした大学の講座で中世古文書を取り上げたりしている。歴史学系の学会が、古文書の見学会を開催することもある。原文書に接する機会は増えてきていると言えるだろう。

古文書は、和漢混淆文《わかんこんこうぶん》で書かれた原文を読み下し、活字化して完結する性質のものではない。一つの古文書から、様々な情報を読み解いて、欠けた歴史の空白箇所を埋めるための「史料」の一つなのである。

日記とは

現代の我々が「日記」(中世のそれを「日次記《ひなみき》」と言う)と聞いて思い浮かべるのは、原則として他者の目には触れることのない、極めてパーソナルな私的記録というイメージだろう。もっとも、最近はSNSなどの普及によって、個人が「日記」を公開することが珍しくなくなってきたかもしれない。

中世の「日記」は、主に天皇・公家・僧侶・武士といった支配階級の人々が、公的な職務内容や儀礼式典の作法などを中心に、自らの子孫が見ることを前提に記された一種のマニュアルで、蒐集《しゅうしゅう》(貸し借りや売り買い)の対象であった。当時の支配者層は、現代の我々が考える以上に「作法《さほう》」に縛られており、それを知らないことを「無作法《ぶさほう》」で「無教養」とする「恥《はじ》」の風潮が強く残っていた。手紙のやり取りや、贈り物の品物にまで細かい約束事があったのである。

ところが例外として、「日記の家」と呼ばれた、伝来の「日記」を多く所蔵し、諸「作法」に通じた家の者は、一般的な「作法」に外れていたとしても、「無作法」と非難されることはなかった。その家だけに伝わる先例があるかもしれないからである。
古来の先例に基づいた、朝廷や公家、武家の行事や作法、儀式などのこと、またはそれらを研究することを有職故実《ゆうそくこじつ》と言う。日記は、有職故実ばかりでなく、そこに記された当時の人的・物的交流、風俗、生活様式、食事や庶民生活など、様々なことを知る手がかりでもあった。
現在、数多くの「日記」が翻刻・刊行されている。戦国時代に限っても、
『大乗院寺社雑事記《だいじょういんじしゃぞうじき》』（奈良興福寺塔頭、大乗院の門跡尋尊《もんぜきじんそん》ほかの日記）
『政基公旅引付《まさもとこうたびひきつけ》』（公家の九条政基《くじょうまさもと》が家領《けりょう》の和泉国日根荘《ひねのしょう》〈大阪府泉佐野市〉に在荘した際の日記）
『言継卿記《ときつぐきょうき》』（公家の山科言継《やましなときつぐ》が記した日記）
『後奈良天皇宸記《ごならしんき》』（後奈良天皇が記した日記）
『天文日記《てんぶん》』（本願寺証如《ほんがんじしょうにょ》が記した日記）
『大舘常興日記《おおだちじょうこう》』（室町幕府の内談衆《ないだんしゅう》、大舘尚氏《ひさうじ》の日記）
『兼見卿記』（前掲）
『上井覚兼日記《うわいかくけん》』（薩摩島津氏の家臣、上井覚兼の日記）
『家忠日記《いえただ》』（三河徳川氏の家臣、松平家忠の日記）
『駒井日記《こまい》』（羽柴秀次《はしばひでつぐ》の右筆《ゆうひつ》、駒井重勝《しげかつ》の公用日記）
などの「日記」がある。公家・武家・僧侶などが旅の道中や滞在先で記した、「紀行日記」とも言うべき日記も存在する。

こうした多様な性格を有する中世（特に戦国時代）の「日記」は、ひと昔前までは記事が部分的かつ断片的に利用されるに過ぎなかった。言い換えれば、「史料」のつまみ食いである。つまり「日記」は、「史料」としては重視されていなかった。有職故実などの儀礼研究が低調であったのに加え、当時の朝廷（天皇）・公家に対するイメージが、戦国大名の影に隠れた弱々しい存在（脇役）として隅に追いやられていた、というものであったからだろう。

しかし近年では、未翻刻史料の活字化や朝廷（天皇）・公家の動向の見直しと、公武関係の研究の深化が引き金となり、「日記」が注目されるようになった。これにより、「日記」全体に関する研究も深められている。さらに、同時期の異なる記主による、同内容の記事を比較・検討することによって、当時の社会について、より詳しい状況が判明するようになった。しかし、「日記」を「史料」として利用するには、個人の主観的な思想・価値観で記されたものであるので、そうした偏向をいかに排除できるかが重要な課題でもある。

軍記（物語）とは

「軍記《ぐんき》」とは、「戦争を材料にして記述された書物」（『日本国語大辞典』第二版第四巻）の総称である。後醍醐《ごだいご》天皇の即位から室町時代初期までの動乱を描いた『太平記《たいへいき》』などの文芸作品や、豊臣秀吉の生涯を描いた『絵本太閤記《えほんたいこうき》』のように歌舞伎《かぶき》・浄瑠璃《じょうるり》・講談《こうだん》の題材となって人々に膾炙《かいしゃ》した「軍記」

もあるが、ここでは、応仁《おうにん》・文明《ぶんめい》の乱以降の戦争を題材にした、「戦国軍記」という研究用語で分類される「軍記」を取り上げる。

一口に「軍記」と言っても、成立した年代や写本の有無、伝来過程を含め、様々な「軍記」（軍記物語・軍学書）が存在する。例えば、

陸奥《むつ》伊達《だて》氏の『成実記《しげざねき》』（数種の異本があり、成立年未詳。作者は伊達成実）
越後《えちご》上杉《うえすぎ》氏の『北越軍談《ほくえつぐんだん》』（元禄《げんろく》十一年〈一六九八〉成立。作者は宇佐美定祐《うさみさだすけ》か）
相模《さがみ》北条《ほうじょう》氏の『北条五代記《ごだいき》』（元和《げんな》年間〈一六一五～二四〉成立か。作者は未詳）
甲斐《かい》武田《たけだ》氏の『甲陽軍鑑《こうようぐんかん》』（成立年、作者共に未詳）
安芸《あき》毛利氏の『陰徳記《いんとくき》』（未完。香川正矩《かがわまさのり》編。のちに『陰徳太平記』として元禄八年頃成立か）
土佐《とさ》長宗我部《ちょうそかべ》氏の『元親記《もとちかき》』（寛永《かんえい》八年〈一六三一〉成立。作者は高島正重《たかしままさしげ》）
豊後《ぶんご》大友《おおとも》氏の『大友荒廃記《こうはいき》』（寛永十二年成立。作者は杉谷宗重《すぎたにむねしげ》）
薩摩《さつま》島津氏の『島津家代々軍記《だいだいぐんき》』（成立年、作者共に未詳）

などである。ここには戦国大名家の代表的な「軍記」を挙げたが、一つの家に一つの「軍記」だけとは限らない。なお、戦国・織豊《しょくほう》時代を題材にした「軍記」を知る参考書として、古典遺産の会編『戦国軍記事典　群雄割拠篇』（和泉書院、一九九七年）や『戦国軍記事典　天下統一篇』（和泉書院、二〇一一年）が便利である。

さらに、戦国大名家や大名個人のみならず、ある地域やある戦争について、またはある大名に従属

した「国衆《くにしゅう》」の活躍を記したものもある。

「軍記」は、主に江戸時代に入ってから、戦国大名に仕えた旧家臣やその子孫によって書かれたものが多い。その執筆・編纂の動機は、旧主あるいは自身や祖先の武功を顕彰することにあった。江戸時代には、「家譜」や「系図」の改竄《かいざん》による顕彰行為が流行した。江戸幕府や大名家による家臣に対する「家譜」「系図」「由緒書《ゆいしょがき》」の提出命令は、主家に対してどれほどの功績（武功）があり、どのような由緒を有する家系であったかを調べるための「踏み絵」であったとも言える。

「軍記」の内容も、それを記した者に都合が良いように改竄されてしまっている可能性がある。脚色が施されている部分もあるし、伝聞や記憶違いによって内容が不正確な場合もあるので、その点は注意を要する。

では、「軍記」は「史料」として役に立たないのかと言うと、そうではない。史料的な検討を行った上で利用すればよいのである。実際、国文学における「軍記」研究の成果が、歴史学の研究に影響を与えたこともある。戦国時代の「史実」を知るためには、「軍記」に拠るところが大きい大名や地域があるのも事実なのである。

「日記」と同様、「軍記」についても、成立背景や作成者の意図に関する研究が進められつつあるが、そういったことを十分に説明しないまま、都合よく解釈して利用していることも多い。そのような状況を改善し、特定の個人のみが納得して利用するのではなく、ある程度の共通認識を構築する作業を行うことが、「軍記」の有効的な利用を前進させるであろう。

おわりに――史料へのまなざし

ここまで、戦国時代を知るための基本となる「史料」について、概説してきた。

繰り返しとなるが、本来「史料」には一次も二次もない。現代の我々が過去の出来事を知るための、貴重な「宝物」である。学問的な視野に立ち、より正確と思われる歴史上の出来事を明らかにしようとする時、根拠（証拠）となる「史料」が信用の置けるものか否かを検討する必要が生じるだけである。

ところで、こうした「宝物」である「史料」の保存は、博物館学やアーカイヴなどの「史料学」の領域であるとして、歴史学からの積極的な行動はなされていなかった。研究者には、自身の研究分野に関するものばかりでなく、あらゆる「史料」に敬意を払って利用・保存、後世に伝える努力を惜しまない姿勢が求められる。

また、ここで取り上げた「文字史料」だけでなく、遺構や金石文《きんせきぶん》・絵画などの「モノ史料」からも情報を丹念にすくい上げることで、過去の出来事を知ることができる。これらを扱う考古学や美術史など他分野の学問との学際的な研究も、その重要性が叫ばれて久しいが、研究環境に起因する地域格差がいまだに大きい。

同じ「史料」の同じ記述であっても、研究者によって異なる「史実」が提示される。このような相違を、「史料」の複合的検討によって、より信憑性の高い「史実」へと昇華させる。この作業を繰り返し継続していかなければならない。歴史教科書の記述が見直されていることからも明らかなように、一度確定した「史実」が書き換えられることは、全く珍しいことではない。新しい「史料」の発見はもちろん、「史料」批判と解釈を丁寧に行うことが、豊かな「歴史像」を形づくるためには欠かせないのである。

主要参考文献

奥野高廣編『増訂　織田信長文書の研究』（上・下巻、補遺・索引、オンデマンド版、吉川弘文館、二〇〇七年）
黒田日出男『増補　姿としぐさの中世史――絵図と絵巻の風景から』（平凡社、二〇〇二年）
佐藤進一『新版　古文書学入門』（法政大学出版局、二〇〇三年）
鈴木重治・西川寿勝編著『戦国城郭の考古学』（ミネルヴァ書房、二〇〇六年）
高橋秀樹『古記録入門』（東京堂出版、二〇〇五年）
東京大学教養学部歴史学部会編『史料学入門』（岩波書店、二〇〇六年）
村井章介『中世史料との対話』（校倉書房、二〇一四年）
元木泰雄・松薗斉編著『日記で読む日本中世史』（ミネルヴァ書房、二〇一一年）

中脇聖（なかわき・まこと）

一九七二年生まれ。歴史研究家。
主要業績：『戦国大名の古文書 西日本編』（分担執筆、柏書房、二〇一三年）、「信長は、なぜ四国政策を変更したのか」（日本史史料研究会編『信長研究の最前線』洋泉社歴史新書y、二〇一四年）、「土佐一条兼定権力の特質について」（『十六世紀史論叢』

二号、二〇一三年）など。

第2部
戦国大名の諸政策

戦国・織豊期の検地

はじめに――検地とは

検地《けんち》とは、土地（田畑・屋敷）の面積や状態、持ち主などを調査することで、田畑の四方に竿《さお》を立てて、縄《なわ》を張り、面積を測る様子から、当時の史料では「縄打《なわうち》」とも呼ばれる。特に豊臣政権が実施した検地（太閤《たいこう》検地）は、戦後の歴史学において、中世（戦国期以前）と近世（豊臣期以後）を分ける画期として位置づけられてきた。

この評価は高校の日本史教科書にも反映されており、最も採択率が高いとされる山川出版社の『詳説日本史』を見ると、戦国大名や織田政権の検地は「土地の面積・収入額を領主や農民に自己申告させるもの」で、「指出《さしだし》検地」とされている。一方、太閤検地は「土地の面積表示を新しい基準（町《ちょう》・反《たん》・畝《せ》・歩《ぶ》）に統一するとともに、枡《ます》の容量も京枡《きょうます》（京都付近で使われた枡）に統一し、村ごとに田畑・屋敷地の面積・等級を調査してその石高《こくだか》（村高）を定めた」「この結果、全国の生産力が米の量で換算された石高制が確立した」「一つの土地に何人もの権利が重なりあっていた状態を整理し、検地帳には実際に耕作している農民の田畑と屋敷地を登録した（一地一作人《いっちいっさくにん》）」と説明されている。

ただし、このような記述は、今から三十年ほど前まで重視されていた「領主が個々の農民と土地をどうやって把握し、年貢《ねんぐ》を搾取したのか」という視点から書かれたものである。これに対して近年では、様々な生業《せいぎょう》に従事して年貢や夫役《ぶやく》を負担する人々（百姓《ひゃくしょう》）の集合体である「村（郷村《ごうそん》）」が注目され、領主に年貢を納める責任は村が負っていたこと（村請《むらうけ》）を前提にして研究が進められており、検地に対する評価も以前とは大きく変わっている。

ここでは、戦国大名と織田・豊臣政権の検地について、これまでに明らかにされた点をまとめ、教科書をはじめとする日本史の「常識」を見直していきたい。

戦国大名の検地

まず、領国《りょうごく》支配に関する研究が最も進んでいるとされる相模小田原《さがみおだわら》（神奈川県小田原市）の北条氏《ほうじょう》（後北条氏《ごほうじょう》）を例に、戦国大名の検地がどのように行われたのかを見てみよう（則竹：二〇〇五）。

北条氏の検地は基本的に、①村の代表者が検地役人を案内して現地を確認することで行われ、②その結果を受けて村から請負証文《うけおいしょうもん》（検地の内容を確認し、年貢を滞納しないことを誓約した文書《もんじょ》）が提出され、さらに③北条氏から村に検地書出《かきだし》（田畑の面積から年貢賦課《ふか》の基準となる村の貫高《かんだか》を算出し、そこから村の経費や不作に伴う損免《そんめん》などを差し引いて、実際に納入する年貢高＝定納《じょうのう》貫高を決定した文書）が交付される、という流れで実施されていた（「藤波文書」『戦国遺文《せんごくいぶん》　後北条氏編』三五二二号）。

また北条氏の領国の場合、一反（三百六十歩）あたりの年貢賦課基準高は、田が五百文《もん》、畑が百六十五文（秋成《あきなし》が百文、夏成《なつなし》が六十五文）で統一されていた。さらに、北条氏の検地では「踏立《ふみたて》」という言葉が使われていることから、役人が実際に現場を「踏み」、田畑の面積を把握する丈量《じょうりょう》検地が行われていたことが指摘されている（池上：一九九九）。

次に、甲斐《かい》（山梨県）の戦国大名武田《たけだ》氏の検地について見てみよう（鈴木：二〇〇八）。武田氏の領国では、領主（家臣・寺社）と村との間で以前から取り交わされた関係（年貢や夫役などの先例）が「指出」として提出され、大名（武田氏）はこれをもとに、家臣や寺社の知行高《ちぎょうだか》を決定していた。特に、年貢の賦課基準（高辻《たかつじ》）から不作分や諸経費などを引いた実際の納入（定納《じょうのう》）高が、家臣に対する軍《ぐん》役《やく》の賦課基準とされていた。ただし、指出では意図的に「荒地《あれち》」（耕作されていない土地）の存在が強調され、定納高を過小申告して年貢や軍役の負担を減らそうとする動きも見られた。

そのため、武田氏は役人（検使《けんし》）を現地に派遣して、村の実態調査（改《あらた》め）を行うこともあった。例えば、信濃《しなの》の南御薗郷《みなみみそのごう》（長野県南箕輪村）では、永禄《えいろく》八年（一五六五）以前に武田氏が役人を派遣して隠田《おんでん》（大名や領主が把握していない土地）がないかどうかを調査したところ、役人が村に神田《しんでん》（寺社の祭礼のために設けられた田）があることを知らず、これを年貢分に組み入れたため、村が諏訪大社《すわたいしゃ》（長野県諏訪市・茅野市・下諏訪町）の祭礼費用を負担することができなくなってしまった（「諏訪大社文書」『戦国遺文　武田氏編』九六九号）。北条氏の例でも見られたように、大名が検地を行う際には、現地の状況を知らない役人に領主や村の先例を覆されないよう、村の代表者が現場に立ち会い、確認する作業が必要とされたのである。

さらに武田氏の検地は、蒔高《まきだか》で面積を把握し、田畑に上中下の等級を付けて、村の年貢賦課基準を貫高《かんだか》（銭の数量）で算出する方法がとられていた。蒔高とは「籾米《もみごめ》や麦などを、どのくらい蒔《ま》くことができるか」を面積で表した単位で、中世に畑の面積を表す方法として用いられたが、武田氏は田畑の面積を表す共通単位として蒔高を採用した。なお、蒔高は江戸時代前期まで信濃の上田領《うえだ》（長野県上田市一帯）と上野《こうずけ》の沼田《ぬまた》領（群馬県沼田市一帯）を支配した真田《さなだ》氏が継承し、土地の面積を表す単位として用いられた。

このように、戦国大名も実際に検地を行い、村の年貢高（貫高）を決定していたことがわかる。また、検地によって決められた貫高は、戦国大名が戦争を遂行するにあたって、家臣に対する軍役の賦課基準にもなっていた。

では、戦国大名は何をきっかけにして検地を行ったのだろうか。最も多い例は、この後で述べる織田・豊臣期と同じく、当主の代替わりや大名の交替（代替わり検地）である。

一方、北条氏の領国だった武蔵《むさし》の三保谷郷《みおのやごう》（埼玉県川島町《かわじままち》）では、以前に実施された北条氏の検地で賄賂《わいろ》の授受が行われて不正があったとして、北条氏のもとに訴訟が持ち込まれた。これに対して、北条氏は天正《てんしょう》二年（一五七四）八月に、三保谷郷の代官と訴人《そにん》（北条氏に訴え出た本人）、公方《くぼう》（北条氏）と江戸城代《じょうだい》の北条氏秀《うじひで》からそれぞれ派遣された検使が立ち会って、再度検地を実施するよう命じて

いる（「新編会津風土記七」『戦国遺文　後北条氏編』一七一九号）。

このような訴訟（公事《くじ》）をきっかけにして行われた検地は「公事検地」と呼ばれ、駿河《するが》（静岡県）の戦国大名今川《いまがわ》氏の領国でも、田畑や村の境目《さかいめ》をめぐる訴訟をきっかけにして検地が実施されている（有光：一九九四ほか）。検地は大名が上から強権《きょうけん》的に実施するのではなく、境目や当事者の権利関係などを確認するために、村からの要請で実施されることもあった。また検地の際には、村の代表者や当事者が現場に立ち会い、大名から派遣された役人たちにも、当然のことながら公正な判断が求められたのである。

織田政権の検地

織田政権は一般的に、戦国大名に比べて「革新的」というイメージが強い。しかし、本拠地の尾張《おわり》（愛知県）では織田信長《おだのぶなが》・信忠《のぶただ》の代に統一的な検地が実施されることはなく、旧来の土地制度のままであったことが指摘されている（『新修名古屋市史』）。

また織田政権の場合、近江《おうみ》（滋賀県）・大和《やまと》（奈良県）の寺社や村から指出を提出させ、越前《えちぜん》（福井県）・播磨《はりま》（兵庫県）・丹後《たんご》（京都府）など畿内《きない》周辺で検地を実施したことは確認できるが、領国支配に関わる部分では、まだわかっていない点が多い。ここでは最近の研究で明らかになった例から、織田政権下で実施された検地について見てみよう。

越前では、柴田勝家《しばたかついえ》らが入国したあとの天正《てんしょう》五年（一五七七）に検地が実施された。この検地は「縄打」によって村の境目を明確にすることが目的とされ（「劔《つるぎ》神社文書」『福井県史』資料編5）、天谷《あまだに》村（福井県越前町《えちぜんちょう》）では村から提出された指出に基づき、村の代表者が立ち会って現地の確認作業（検地）が行われている。その結果、検地役人から村に対して検地の結果を示した打渡状《うちわたしじょう》が出され、また村からも検地役人に対して、年貢を滞納しないことを誓約した請文《うけぶみ》が提出された（「野村志津雄《のむらしづお》家文書」『福井県史』資料編5）。このような方法は、豊臣政権下で北陸地方を支配した大名（丹羽長秀《にわながひで》・前田利家《まえだとしいえ》ら）の検地にも継承されている（木越：二〇〇〇）。

次に細川《ほそかわ》（長岡《ながおか》）藤孝《ふじたか》が入国した丹後では、検地を実施して事前の申告（指出）の通りに家臣や寺社の知行高《ちぎょうだか》を決め、これに基づいて家臣に軍役《ぐんやく》を賦課するよう、天正九年に信長から指示が出された（『細川家文書』中世編五七号）。また実際に、智恩寺《ちおんじ》領（京都府宮津《みやづ》市）などで細川氏による検地が行われ（「智恩寺文書」『宮津市史』史料編第一巻別掲四九号）、これに基づいて寺社領が安堵されている。なお智恩寺領の検地では、中世から用いられた「代《だい》」という単位（一反＝五十代＝三百六十歩）で面積が記載されており、地域の慣行に基づく形で検地が実施されたことがわかる（鈴木：二〇一四）。

このように織田政権下の大名（織田大名）も、領主や村から指出を提出させ、さらに村の代表者を立ち会わせて検地を実施していた。また、検地の結果に基づいて家臣や寺社の知行高が決められ、家臣に対する軍役の賦課基準とされた。以上の点から、織田政権下で実施された検地の方法は、基本的に戦国大名と同じであったと考えられる。

豊臣政権の検地（太閤検地）

豊臣政権の検地（太閤検地）は、①縦横を一間《けん》＝六尺《しゃく》三寸《ずん》（約一・九メートル）で測量する、②面積を一反＝十畝＝三百歩（五間×六十間）とする、③京枡を基準とする、④田畑に上中下の等級をつけ上田《じょうでん》の斗代《とだい》（面積一反あたりの年貢賦課基準）を一石五斗（中田《ちゅうでん》以下は二斗ずつ減）とする、などが基本原則である。これらは、羽柴《はしば》（豊臣）秀吉《ひでよし》が織田政権下で領国とした北近江《きたおうみ》（長浜《ながはま》領）の慣行や人材（石田三成《いしだみつなり》・増田長盛《ましたながもり》ら）によって基本的な部分が作られ（下村：一九九八）、播磨の検地でもほぼ同じ方法が用いられていた（『姫路市史』第九巻、補七号）。

秀吉は天正《てんしょう》十七年（一五八九）に美濃《みの》（岐阜県）で検地を実施した際に、初めて「検地条目《けんちじょうもく》」（『太閤検地論』第Ⅲ部、二九号）を出し、慶長《けいちょう》三年（一五九八）八月に死去するまで、検地を担当する奉《ぶ》行《ぎょう》に基本原則を指示している。ただし、現地の状況や奉行の裁量で検地の基準が変更されることもあり、必ずしも原則の通りに検地が実施されたわけではなかった。

また、豊臣期（天正十年〜慶長五年）に実施された検地についても、現在では以下の三つに大きく分類されている（平井：二〇一四ほか）。

［A型］秀吉が蔵入地（直轄地）などに奉行を派遣して、検地を行わせた場合

［B型］秀吉に取り立てられた子飼《こが》いの大名が、A型と同じ方法で検地を行った場合

［C型］ 秀吉に従属した大名が、領国内で独自に検地を行った場合

このうち、厳密な意味での「太閤検地」はA型・B型とされており、さらにA型を二つに分けて、秀吉の蔵入地で実施された検地を「Aⓐ型」、佐竹《さたけ》氏・島津《しまづ》氏・上杉《うえすぎ》氏・里見《さとみ》氏などの大名領国で豊臣政権の奉行が実施した検地を「Aⓑ型」とする説もある。

一方、秀吉が大名に取り立てた家臣の領国検地（B型）は、おおむね太閤検地の基本原則に沿って行われているが、貫高や一反＝三百六十歩の旧制を用いる大名も少なくなかった。また、徳川氏や前田氏・毛利氏・長宗我部《ちょうそかべ》氏らが実施した検地はC型とされ、大名独自の検地として評価されている。このように、豊臣政権が直接検地を行った地域は限られており、全国で同じ基準による検地が徹底されたわけではなかった。

なお、豊臣期に実施された検地をすべて見ていくことはできないため、ここでは太閤検地（A型）の代表例として、天正十八年の奥羽《おうう》（東北地方）の検地と、文禄《ぶんろく》年間（一五九二～九六）の九州の検地、慶長三年の越前《えちぜん》の検地について紹介するに留めたい。

奥羽の太閤検地（天正検地）

天正十八年（一五九〇）八月、秀吉は奥羽の大名に対する改易《かいえき》と領国の配分（奥羽仕置《おううしおき》）を行い、伊達《だて》氏・最上《もがみ》氏・南部《なんぶ》氏の領国を除く全域で検地を実施した。この時に秀吉が出した検地条目（『太

閤検地論』第Ⅲ部、三〇号）では、斗代《とだい》（面積一反あたりの年貢賦課基準）が貫高で示され、後で石高に換算する方法をとるなど、現地の状況や検地を担当した奉行《ぶぎょう》の裁量が検地帳に反映された。また、天正十八年の検地は八月〜十月の短期間で完了しており、事前に村から提出させた指出を、検地役人が現地で確認する形で行われたと考えられている（小林：二〇〇三）。

そして奥羽では、この検地によって村の年貢高が把握され、大名や家臣の知行高が決められた。秀吉は家臣から提出させた指出の通りに知行高を安堵するよう大名に指示し、検地によって新たに把握した「出米《でまい》」を、秀吉自身や大名の蔵入地《くらいりち》（直轄地）にしている。

全国の大名を従属させて「天下一統《てんかいっとう》」を成し遂げた秀吉は、天皇に献上するという名目で天正十九年に「御前帳《ごぜんちょう》」の提出を命じ、大名からの申告（指出）に基づいて、それぞれの国郡《こくぐん》の石高を定めた（秋澤：一九九三）。また、ここで決定された大名の知行高は、豊臣政権の朝鮮出兵（文禄《ぶんろく》・慶長《けいちょう》の役《えき》）の際に、軍役を賦課するための基準とされた。

九州の太閤検地（文禄検地）

文禄二年（一五九三）五月、秀吉は豊後《ぶんご》（大分県）の大友吉統《おおともよしむね》（義統）を改易《かいえき》して蔵入地（直轄地）とし、山口正弘《やまぐちまさひろ》・宮部継潤《みやべけいじゅん》らを派遣して検地を行わせた。この検地は失人《うせにん》（逃亡者）の還住《げんじゅう》と荒廃した村の復興が目的とされ、秀吉の蔵入地は隣接する大名領の再生産を支える役割を担っていたことが指摘されている（中野：一九九六）。

また大友氏が改易された理由として、朝鮮出兵（文禄の役）で規定の軍役人数を用意できなかったことが挙げられており、豊臣政権に従属した大名（豊臣大名）は「際限なき軍役」を務めるために、領国支配の改革を迫られた。しかし、島津氏は天正十五年（一五八七）に豊臣政権に従属した後、上方《かみがた》（京都・大坂）の滞在費などで多額の負債を抱え、また朝鮮出兵（文禄の役）でも規定の軍役人数を揃えられなかったばかりか、「日本一の遅陣《ちじん》」といわれる失態を犯し、秀吉の不興を買っていた。文禄三年から四年にかけて石田三成の配下が島津氏の領国（薩摩《さつま》・大隅《おおすみ》と日向《ひゅうが》の一部）で行った検地は、島津氏が豊臣大名として存立し、軍役を務めることができるよう、豊臣政権が島津氏の領国支配に介入する形で実施された（『大日本古文書　島津家文書』一七三二号ほか）。

ただし、この時の検地では天正十九年の御前帳で把握された「先高《さきだか》」に「出米」（増加分）を加えて、領国全体の石高を約二・七倍に増加させるという方法がとられており、家臣の知行地を圧縮して大名（島津氏）の蔵入地を確保する目的のために、机上の計算が行われたことが指摘されている。

次に、小早川隆景《こばやかわたかかげ》から養子の秀俊《ひでとし》（のちの秀秋《ひであき》、もと秀吉の養子）への代替わりに伴って、文禄四年に筑前《ちくぜん》・筑後《ちくご》（いずれも福岡県）および肥前《ひぜん》で山口正弘らが実施した検地でも、検地の結果が直ちに村の年貢賦課の基準として機能するのではなく、検地帳が作成される過程の机上操作で数値が改訂されている。この検地によって、筑後の大名だった高橋氏や筑紫《ちくし》氏は、天正十九年の御前帳に相当する知行高のみを秀吉から安堵され、実際の領国の範囲は縮小された。

このように、九州では文禄年間に統一的な知行制が確立され、豊臣政権下における大名の「石高」が決定された。ただし、その数値は豊臣政権の「政治的判断」で決められたものであり、検地によって把握された村の「石高」とはかけ離れていた。

また、島津氏のように豊臣大名として存立できない事態に陥った場合や、大名から要請された場合などを除いて、豊臣政権は基本的に大名の領国支配に介入することはなく、細川氏の領国だった丹後のように、天正九年に織田政権下で実施された検地の結果を引き継ぎ、豊臣政権下では検地を行わない例もあった（鈴木：二〇一四）。

越前の太閤検地（慶長検地）

慶長三年（一五九八）四月、秀吉は越前北庄《きたのしょう》（福井市）の堀秀治《ほりひではる》と与力《よりき》大名（もとは丹羽長秀《にわながひで》の与力）を越後へ転封《てんぽう》させ、越前と南加賀《かが》に長束正家《なつかまさいえ》らを派遣して検地を行わせた。その際に秀吉が出した検地条目を見てみよう（木越：二〇〇〇）。

ここでは、①一間を六尺三寸に統一し一反《たん》を三百歩とする、②田畑に上中下の等級をつける、③村や田畑の境目《さかいめ》を明確にする、④検地では京枡のみを使用し以前の枡は回収する、⑤賄賂や依怙贔屓《えこひいき》を排除し役人が公正に検地を行うこと、⑥村の代表者が現場に立ち会って検地を実施し村から請状《うけじょう》（検地の内容を確認して年貢を滞納しないことを誓約した文書）を取ること、などが定められている（『増補駒井日記』二七一頁)。このうち①②④は太閤検地の特徴とされているが、③⑤⑥は戦国大名や織田大名(柴田勝家《しばたかついえ》ら)の検地でも見られる項目であり、以前からの原則を引き継いだものと言える。

また慶長三年の検地は、五月下旬から七月下旬までの約六十日間で、越前の十二郡、千四百ヶ村に対して実施され、その結果五十万石から六十八万石へ、十八万石(三十六%増)の検地打出(検地による石高の増加)を達成していることから、村境の組み替えや、検地の担当者による机上の操作が行われた可能性が指摘されている(木越:二〇〇四)。

なお、この検地によって決められた越前の石高(六十八万石)は徳川政権(江戸幕府)にも継承されたが、その「石高」は文禄年間の九州と同じく、検地によって把握された村の「石高」とは、かけ離れたものであった。

おわりに――検地研究の成果と課題

太閤検地を豊臣政権の革新的な政策と評価する理由の一つに、戦国大名の検地は年貢高を貫高で把握したのに対し、太閤検地は収穫高を石高で把握した、という違いが挙げられていた。しかし近年では、太閤検地で把握されたのは収穫高ではなく年貢賦課基準高であったとして、戦国大名や織田政権の検地との共通性が指摘され、室町期以前に国司《こくし》や荘園《しょうえん》領主などが行った「検注《けんちゅう》」と、戦国・織豊《しょくほう》期以降の「検地」の連続面も注目されるようになっている(池上:二〇一二)。

また、太閤検地で実際に田畑を耕作する者だけが検地帳に登録され「一地一作人」が実現したという説や、村から武士や奉公人《ほうこうにん》が排除されて「兵農分離《へいのうぶんり》」が達成されたという説も、豊臣政権の「刀狩《かたながり》り」や身分法令などに関する研究によって、現在では見直されつつある（平井：二〇一三）。

これまで見てきたように、豊臣政権も戦国大名や織田政権下の大名（織田大名）と同じく、領主や村から指出を提出させ、村の代表者を立ち会わせて検地を実施していた。また、検地の結果に基づいて知行高が決められ、戦争を遂行する際に軍役の賦課基準とされた。太閤検地の基本原則は、織田大名だった頃の秀吉が領国内で用いていた方法を、新たに支配領域とした畿内の周辺や奥羽、九州などで適用したものであり、戦国・織豊期の検地は基本的に同じ目的で行われたと言える。

ただし、織豊期から江戸時代初期（天正・文禄・慶長年間）に全国で作成された検地帳は膨大な数にのぼり、その大部分が自治体史などの史料集で活字化されていないため、この時期にどのような方法で検地が行われたのか、わかっていない点も多い。また、研究がそれぞれの地域や時代ごとに分かれており、中世・近世の枠を超えた研究者同士の議論も、ほとんど行われていない。これらの課題を克服することで、戦国・織豊期がどのような時代だったのかを、もう一度見直すことができるのではないだろうか。

主要参考文献

秋澤繁「太閤検地」（『岩波講座日本通史』第11巻近世1、岩波書店、一九九三年）
有光友學『戦国大名今川氏の研究』（吉川弘文館、一九九四年）

池上裕子『戦国時代社会構造の研究』（校倉書房、一九九九年）
池上裕子『日本中近世移行期論』（校倉書房、二〇一二年）
木越隆三『織豊期検地と石高の研究』（桂書房、二〇〇〇年）
木越隆三「太閤検地帳はどのように作成されたか」（長谷川裕子・渡辺尚志編『中世・近世土地所有史の再構築』青木書店、二〇〇四年）
小林清治『奥羽仕置の構造——破城・刀狩・検地』（吉川弘文館、二〇〇三年）
下村效『日本中世の法と経済』（続群書類従完成会、一九九八年）
新修名古屋市史編集委員会編『新修名古屋市史』本文編第二巻（名古屋市、一九九八年）
鈴木将典「武田氏の検地と税制」（平山優・丸島和洋編『戦国大名武田氏の権力と支配』岩田書院、二〇〇八年）
鈴木将典「織田・豊臣大名細川氏の丹後支配」（『織豊期研究』一六号、二〇一四年）
中野等『豊臣政権の対外侵略と太閤検地』（校倉書房、一九九六年）
則竹雄一『戦国大名領国の権力構造』（吉川弘文館、二〇〇五年）
平井上総「兵農分離政策論の現在」（『歴史評論』七五五号、二〇一三年）
平井上総「豊臣期検地一覧（稿）」（『北海道大学文学研究科紀要』一四四号、二〇一四年）

鈴木将典（すずき・まさのり）

一九七六年生まれ。江東区芭蕉記念館学芸員。博士（歴史学）。
主要業績：『戦国大名と国衆8　遠江天野氏・奥山氏』（編著、岩田書院、二〇一二年）、「豊臣政権下の信濃検地と石高制」（『信濃』六二巻三号、二〇一〇年）、「武田領国における蒔高制」（『信濃』六五巻五号、二〇一三年）など。

戦国・織豊期の大名権力と村落

はじめに——移行期村落論

中世から近世への移行期にあたる戦国・織豊《しょくほう》期における社会の全体像を把握するために、村落に基礎を置いた研究を行うべきであるとする見解は、「移行期村落論」と呼ばれる。移行期村落論の嚆《こう》矢《し》となった研究者として、勝俣鎮夫《かつまたしずお》氏と藤木久志《ふじきひさし》氏が挙げられる。

勝俣は、従来の荘園制《しょうえんせい》（在地領主制《ざいちりょうしゅせい》）から幕藩制《ばくはんせい》への転換という見解を否定し、荘園制から村町《そんちょう》制《せい》への転換を主張した（村町制論）。また、惣村《そうそん》成立の指標のうち、村請《むらうけ》を重視し、自生的に生まれ自立的・自治的性格を持つ村が、村請の成立によって社会体制上の基礎単位として承認され、村請の達成によって領主対百姓の保護と奉公の相互関係から、領主対村の関係に変化しているとした（勝俣：一九八五）。

藤木は、豊臣政権による喧嘩《けんか》停止《ちょうじ》令の制定により、中世後期の村落に対して社会的に認められていた自力《じりき》・自検断《じけんだん》の体系（自力救済権）のうち、武器の使用と報復が禁止されたが、これは村落を自力の惨禍《さんか》から解放するという社会的課題の解決に対する民衆の同意を反映したものであり、自力救済権自体は否定されておらず、徳川政権下においても同様であったとした。また、豊臣政権の在地政策のほとんどが、村落の同意を得て実施されたものであり、荘園制下における地下請《じげうけ》が戦国期に村請制として広く一般化し、近世へと引き継がれるとした（藤木：一九八五・一九九七）。

これらの見解に従うと、戦国期から織豊期を経て近世へと時代が移行していく中で、大きく変化することがなかった村落像を描くことができよう。

大名領国制論

村落そのものに着目した移行期村落論に対して、領主階級による村落支配という視角を重視した見解が「大名領国制論」である。

大名領国制について永原慶二《ながはらけいじ》氏は、荘園体制とは異なり政治的にも経済的にも自立性の強い領域支配体制、小領主層を階級的に結集し、広域の土地・人民・社会分業関係を独自かつ統一的に支配・掌握する体制であり、給人《きゅうにん》の在地領主的本質が完全には止揚《しよう》されていないとした（永原：一九七六）。また大名領国制は、在地領主制の最も高度に組織化された段階、あるいは在地領主制の最高の歴史段階と言うべきものであり、兵農分離《へいのうぶんり》に基づく在地領主制の止揚、領主階級の城下町への集住およびそれを契機とする封建領主権の一元化＝大名への集中を基本原理としており、近世大名制（幕藩体制）

と大名領国制との間には明確な質的転換が存在するとした（永原：一九七五）。すなわち、大名領国制論においては、中世と近世は断絶していると見ており、村落にも大きな変化があったとするのである。

戦国・織豊期の村落を読み解くキーワード

戦国・織豊期の村落に関する論点は多岐にわたるが、移行期村落論と大名領国制論の対立状況に着目し、以下、両論において社会構造転換の指標の一つと位置づけられている「村請」と「兵農分離」をキーワードとして戦国・織豊期の村落を読み解いていきたい。また、村落と領主階級を媒介する存在とされる「中間層」（小領主・土豪《どごう》・地侍《じざむらい》など）に焦点を当てる。

まずは、中間層に関する従来の主な見解を示しておこう。

地主論

地主論《じぬしろん》とは、中間層と大名権力との対決という村落の自主性に着目した見解である。

峰岸純夫《みねぎしすみお》氏は、国家・領主からの収奪を上回る搾取《さくしゅ》を農奴《のうど》から行う存在を農奴主《のうどしゅ》的地主（土豪）と位置づけ、十五世紀中葉以後の村落においては中間層の土地集積が進展して階級的性格が顕在化したため、惣《そう》の二重構成克服に向けて、中間層は権力への上昇転化か村落への回帰を迫られるとした（峰岸：一九七〇）。

藤木久志氏は、中世の村落が自力救済の主体としての地位を社会的に確立しており、統一政権もそれを否定できなかったため、統一政権の制定した法や諸政策も村落の同意を得て実施されたものであるとして、中世と近世の連続面を強調した（藤木：一九八五・一九八七）。

このような藤木氏の見解は、村落上層が既成武士団への被官化《ひかん》によって侍衆《さむらいしゅう》となり、村落運営集団として村落における諸機能を担い続けるとする稲葉継陽《いなばつぐはる》氏の研究などに引き継がれている（稲葉：一九九三）。

小領主論

小領主論とは、大名権力による中間層の把握に着目した見解である。

村田修三《むらたしゅうぞう》氏は、次のように主張している（村田：一九七一）。中間層の土豪が土地集積を進めて地主化する一方で、周辺農民を被官関係によって組織化し、村落を領主的に支配する方向に進んだ（小領主化）。しかし、村落の規制のために容易には領主化できないため、上級領主の下に被官化して既成武士団の構成員になる。戦国大名や国人《こくじん》領主は、このような小領主を軍事力として編成することによって強力な権力を構築していったが、小領主の兵農未分離・下剋上《げこくじょう》的体質という矛盾を抱えていたため、小領主層を否定して兵農分離を指向したとする。

このような見解を引き継ぐ代表的な研究者として、池享《いけすすむ》氏が挙げられる。池氏は、中近世移行期の地域社会統合のヘゲモニーを握っていたのは、領主的所有権を媒介として主従制的に結集した支配身分集団であるとして、領主制的視角の重要性を主張した。国人領主や戦国大名らの既成支配身分が、基本的に領主化を志向する中間層（在地小領主）を編成することにより、領主制的秩序を在地に深化させる方向を基軸として中近世移行期を捉え、兵農分離の意義を、その否定として断絶的に捉えたのである（池：一九九九）。

中間層をめぐる近年の研究動向

二〇〇〇年代に入ると、移行期村落論の立場からの研究が進展した。

黒田基樹《くろだもとき》氏は、大名や国衆《くにしゅう》による村落支配は、村落そのものとの直接的関係によるのであって、被官《ひかん》化した土豪《どごう》層を通じてのものではなく、土豪層を村落の支配者として把握することはできないとし、さらに大名権力のあり方は村落の村請制に規定されていると主張した（黒田：二〇〇三）。ここで、相模《さがみ》や武蔵《むさし》を中心に北条氏の領国をフィールドとしている黒田の研究成果を具体的に見てみよう。

戦国期においては、日常化した災害・戦争によって、不作地発生、百姓退転《たいてん》・欠落《かけおち》などが見られ、それがさらに耕作する百姓の不足、ひいては村落の過疎化をもたらすという悪循環に陥っていた。そのような過酷な社会状況においても、村落はその再生産を維持すべく様々な活動（①隣接村落との戦争、敵方軍勢による濫妨狼藉《らんぼうろうぜき》に対する防衛、大名・領主による軍事動員などの再生産のための戦争、②不作地・荒地・荒野の認定、相当分の年貢・公事《くじ》の免除、もしくは不入《ふにゅう》の獲得、退転・欠落百姓の赦免《しゃめん》・還住《げんじゅう》、新百姓の招致などの再生産のための政治活動）を展開していた。

右のような村落の再生産の維持において土豪は、①不作地となっている荒地開発と散田《さんでん》の耕作維持などの経済的・政治的役割、②郷土防衛・地域防衛の主導などの軍事的役割を果たした。土豪層の被官化も、村落の再生産を維持するためのものである。同一村落において各土豪がそれぞれ異なる領主と被官関係を形成しているという、いわゆる散り掛かり的被官関係は、領主層に対して多様なパイプを用意し、危機的状況に際していち早く頼りになる領主の保護を受け、村落の平和を確保するためのものと捉えられる。

さらに黒田は、戦国大名領国の展開、統一政権の成立という状況の中で、土豪層のあり方がどのように変質していったのかについて、次のように述べている。

戦国大名にとって、何よりの課題は自らの領国の安定化にあったが、そのためには領国内における紛争を抑止し、平和を確立することが不可避であった。それは村落間紛争などの在地紛争をはじめ、領主と村落の紛争、領主間紛争の抑止によって果たされるものであり、実力行使（私戦）を裁判で解決していくことによって領国内平和の確立が遂げられる。また、「村の成立《なりたち》」を政策基調として、飢《き》餓《が》対策としての徳政《とくせい》をはじめ、様々な生命維持・村落再生産の維持のための政策を行った。こうした大名領国における平和の確立を受けて、土豪層における軍事・外交という固有の役割は縮小・消滅していき、必然的に土豪層の村落内における身分的優越性は減退していった。村落の過疎化状況を受けて、被官化・転職なども制限されていったのである。

次に、「新しい兵農分離像」を主導する一人、稲葉継陽氏の見解を示しておこう（稲葉：二〇〇三）。年貢・公事の上納や法の遵守《じゅんしゅ》を、村として領主や大名権力に請負うという村請制は、近世になって武士がいなくなった村を支配するための強制装置として上から導入されたのではない。それはほぼ室町期以降、荘園領主の支配が荘園現地から遊離していくのと裏腹の関係で、村と荘園領主との間に、個別に、しかし広く成立してきたのである。

村請制のもとでは、領主と個々の百姓との支配関係は事実上消滅する。また、中世後期の領域権力は、村の武力をしばしば戦争に動員しようとしたが、戦闘員としての百姓動員が中世後期を通じて大名権力の軍事体制のうちに構造化されることはなかった。中世社会を通じて侍と百姓・凡下《ぼんげ》それぞれの社会的職能は、実態としても意識の上でも明確に分離していた（中世的兵農分離）。中世的兵農分離のもと、大名は百姓の軍事動員を非戦闘員としての反対給付つきの村請定量夫役《ぶやく》として、自らの軍事体制に組み込まざるを得なかったのである。

中世的兵農分離のもと、領国の百姓は村請制を根拠に、村の成立を第一とした現夫《げんぷ》忌避、村雇い夫による代替や銭納を給人《きゅうにん》や大名に要求した。給人が領国の百姓を村から確保できず、銭しか得られなければ、給人たちは雇用労働力に依存して陣夫《じんぷ》（兵粮輸送のために徴発された人夫）や馬を調達し、戦場に連れていくしか方法がない。このような「農の成熟」に基づく村々の運動に規定された陣夫確保の不安定性や陣夫の質の低下は、戦国期の軍隊の構造的欠陥として残された。

移行期村落論に対する疑問提起

池上裕子《いけがみひろこ》氏は、中世的兵農分離について、百姓役を負担している者の認識の側面であって、兵が農から分離していることを証するものではなく、戦国期は兵農未分離の武士がかなりいたと主張し（池上：二〇〇六）、また、移行期村落論に対して次のような疑問を呈した。

①村が抽象的・論理的に設定され、議論の前提に村と村請《むらうけ》がすでに成立してしまっているように思われる、②百姓も地侍《じざむらい》（土豪《どごう》）も村とイコールのものとして村に置き換えられ、大名・統一権力と村という単純な構図で時代像・社会像・権力像が示されているのではないか、③村や百姓・民衆の視座から見るという分析視角が、村は変わらず常に村としてあり続けているという村の静態的・抽象的設定となり、逆に大名・統一権力、戦争・平和・飢餓《きが》などの村を取り巻く環境は変化するという論理構成になっていないであろうか（池上：二〇〇九）。

池享氏は村請について、兵農分離を通じた支配の再編成により体制化され、しかも領主権力の検地を通じた在地（土地と人民）掌握を踏まえたもので、地下請《じげうけ》の単なる延長線上に位置づけることはできないと主張している（池：一九九七）。

また、牧原成征《まきはらしげゆき》氏は、北条氏の百姓支配体制について、領主が不在の所領では有力百姓による年貢の郷請《ごううけ》が進展したこと、豊臣政権との軍事的緊張が高まる中、地頭《じとう》領の有力百姓らを棟別《むねべつ》免除や開発地の宛行《あてがい》によって「大途《だいと》の被官」（「大途」とは、ここでは北条氏における「公儀《こうぎ》」を指す文言）として編成したことを指摘しており、戦国期村請制および兵農分離の典型とされてきた北条氏領国においても、地域や時期によって多様な支配のあり方があったことを示唆している（牧原：二〇一四）。

村落研究における課題

以上のように、戦国・織豊期の村落をめぐる諸説は、いまだ混沌としている状況である。

このような状況を踏まえ、平井上総《ひらいかずさ》氏は兵農分離政策研究について、次のような課題を提示している（平井：二〇一三）。すなわち、①兵農分離の構成要素の何を論点にするか明確にすること、②兵＝武士＝支配身分と単純化しないこと、③上位権力の強制を前提とせず、地域性や下からの動向も考慮すること、④政策の目的を兵農分離実現に直結して捉えないこと、⑤画一的な単線発展史的展開を前提としないこと、である。

また湯浅治久《ゆあさはるひさ》氏は、土豪《どごう》のいる惣村《そうそん》、「自力の村」と土豪のいない惣村、「非力《ひりき》の村」によって構成される地域社会の近世への展開こそが問題とされなければならないこと、惣村と土豪は、領主や大名など権力組織と、その他の中間団体との相互作用によって変化を遂げ、変化を与えるという双方向的な過程を、それぞれの地域社会という個性的な「場」において明らかにすることが重要であることを指摘した（湯浅：二〇一五）。

そこで以下では、右のような課題に留意しながら、従来の研究では主要な研究フィールドとされてこなかった毛利氏の村落支配について見ていきたい。

毛利氏の村落支配に関する従来の研究

戦国期における毛利氏領国の村落を対象とした考察から、松浦義則《まつうらよしのり》氏は、次のような結論を述べている（松浦：一九七三）。戦国大名は、小領主を被官《ひかん》として編成掌握することによって大規模な軍事力を確保し得た。惣庄的結合は、小領主が大名などの被官になることによって崩壊したのではなく、小領主層による共同支配体制に変質しながら存続した。戦国大名の農民支配は、小領主の村落における経済外強制と、小領主の支配する共同体規制やイデオロギー制に依存した支配であった。

さらに松浦は、豊臣期における農民支配について、次のように主張している（松浦：一九七五）。豊臣政権への従属によってもたらされた村落農民に対する過重な陣夫《じんぷ》役負担は、村落の損耗《そんもう》状況をかってないほど深刻なものとし、その結果、旧来の郷村《ごうそん》秩序が現実的に維持されざるを得ない状態であった。このため、毛利氏惣国《そうごく》検地において、小領主、および在地《ざいち》給人《きゅうにん》が従来の村落における支配を否定されることなく、毛利氏によって容認されざるを得なかった。一方で、村落においては、武士身分に属する者とそれ以外の農民身分の者が構成する村落共同体結合とは分離されており、また、大名領主側の志向として農民層内部の私的支配を制約する方向にあった。これは、中世末期に事実上進行した「兵農分離《へいのうぶんり》」の最終的形態に近いものであるが、武士身分の者の在地離脱と都市集住を特徴とする近世幕藩制的兵農分離に直結するものではない。

このように、松浦氏の見解は、村田修三氏らの小領主論を基礎としながら、毛利氏領国の特質を明らかにしたものである。筆者も、おおむね松浦氏の見解に首肯《しゅこう》するが、以下では、特に近世への展開に着目して、毛利氏領国における村落支配の変化について述べていこう。

毛利氏領国における村落支配の変化

毛利氏領国においても、地域的な偏差はあるが、豊臣期以前（おおよその地域は十六世紀半ば頃まで）には村落共同体が成立している。しかし、村落共同体の成立は、いわゆる「太閤検地《たいこうけんち》」の標準的な基準に沿って毛利氏領国内で慶長《けいちょう》二年（一五九七）から実施された「兼重蔵田《かねしげくらた》検地」（兼重元続《かねしげもとつぐ》と蔵田就《くらたなり》貞《さだ》が検地奉行として実施した検地）と連動していない。つまり、太閤検地によって荘園制社会が解体し、自立した小農《しょうのう》によって構成された村落共同体による村落運営が始まったとする理解は、毛利氏領国においては成り立たない。

一方で、豊臣期においても完全な兵農分離は完成しておらず、近世的な村請制が全面的に展開していたわけではない。兵農未分離状態のまま、大名権力や国人《こくじん》領主に被官化した中間層が年貢の請負に主導的な役割を果たすなど、実質上の村落統治者として存在している点では、豊臣期と近世期には明確な断絶が見られる。天正《てんしょう》十五年（一五八七）から毛利氏領国で実施された「惣国検地《そうごくけんち》」後も、武士身分の在地からの離脱は貫徹されていないのであるから、国家身分上の兵農分離の確定により、中世的な地下請《じげうけ》から近世的な村請に自動的に変容したわけではない。

備中荏原郷《びっちゅうえばら》（岡山県井原市）においては、十六世紀半ば頃までは全面的に地下請あるいは村請が行われていたわけではなく、代官による直接的な年貢徴収も行われていた。国人領主伊勢《いせ》氏の被官代官平井氏は、荏原郷全体を統括していたとは言えないものの、年貢高の算定などを通じて、ある程度の影響力を確保していた。その後、平井氏は毛利氏による惣国検地および伊勢氏の給地替によって代官職を喪失したものの、在地に留まって毛利氏一門の宍戸《しど》氏の被官となった。豊臣期末期においても、平井氏は武士身分でありながら広範な農業経営を行う状態にあり、経済上は兵農分離していない存在であった。一方、毛利氏はその状態を容認し、むしろ村落支配に活用しており、このような経済上は兵農分離していない存在を積極的に活用する方針が、毛利氏領国における村落支配の大きな特徴と言える。

また、領国内の中間層のうち、周防山代衆《すおうやましろしゅう》（山口県岩国市を拠点とした国人衆）や平井氏は、豊臣期になると武士身分に分類され、次第に村請の主体から排除されていったと考えられる。慶長四年（一五九九）の出雲古志村《いずもこし》（島根県出雲市）においても、年貢や諸役が村単位で請け負われている。国人領主熊谷《くまがい》氏の被官代官で、かつ農業経営者であったと考えられる竹内惣右衛門《たけうちそうえもん》・加藤与兵衛《かとうよへい》・槙原神《まきはらじん》右衛門《えもん》と共に、年寄《としより》＝有力名主層が年貢や諸役請負の主体となっている一方で、下百姓が村請の主体から除外されている。この点で、百姓身分のみによって構成される村落共同体が年貢の徴収などを請け負うという近世的村請とは異なる形態であるが、下百姓に対する恣意《しい》的な支配が禁じられており、代官単独の請負ではなく、百姓層を関与させていることから、近世的村請の原型と言えよう。

このような村請がなぜ導入されたのか。朝鮮出兵などの過重な公役《くやく》によって荒廃した村落の再建は急務であったが、中間層が各百姓との個別的な関係に基づいて統治を主に担っていた中世的な村落支配体制では、抜本的な変革は不可能であった。また、絶え間ない戦争状態の中で、村落の再生産を維持するために必要とされてきた中間層の軍事的役割が戦争状態の停止によって低下し、村落内の百姓層が中間層から自立を図る動きも強まってきていた。さらに、中世村落の政治力を形成する上で不可欠の要素であった被官関係の維持が、過重な公役への動員による村落の荒廃と矛盾するという被官関係の矛盾は、村落の側からも止揚《しよう》する必要に迫られていた。そこで、毛利氏は給地替による在地領主制の解体によって、従来の村落支配体制を一気に変革しようとした。しかし、変革後の村落運営にまで直接的な支配を及ぼすことは物理的に困難であり、疲弊した村落の回復を図るには、村落の実情に最も精通した百姓層を活用する以外に方法はなかったのである。

つまり、中世後期に形成された村落共同体の自律的な村落運営への志向と、在地領主や中間層の恣意的な村落支配を排除して一元的な村落支配を行おうとする大名権力の集権的封建制への志向の合致が、近世における自治的な村落運営を生み出したと言えよう。このことは、戦国期における中間層の役割を消極的・否定的に評価するものではない。領国内への平和の到来に伴い、中間層の担っていた役割（地域における軍事的機能・安全保障機能など）が縮小したことによって、領主―村落共同体双方の志向が実現する状況になったと考えられる。

兵農未分離状態にあった中間層は、惣国検地と兼重蔵田検地という二回の検地、およびそれに伴う給地替によって国家身分上は兵か農に確定されつつあった。しかし、経済上も居住上も分離しようという意図は窺えないし、実際に近世期に入っても経済上・居住上の分離は貫徹されていたわけではない。毛利氏領国における兵農分離政策は、武士身分に確定した者を従来の在地から排除し、百姓身分に確定した者の武力を剝奪することにあったと考えられるのである。

おわりに

毛利氏領国における考察に基づく私見は、北条氏領国を主なフィールドとして積み重ねられてきた近年の戦国・織豊期村落像と一致する部分もあれば、異なる部分もある。このことは、まさに平井氏の指摘した「画一的な単線発展史的展開」が成り立たないことを示している。今後、全国の様々な大名領国、さらには領国内の国衆領など、いまだ十分な研究の進展していない地域における実証的な研究を積み重ねることが必要であろう。

主要参考文献

池上裕子「日本における近世社会の形成」(『日本中近世移行期論』校倉書房、二〇一二年。初出二〇〇六年)
池上裕子「中近世移行期を考える——村落論を中心に」(『日本中近世移行期論』校倉書房、二〇一二年。初出二〇〇九年)
池享「『戦国』とは何か」(『戦国期の地域社会と権力』吉川弘文館、二〇一〇年。初出一九九七年)

池享「中近世移行期における地域社会と中間層」（『戦国期の地域社会と権力』吉川弘文館、二〇一〇年。初出一九九九年）
稲葉継陽「村の侍身分と兵農分離」（『戦国時代の荘園制と村落』校倉書房、一九九八年。初出一九九三年）
稲葉継陽「兵農分離と侵略動員」（池享編『日本の時代史13　天下統一と朝鮮侵略』吉川弘文館、二〇〇三年）
勝俣鎮夫「戦国時代の村落」（『戦国時代論』岩波書店、一九九六年。初出一九八五年）
黒田基樹『中近世移行期の大名権力と村落』（校倉書房、二〇〇三年）
永原慶二「大名領国制の構造」（『戦国期の政治経済構造』岩波書店、一九九七年。初出一九七六年）
永原慶二「大名領国制の史的位置」（『戦国期の政治経済構造』岩波書店、一九九七年。初出一九七五年）
平井上総「兵農分離政策論の現在」（『歴史評論』七五五号、二〇一三年）
藤木久志『豊臣平和令と戦国社会』（東京大学出版会、一九八五年）
藤木久志『村と領主の戦国世界』（東京大学出版会、一九九七年）
藤木久志『戦国の作法――村の紛争解決』（講談社学術文庫、二〇〇八年。初刊一九八七年）
牧原成征「兵農分離と石高制」（『岩波講座日本歴史』第10巻近世1、岩波書店、二〇一四年）
松浦義則「大名領国制の進展と村落――小領主を中心として」（『史学研究』一一八号、一九七三年）
松浦義則「豊臣期における毛利氏領国の農民支配の性格」（『史学研究』一二九号、一九七五年）
峰岸純夫「村落と土豪」（『日本中世の社会構成・階級と身分』校倉書房、二〇一〇年。初出一九七〇年）
村田修三「兵農分離の歴史的前提」（『日本史研究』一一八号、一九七一年）
湯浅治久「惣村と土豪」（『岩波講座日本歴史』第9巻中世4、岩波書店、二〇一五年）

光成準治（みつなり・じゅんじ）

一九六三年生まれ。比治山女子短期大学非常勤講師。博士（比較社会文化）。
主要業績：『中・近世移行期大名領国の研究』（校倉書房、二〇〇七年）、『関ヶ原前夜——西国大名たちの戦い』（日本放送出版協会、二〇〇九年）など。

戦国時代の都市・流通政策

はじめに

応仁《おうにん》・文明《ぶんめい》の乱を経て、守護の任国下向《にんこくげこう》や公家の地方移住から、室町幕府の中央集権体制と荘園《しょうえん》制的支配は衰退した。そして、それまで中世における経済の要であった京・畿内への求心的な物流網も、その相対的地位を低下させていった。

一方、地方では戦国大名権力が台頭し、自立的な国家（領国《りょうごく》）が形成されると、物流では年貢に代わり、権力の需要に応じた手工業製品の生産・売買が多くを占め、その担い手である商人の活動も活発化した。これを受けて、流通拠点である地域市場が各地に開かれ、それらが幹線道路を通して結ばれ、京を介さない、一国ないし数郡規模の物流網が構築されていった。

このように、戦国期の都市・流通をめぐり、京・畿内と地方の社会変動は表裏一体であり、その中で権力は独自の支配秩序に基づき、城下町建設や市場の保護、交通整備など数々の政策を打ち出した。

ところが、当該期の通史を繙《ひもと》くと、そうした歴史展開はあまり注視されず、畿内近国を基盤とした

「天下人」織田信長・豊臣秀吉の動向が中心に描かれ、彼らの下で各地の流通構造が列島規模で統合または淘汰《とうた》されていく、という記述が一般的である。特に、中世から近世への移行段階である戦国期は、信長の革新的政策と評される楽市令《らくいちれい》や関所《せきしょ》撤廃の分析をもって、中世的支配体制の終焉と、近世化への萌芽《ほうが》を解く傾向が強い。

しかし、領国経営の柱にあたる物流の掌握は、文化的・経済的先進地帯である畿内に限らず、地方でも当然避けて通ることのできない問題と言える。そこで展開された数々の政策や、領国内の都市・流通構造についても、信長らの登場をもって、すべてが一様に同じ歴史を歩んでいくとする評価は妥当ではないだろう。

近年の研究は、そうした織豊《しょくほう》政権の諸政策の中で、これまで強調されてきた「先進的」な姿を実証面で見直そうとする段階にある。また、国人《こくじん》など在地領主による流通支配をはじめ、村落を基盤に多面的な経済活動を展開した土豪《どごう》や、有徳人《うとくにん》（有力商人）の動向に焦点を当て、大名領国の構造や移行期における都市・流通の変容を解く研究も活発である。文献以外では、考古学の発掘調査成果を受け、地域を結ぶ物流ルートや、都市における消費・生産のあり方も具体化されている。

ここでは、こうした動向を踏まえ、戦国期の都市・流通政策について、畿内以外の事例にも注目しながら、近年新たに明らかになった内容や、関連史料の読み直しが進められているテーマを中心に概観していく。

宿と伝馬

地域経済の発展により、各地で網の目状に張りめぐらされた「道」は、物流のほか、戦国大名の拠点が各地へ分散するのに伴い、軍勢の移動や外交、支城《しじょう》間の情報伝達でも、ますます重視された。

特に大規模な河川や海沿いに面した地域では、陸路に加えて、水運・海運も発達し、各地で交通体系の整備・拡充や、長距離の移動や滞留《たいりゅう》に適《かな》う施設も備えられていった。その一つが、主要街道に発達した「宿《しゅく》」である。

現在も各地に多くの地名が残る宿は、従来、往来の増加に伴い、交通の要衝《ようしょう》に自然発生的に成立したものと考えられてきた。しかし近年の研究では、在地領主や戦国大名の手で意図的に開かれる場合もあったことが明らかにされている。

榎原雅治《えばらまさはる》氏によると、中世の東海・畿内における地名の残存状況から、人や物の動きが活発な幹線道路沿いのほか、街道から外れた場所や在地領主の館《やかた》付近にも宿が分布している。また西国では、在地領主への段銭《たんせん》納入請負機関となった摂津《せっつ》「西宮宿《にしのみやしゅく》」（兵庫県西宮市）や、毛利氏による兵糧米補給や輸送機能を備えた出雲《いずも》「かす坂峠之宿」（島根県頓原町）など、地域権力の支配拠点となった宿も存在した。

このように、一般的な休息施設としての性格以外に、政治的・軍事的背景を持つ多様な形態の宿が各地に広がっていたことがわかる。そこで採られたのが、宿に常備した一定数の人馬を課役として、物資や人の移送に提供させる「伝馬《てんま》制」である。

史料上、東国で最も早い北条《ほうじょう》氏の事例では、大永《たいえい》四年（一五二四）、相模《さがみ》「たいま宿」（当麻宿。神奈川県相模原市）へ宛てた制札《せいさつ》で、虎朱印状《とらしゅいんじょう》を持つ者にのみ、玉縄《たまなわ》（神奈川県鎌倉市）・小田原（神奈川県小田原市）および石戸《いしと》（埼玉県北本市）・毛呂《もろ》（埼玉県入間郡毛呂山《もろやま》町）間の往復に伝馬使用を認めている。

また、同領国下では、将来における恒常的な伝馬負担地の創出を目指す北条氏が、在地住人からの町立てや開発申請を、政策的に組み込んで成立させた「新宿《しんじゅく》」の存在もよく知られている。これは天正《てんしょう》年間（一五七三～九二）の武蔵《むさし》や相模に集中し、そこでは商人の集住・目的地に選ばれるよう六《ろく》斎市《さいいち》が併設され、楽市《らくいち》に定められたりもした。

同じく甲斐《かい》（山梨県）の武田《たけだ》氏も、天文《てんぶん》九年（一五四〇）の信濃《しなの》「海之口《うみのくち》」（長野県大町市）宛てを史料上の初出とし、制度としての伝馬制の本格的整備はその後、遅くとも永禄《えいろく》初年までになされたと考えられている。駿河《するが》国（静岡県）を領有した天正三年（一五七五）の「蒲原《かんばら》」宿（静岡市清水区）宛て武田勝頼《かつより》掟書《おきてがき》では、公私の伝馬利用にわたる六ヶ条の詳細な規定が設けられたほか、別の史料からは、伝馬に用いる馬の飼料（草木）維持にも努めていたことが知られる。

東海道沿いの駿河湾・遠州灘《えんしゅうなだ》に面した今川氏領国では、早くから海上交通や湊《みなと》津《つ》が発達した。伝馬（陸路）は、三河《みかわ》平定と尾張《おわり》侵攻に伴い、天文年間末までに制度として確立したと考えられ、御油《ごゆ》宿《しゅく》（三河、愛知県豊川市）・丸子宿《まりこしゅく》（駿河、静岡市駿河区）などに宛てた掟書《おきてがき》が残っている。

このあと、東海地域に勢力を伸ばす徳川氏は、こうした今川・武田両氏の伝馬制を継承して領国支配を進めているが、独自の交通政策については、関ヶ原の戦い後の慶長《けいちょう》六年（一六〇一）、東海道沿いの宿中へ宛てた伝馬定書（三十六疋《ひき》の伝馬常備、継立《つぎたて》区間や荷物積載量の規定を含む）の発給を待たねばならない。

このように戦国大名は、自らの領域支配拡大という政治的・軍事的契機から、宿設置や伝馬制の導入を進めたが、中でも大名間で締結された軍事同盟は、領国をまたぐ人や物資の動きを活発化させた。天文十八年（一五四九）、武田氏は駿河からの「合力衆荷物《ごうりきしゅう》」運搬につき、同盟相手の今川氏発給の印判状《いんばんじょう》をもとに、甲斐国内での伝馬供出《きょうしゅつ》を認めている。

また、永禄十一年（一五六八）には北条・武田両氏の間でも、「小田原甲府」間の移動や、「信州木曾通宿中」における相模海蔵寺《かいぞうじ》（神奈川県鎌倉市）の通行に、伝馬手形がそれぞれ作成されており、伝馬制が領国を越えた円滑かつ確実な交通運輸システムとしても機能したことがわかる。

関所と通行管理

領国の境目や寺社門前・渡河点《とかてん》では、往来の管理統制を図る関所が多く立てられた。ところが意外なことに、北条・武田両氏の交通政策は、先に見た伝馬制を除くと、領国内の関所や路次・管理統制のあり方は従来ほとんど不明のままであった。そこに近年、黒田基樹《くろだもとき》氏と平山優《ひらやままさる》氏の研究を受けて、その実態が明らかにされた。

両氏の研究によると、北条氏領国における関所は、通行料徴収を目的に、主要街道上や境目に沿って、当主が認可したものに限り存立が認められた。一方、軍事行動に応じて、他国への出入を規制する道留《みちどめ》や、商人の往来促進に向けた関所の一時停止など、領国全体の利益を考慮した統一的政策もたびたび採られている。また、通路における安全や通行料徴収の免除を受ける「過書《かしょ》」は、商人や道者《どうしゃ》(仏教や道教の修行者)など特定の職業層に限り、奉公の見返りとして発行されるものであったという。

武田氏領国でも、通行料徴収用の関所が街道筋に設置されたが、そこでは通行時の荷物改めがひときわ厳重であった。麻・綿・木綿・布や塩などの特定品目は精査ののち、武田氏の発行する過書がなければ没収の上、運搬者は抑留された。そのため、厳しい管理統制を掻いくぐり、課税を逃れようと、過書の偽造や荷物の不正輸送も横行したという。

そもそも武田氏領国では、軍事的・政治的要請による物資運搬や外交通信を除くと、過書の発給は北条氏と同じく、物流に携わる商職人に限られていた。そのため、武田氏は不正通行の対策として、過書の控えを各地の関所へ配布し、対象者と照合させるシステムを導入した。また、過書も表向きは通行手形でありながら、発給の最大のねらいは、抜け道の少ない山岳地帯という領国の地理的特質を踏まえ、国内における物流ルートや商人の活動範囲を、間接的に規制する点にあったと考えられている。

こうした関所の多くは、周辺住民や在地領主の手で維持されたが、その一例である「問屋《といや》」は、宿泊施設経営を起源として大名と結びつき、宿の開発・整備や市《いち》の興行、伝馬役を差配する一方、大名から知行《ちぎょう》として関の管理を委託された。

北条氏被官《ひかん》である相模当麻《たいま》宿（神奈川県相模原市）の関山《せきやま》氏、今川氏と結びついた駿河吉原《よしわら》宿（静岡県富士市）の矢部《やべ》氏、駿河国人《こくじん》の葛山《かつらやま》氏の被官である茱萸沢《ぐみざわ》宿（静岡県御殿場市）の芹沢《せりざわ》氏などが代表的である。彼らは関の管理を通じて、荷留や商人の通行規制など、流通・交通にかかる現地実務を担った。

また村落を基盤に、漁業・廻船《かいせん》業・金融業など多面的な活動を展開した「土豪《どごう》」も注目され、彼らの持つ広域的ネットワークが、戦国大名の軍事行動や地域経済を下支えしたことが、近年次々と明らかにされている。今後もこうした中間層の動向が、領国経営の実態に迫る視点となろう。

このほか近年では、北条氏領国における交通整備のあり方も具体化されつつある。とりわけ、関東甲信越に領国拡大を本格化させる天正年間以降、先述した伝馬制や新道《しんどう》の開削《かいさく》、新宿開発が推し進められ、そこで整備された交通機能の多くが、のちに近世交通体系の前提として江戸幕府に継承されていくという。

同様の視点で必ず取り上げられる織田信長の場合、革命的かつ先進的との評価がいまだ根強い。だが、伝馬は天正五年（一五七七）の安土山下町《あづちさんげちょう》（滋賀県近江八幡市）中宛て法令に見えるのみで、木《き》曾三川《そさんせん》（長良・木曾・揖斐川）や琵琶湖など河川・水上交通が多くを占めた織田氏領国では、制度としての確立はなかったと見られる。

信長の政策で著名な関所撤廃も、すでに大永《たいえい》六年（一五二六）の「今川仮名目録《いまがわかなもくろく》」に「駿・遠両国津料、又遠の駄之口の事、停止《ちょうじ》」として、今川氏領国（駿河・遠江）で通行料徴収や関所撤廃が見えることから、信長のそれは、戦国時代の一事例に過ぎない。

続く秀吉の交通政策では、京都—江戸・小田原—奥羽間の街道整備などがあるが、多くは本拠とした京・畿内周辺の特定区間を中心に、合戦などで一時的利用に供するため、従来の街道を踏襲したものと考えられる。むしろ近年の研究では、後述するように、材木流通を通じた太平洋と大坂湾を結ぶ海上交通ルートの開拓を画期として位置づける議論が盛んとなっている。

水運と物流

東国と比べて、そのほとんどが海に隣接するという地理的条件にある西国では、海上・河川交通による物流が重要な役割を担った。特に戦国期は、石見銀山《いわみぎんざん》（島根県大田市）の開発と銀増産が画期となり、一五三〇年代以降、これを求める明《みん》（中国）・朝鮮やポルトガル船の来航を促すと共に、そこで取引される貿易品を扱う港湾都市と、各地を結ぶ流通・交通も活発化した。戦国大名もまた、内陸の地域市場や陸路の掌握に加え、稀少な外国産品や新しい技術や文化を求め、海上ルートの拡充など、自ら積極的な対外交易・物流支配に乗り出していく。

こうした西国における流通・交通支配をめぐっては、一九九〇年代末以降、中国・九州地方の戦国大名領国における政策の実態や、物流の担い手たる商人の存在形態が明らかにされ、近年では日本のみならず東アジア経済との連関の中で、その歴史的位置づけが議論されている。その事例をいくつか紹介しておこう。

①大内氏

東アジアとの繋がりが注目される周防《すおう》（山口県）の大内氏《おおうち》は、十四世紀末に始まる朝鮮通交を基本としながら、筑前国《ちくぜん》（福岡県）の守護職を獲得した十五世紀半ば以降、国際貿易港としても名高い博多《はかた》（福岡市博多区）を直轄地として、室町幕府による遣明船《けんみんせん》活動や、琉球《りゅうきゅう》（沖縄県）との通交にも参画していった。

その過程で得た外来品を国内の寺社へ寄進し、勧進船《かんじんせん》を派遣するなどして、博多の禅宗寺院や商人とも結びつきを強め、天文《てんぶん》年間（一五三二〜五五）には遣明船の独占派遣にも成功している。こうしたグローバルな流れとは別に、国内の流通・交通を支えたのが、海辺勢力の存在である。

例えば、筑前筥崎宮《はこざきぐう》（福岡市東区）と豊前宇佐八幡宮《ぶぜんうさはちまんぐう》（大分県宇佐市）の社殿修理にあたり、大内氏は屋根に葺《ふ》く檜皮《ひわた》材を伊予《いよ》（愛媛県）で調達し、船持ちである安芸厳島《あきいつくしま》（広島県廿日市市）の町人・児島《こじま》氏へその運搬を命じている。檜皮は大きさや厚さこそ建物ごとにまちまちだが、造替《ぞうたい》には大量の数を要するため、大内氏はこうした遠隔地から流通する資材を現地へ運ぶ手段として、日頃、瀬戸内海周辺で商売活動を行う児島氏を起用し、その輸送にあたらせたと言える。

また、博多と並んで大内氏の交易拠点となったのが、瀬戸内海の出入口かつ九州への渡海地にあたる赤間関《あかまがせき》（山口県下関市）である。同所は紀行文にもその名が見える要衝《ようしょう》で、文明《ぶんめい》十九年（一四八七）の「大内氏掟書」によれば、渡船場の設置と渡守《わたしもり》の活動があり、大内氏は同所の地下人《じげにん》である佐甲《さこう》氏を「問丸《といまる》」に任じ、関役《せきやく》徴収などを行わせている。彼は、自らが所有する船で商売活動に携わる一方、関門《かんもん》海峡に横行した海賊《かいぞく》を撃退する武力を備え、赤間関の神事費用を差配するなど、軍事・経済の多方面に精通した人物であった。

②毛利氏

大内氏の滅亡後、周防・長門《ながと》両国（いずれも山口県）に支配権を確立した毛利氏は、赤間関・肥中《ひじゅう》（山口県下関市）・通《かよい》（山口県長門市）・須佐《すさ》（山口県萩市）・温泉津《ゆのつ》（島根県大田市）など、旧大内氏以来の日本海沿岸地域を直轄地として海上関を設けた。温泉津は、石見銀山から産出する銀の積み出し港としても発展したが、赤間関においては佐甲氏の地位をいち早く安堵したほか、軍事的・経済的機能を高めるねらいから、要害の鍋《なべ》城を置いている。

この城を築いたのが、毛利氏直臣《じきしん》の堀立直正《ほたてなおまさ》である。安芸の太田川《おおたがわ》河口（広島市中区）に基盤を持つ彼は、赤間関代官として当地の警固を務める傍ら、旧大内氏領国への侵攻では、国人《こくじん》の調略《ちょうりゃく》や湊《みなと》津《つ》の占領、情報収集、船による兵員の移送など数多くの功績を挙げている。また、城普請《ふしん》の用材提供や兵糧米・玉薬《たまぐすり》の備蓄など、自力での物資調達・運搬を行うなど、彼の持つ財力と豊富な人脈が、赤間関をはじめ、関門海峡周辺の実質的支配に大きな役割を果たした。

この点に関わって、本多博之《ひろゆき》氏が明らかにしたように、豊臣政権下での軍事遠征や進物《しんもつ》などの莫大な費用を捻出するため、毛利氏は国内の有力商人から、米や銀を頻繁に借用していたという。つまり十六世紀末における毛利氏の財政基盤は、彼ら商人の持つ豊富な経済力に支えられ、それらに多くを依存しなければならないほど不安定な状態にあった。言い換えれば、軍事用として需要の増す米や銀の調達・輸送を実現する上では、大名の需要に応え得る優れた力を持つ商人との繋がりが不可欠で、堀立氏はそうした人物の一人と言えよう。

③大友氏

一方で近年、飛躍的に研究が進展しているのが、豊後《ぶんご》（大分県）の大友《おおとも》氏による都市・流通政策である。鹿毛敏夫《かげとしお》氏によると、大分川の河口に広がる豊後府内《ふない》（大分市）を本拠とした大友氏の領国経営は、在地に根づく水利を介した点にその特徴がある。例えば、別府《べっぷ》湾に注ぐ大分川の水運を材木流通路として利用したほか、河川中流域を基盤とする在地領主の漁業権を保障している。また、大分川の支流から取水した灌漑《かんがい》用水路を開削し、近郊村落の農業生産を促す治水事業に取り組んでいたことも明らかとなっており、ここで開かれた水路は、現在に至るまで農業用水として機能している。

水を用いた広域的な流通・交通に関しては、早く十五世紀より、豊後と兵庫津《ひょうごのつ》（神戸市兵庫区）を結ぶ瀬戸内海や、東シナ海を航行する大型船を建造し、大量の物資輸送などにあたらせている。これをもとに十五世紀末以降、朝鮮や明との間で本格的に結ばれた通交では、豊後国内の鉱山で産出される硫黄《いおう》を主要輸出品として積み込み、莫大な利益を上げた。

また、古代以来、豊後国海部《あまべ》郡（大分市・臼杵市の一部、津久見市・佐伯市の全域）の港町に基盤を持つ若林《わかばやし》氏一族を被官《ひかん》として、大友水軍の中心的役割に据え、海上警固や船による年貢運搬などを命じたほか、豊臣政権下ではその活動形態を踏まえて、新たに同国の要港である佐賀関《さがのせき》（大分市）の町場支配を委ねている。

こうして西国では、各地の港湾都市が京に求心化しない形で独自の成長を遂げた。その背景には、中世を通じて東アジアと深く結びついた対外交易がウェイトを占め、大名自身もその関与に積極的だったことにある。一方、国内では、海上交通における要衝の直轄化や船の保有・建造に加え、内海や河川・湊津に存立基盤を持つ在地勢力が重きをなした。すなわち、彼らの商売や諸特権を保障しつつ、持ち船による水運力を活かした物資輸送や港町支配を命じることで、大名の軍事行動や領国経営が維持されていた一面がある。

先に見た東国では、大名自らが法令を通じて、都市や市場間の陸上交通網を整備し、ヒトやモノの流れを直接掌握しようとしたのに対し、西国ではより緩やかな支配、特に海や河川を舞台とする政策が中心となった。そこではすでに地域の枠を超え、自立的かつ広域的な経済活動を展開する海辺勢力と、彼らの持つネットワークが確立されており、政策の焦点はそれらをどう取り込むかにあったとも言えよう。

市場・都市と楽市令

中世の「市場《いちば》」は、一と三、四と九の付く日など、特定の日に開かれる定期市《ていきいち》が基本で、商品流通が盛んな戦国期には、月に六回の六斎市《ろくさいいち》が主流となったことで知られる。それらは同一の郡など数キロ圏内で、日付をずらしつつ一定間隔ごとに分布する場合が多く、ここに、毎日どこかで市が開かれる、いわゆる市リング（定期市場網）が形成された。

これら複数の市場を結びつけ、地域経済の振興を支えたのが商人の存在である。複数の国や数郡にまたがった活動を本質とする彼らにとって、市場は一時的に立ち寄る稼ぎ場に過ぎず、開催日に合わせて各市を渡り歩き、商売の機会を得ていたと考えられている。このように不特定多数の人が集う市場は、商取引をめぐる争いに加え、略奪の対象や戦火に巻き込まれることも少なくない。そこで、戦国大名は市場の平和を保障する目的から、争いや押買《おしがい》・狼藉《ろうぜき》などを禁じる「市場法」を発給しているが、それらは多く、市場を領知（主催）する在地領主や、町人あるいは周辺村落の申請を受けて出されたものである。

また、商人の中には、商売にかかる諸役（営業税）納入や、排他独占的な特権を持つ座《ざ》など、市場に内在する経済的要因を忌避し、これに立ち寄らない形での商売（里売《さとうり》・迎買《むかえがい》）を行う者も現れた。

市場は、戦時における軍需物資の調達といった機能も期待されたことから、商品流通の停滞を懸念した大名は、市場での取引や諸役免除を定めたほか、在地領主による新市の開設も認めたりしている。北条氏領国では、先に見た新宿開発を認める代わりに、伝馬役負担の救済と商人の来場促進、市場の開設と繁栄が重視された。

ここに市場が「繁昌《はんじょう》」していくのと相俟《ま》って、やがて商人も周辺に屋敷地を構えて住み着き、常設店舗からなる町場《まちば》が形成され、住人による日常的な商売が行われた。地域別に見ると、東国では定期市のほか新市《しんいち》の開設が多く、西国や早くから商品流通の発達した畿内では、常設店舗が主だったようである。

こうした市場における秩序維持と商工業者の保護を、最も強く体現したとされるのが「楽市令《らくいちれい》」である。

周知のように、日本中世における代表的な政策の一つとして、研究蓄積も膨大である。今日における通説的理解では、世俗権力と無縁の平和空間である「楽市」を、戦国大名が自己の支配下へ取り込み、求心的都市構造を確立するための政策と言われ、近世城下町の成立に影響を与えた法令としても、戦前以来高い評価がある。だが、地域社会論が隆盛した一九九〇年代末以降、受給者の視点から見直され、そのねらいは市場の吸収や強権的支配でなく、在地の要請に応じた、平和保障にあると考えられるようになった。例えば、北条氏領国における楽市は、新宿の開発を行う場合に限り、併設した市場の振興と、商売上の利権をめぐる争いを防ぐ手段として用いられたという。

楽市そのものの特質が注目される一方、同じ国内に存立する他都市・市場と、そこで結ばれるネットワークとの関係性は必ずしも明確でなく、この点を克服する研究も進められている。また、法令の構造自体も、「楽市」という文言を除けば、内容はほかの一般的な市場法と大差がないとの指摘がある。このことから、楽市という概念はあくまで、ほかの市場との差異を強調する時に現れる〝呼び水〟に過ぎなかったとも考えられている。

近世城下町の成立への連続性という評価も、各地の近世以降の歴史展開に注目すると、その歩みは必ずしも一様ではなく、近江金森《おうみかねがもり》（滋賀県守山市）など楽市令を受けてなお農村化していく例も存在した。裏を返せば、楽市令の持つ限界性や時限的な側面が浮かび上がってきている。

すなわち近年の研究は、法令の逐条《ちくじょう》解釈に終わらず、個々の事例が持つ地域性や多様性を重視する観点に立ち、楽市令や楽市場が特定のフィールドや時期に限って現れる意味や、それが地域経済と具体的にどう関わっていたかを問い直す段階にあると言える。

また、戦国期の都市・流通政策に関わって常に取り上げられるのが、安土山下町《あづちさんげちょう》（滋賀県近江八幡市）に出された十三ヶ条の都市法である。

小島道裕《こじまみちひろ》氏の一連の研究により、それまで家臣・直属商工業者が居住する区域と、主従制論理の及ばない市場とに分離した城下の構造を、初めて一元化させた法令として注目を浴びた。内容も、楽市楽座による商売や治安維持に加え、普請役・家並《いえなみ》役免除、町人保護など、都市住人に対する様々な特権を盛り込んだ、近世城下町の萌芽を示す記念碑的存在に位置づけられている。

ところが、その後の考古学分野の成果を受けて、都市構造に再検討が加えられ、法令に記された内容と実際の都市空間には、落差があったこともわかってきた。また近年、発掘調査が飛躍的に進む尾張《おわり》の小牧《こまき》城下町（愛知県小牧市）で、安土に先駆けた計画的な町づくりの様相が見出されたことで、権力の立場と城下町のあり方を紐づけ、その画期性や近世への連続性を抽出する従来の視角は、実証面で課題を残している。都市・流通政策がもたらした変化は、個々の城下町やその前提となる地域社会のあり方から、分析し直す必要があるだろう。

豊臣政権の都市・流通政策

さて、こうした信長の跡を継ぐ豊臣政権の都市・流通政策は、近世へ移行する社会変動を読み解く素材の一つとして、近年、議論が盛んなテーマとなっている。

早くは永原慶二《ながはらけいじ》・綿貫友子《わたぬきともこ》氏らの研究で、戦国期の伊勢《いせ》・三河《みかわ》湾と日本海における物流（海運）と、沿岸地域に基盤を持つ廻船《かいせん》商人らの活動実態が明らかにされてきた。

これを受けて、政治史的観点から、豊臣政権期における両地域の流通構造の変化に着目した曽根勇《そねゆう》二《じ》氏は、秀吉の東国支配における、太平洋沿岸・大坂湾一帯の流通・交通政策を、家康政権樹立への展望をも踏まえて明らかにした。

曽根氏によれば、秀吉の地域支配と連動して、小田原合戦・奥羽仕置《しおき》・朝鮮出兵や、方広寺《ほうこうじ》大仏殿

（京都市東山区）・伏見《ふしみ》城（京都市伏見区）など大規模普請における資材の調達・搬出を画期として、大坂を中心とした物流が活発化していくとする。すなわち、畿内と東国を結ぶ物資供給体制の構築という動きが、東海道・東山道《とうさんどう》を経由する内陸ルートに加え、遠隔地からの大量かつ迅速な運搬に対応した、伊勢湾・太平洋沿岸と大坂湾を結ぶ海上ルートの新規開拓を促したという。

実際に、富士山で伐採された大仏殿用材が、長宗我部《ちょうそかべ》氏ら四国大名の手で、駿河《するが》・伊勢湾を中継して大坂湾まで海上輸送され、大坂城（大阪市中央区）の築城に際しては、信濃《しなの》国伊那《いな》（長野県伊那市）の材木が掛塚《かけづか》湊（静岡県磐田市）から運ばれている。

同様の視点から本多博之《ほんだひろゆき》氏も、豊臣政権下の中枢である京・大坂で、聚楽第《じゅらくてい》（京都市上京区）や大坂城の建設に加え、公家・諸大名の屋敷が多数建ち並んだ結果、生活物資・建築資材の需要（消費人口）急増により、全国各地から京へ向かう求心的流通構造が再生し、ここに大坂が加わり、二つの巨大消費都市を核とする首都市場圏が新たに成立したと指摘する。

また、先に見た西国地域でも、十六世紀末における秀吉の進出が、物流に大きな影響を与えた。聚楽第・方広寺大仏殿・伏見城普請では、御用材の調達・運搬が、毛利・大友・島津氏らから、小早川《こばやかわ》氏などの国人《こくじん》に至るまで幅広く命じられている。一方、九州平定を経た天正《てんしょう》十六年（一五八八）、秀吉による長崎の直轄化と貿易の独占は、西国大名の主体的な外交に制限を加え、湊津《みなとつ》を拠点とする海辺勢力の活動にも変化をもたらした。

朝鮮出兵では、基地である肥前名護屋《ひぜんなごや》（佐賀県唐津市）への兵員・物資輸送のため、国内各地の港湾都市を結びつける、陸海の交通網整備が推し進められた。先述した長門赤間関《ながとあかまがせき》の佐甲《さこう》氏も、豊臣政権下でその活動形態を活かし、京・大坂と肥前名護屋を結ぶ継船《つぎぶね》の運用にあたっている。

こうして、それまで一国ないし郡規模で展開したヒト・モノの流れが、豊臣政権期に至り、京・大坂を核とする流通構造へと半ば強制的に組み込まれ、秀吉の都合に沿う新たな交通ルートの再編・構築が進められていく。国内最大の貿易港である筑前博多《ちくぜんはかた》（福岡市博多区）も、秀吉の入部を経て、朝鮮出兵を支える物流ターミナルへと生まれ変わっていった。

以上のような、豊臣政権による流通・交通支配のあり方は、近世における交通・運輸体系の骨格を形作るものと高く評価され、近年活発化する中近世移行期論にも大きな影響を与えている。ただし、その一方で、政策の浸透を通じて、中世以来の地域固有の特質に変化が生じ、失われた側面があったことも忘れてはなるまい。

おわりに

戦国期は、大規模な合戦や頻発する自然災害で、地域経済が大きな打撃を被った時代でも知られる。その中で領国支配を進める戦国大名にとって、軍需物資の確保や、幹線道路の整備はもちろん、支配領域の平和保障も大きな課題となっていた。その状況を端的に示すように、当該期は水陸交通の維持管理や、商品売買をめぐる紛争裁定、都市・市場の秩序維持を図る文書の発給数も増加していき、大名領国の経済力・軍事力を左右する上でも、彼らがその掌握と安定に、いかほどの心血を注いだかが想像できるだろう。

ただし、こうした動向は、ともすれば残存史料の多い畿内の事例に注目が集まりがちである。そこへ台頭した織豊政権の卓越性が一面では事実だとしても、これまで述べてきたように、戦国期の都市・流通について、そのあり方やその規模は地域によって様々で、それらを抜きにしたままでは正しい評価は覚束ない。ここで取り上げた事例はごく一部に過ぎないが、そうした理解の上に立って、今後、よりいっそう議論が深められるべきである。

主要参考文献

阿部浩一「戦国期東国の問屋と水陸交通」（都市史研究会編『年報都市史研究4　市と場』山川出版社、一九九六年）
有光友學『今川義元』（吉川弘文館、二〇〇八年）
池上裕子『戦国時代社会構造の研究』（校倉書房、一九九九年）
榎原雅治『中世の東海道をゆく――京から鎌倉へ、旅路の風景』（中公新書、二〇〇八年）
鹿毛敏夫『戦国大名の外交と都市・流通――豊後大友氏と東アジア世界』（思文閣出版、二〇〇六年）
鹿毛敏夫「遣明船と相良・大内・大友氏」（『日本史研究』六一〇号、二〇一三年）
岸田裕之『大名領国の経済構造』（岩波書店、二〇〇一年）
黒田基樹「北条氏の陸上交通政策」（『馬の博物館研究紀要』一八号、二〇一二年）
小島道裕『戦国・織豊期の都市と地域』（青史出版、二〇〇五年）
齋藤慎一「戦争と交通環境――北条領国の幹線道整備」（高橋典幸編『生活と文化の歴史学五　戦争と平和』竹林舎、二〇

一四年）

曽根勇二『秀吉・家康政権の政治経済構造』（校倉書房、二〇〇八年）

仁木宏「播磨国美嚢郡淡河市庭（神戸市北区）の楽市制札をめぐる一考察」（『兵庫のしおり』七号、二〇〇五年）

仁木宏「都市における『場』の特質——戦国大名法からみる」（中世都市研究会編『中世都市研究』一七号、二〇一二年）

平山優「武田氏の流通統制について」（『馬の博物館研究紀要』一八号、二〇一二年）

本多博之『戦国織豊期の貨幣と石高制』（吉川弘文館、二〇〇六年）

本多博之「中近世移行期西国の物流」（『日本史研究』五八五号、二〇一一年）

長澤伸樹（ながさわ・のぶき）

一九八三年生まれ。日本学術振興会特別研究員（ＰＤ）。博士（文学）。

主要業績：「材木調達からみた柴田勝家の越前支配」（『織豊期研究』一三号、二〇一一年）、「羽柴秀吉と淡河楽市」（『ヒストリア』二三二号、二〇一二年）、「楽市楽座令研究の軌跡と課題」（『都市文化研究』一六号、二〇一四年）など。

「惣無事」についての研究動向

はじめに

豊臣政権の全国統一過程に関する研究は、近年盛んに行われている。その中でも藤木久志《ふじきひさし》氏による「惣無事令《そうぶじれい》」論の提唱は、この政策に対する根本的な見直しを迫るものであった。

藤木氏によれば、豊臣期の諸大名は「惣無事令」によって自力救済《じりききゅうさい》権を否定され、軍事力集中と行使は「公儀の平和の強制と平和侵害の回復の目的にのみ限定」されており、「平和の強制」が豊臣政権による「惣無事」の政策基調であったという（藤木：一九八五）。この藤木氏の見解は、「惣無事」「豊臣平和令」というキーワードに象徴されるように、豊臣政権による「私戦《しせん》」の禁止という側面が特に強調され、それが批判の対象にもなっている。

「惣無事」「惣無事令」の論点

ここで、「惣無事」「惣無事令」についての主な論点を以下に示しておこう。

①「惣無事令」は存在したのか、否か。豊臣政権の政策基調とされる「惣無事」「惣無事令」をどのように捉えるか。

②「惣無事」文言を含む史料の年代を、いつに推定するか。

まず①について、研究史を整理しつつ述べていきたい。藤木氏は、十二世紀中期ドイツの「ラントフリーデ」（帝国平和令）に示唆を受け、豊臣政権が施行した大名・領主の交戦権を否定する「惣無事令」、百姓の合戦・喧嘩を禁圧する「喧嘩《けんか》停止令《ちょうじれい》」、百姓・町人への身分法令としての「刀狩令《かたながりれい》」、海賊行為を厳禁する「海賊《かいぞく》停止令《ちょうじれい》」を一括して「豊臣平和令」と規定し、豊臣政権の全国統一を軍事征服とした従来の見方に、根本から修正を迫った（藤木：一九八五年）。藤木氏の発見以来、「惣無事令」の存在については学界の共通認識になっているという（山本：二〇〇四）。したがって「惣無事令」の存在を前提とした研究は、比較的多い。

例えば、戦国時代末期における南奥羽《みなみおうう》（南東北）の政治情勢について考察した粟野《あわの》俊之《としゆき》氏は、①天正十四年（一五八六）五月の段階で関東・奥羽停戦令が豊臣政権から発令され、その意図が伝達されたこと、②従来、天正十五年十二月三日とされていた「惣無事」令は、前年の天正十四年のものであること、③天正十四年十一月から十二月にかけて発令された関東・奥羽「惣無事」令は、関東・奥羽停戦令を前提として関東の執達が徳川家康に命じられたことを報じただけであり、その意味はすでに伝達されていたことを述べた（傍線筆者、以下同じ）。そして、粟野氏は藤木氏の見解を援用しつつ、「惣無事」令とは豊臣政権による職権的な広域平和令であり、戦国の大名間から百姓間の喧嘩刃傷にわたる諸階層の中世的な自力救済権の行使を体制的に否定し、豊臣政権による領《りょう》土《ど》高権《こうけん》の掌握をふくむ紛争解決のための最終的裁判権の独占を以てこれに代置し、軍事力集中と行使を公儀の平和と平和侵害の回復の目的にのみ限定しようとする政策の一端を担うものであったと指摘した（粟野：二〇〇一）。

また小林《こばやし》清治《せいじ》氏は、「関白秀吉は、藤木久志氏が『豊臣平和令と戦国社会』に初めて説いたように、天下静謐《せいひつ》の惣無事政策を採り、奥羽にもこれをもって臨んだ。天正十四年発令当初、なお実力行使を随伴《ずいはん》する傾向をみせた惣無事令は、同年十一月家康を介して北条氏に伝えられた段階（ただし後稿において小林氏は、「秀吉が天正十一年信長の遺志を体して関東に停戦＝惣無事を令した」〈小林：二〇〇八〉として、家康を介して北条氏に伝えられた「惣無事令」の時期を天正十四年から十一年に改めている）で裁定主義を専らとする純化をとげた。同十五年十二月には、関東奥両国惣無事令の伝達文書が発給され、その文書は使者金山宗洗により翌十六年関東・奥羽に届けられたのである」と捉えている（小林：二〇〇三）。

これらの研究は、藤木氏の見解に拠りつつ、豊臣政権が「惣無事令」を発布したことを前提に議論され、その政策基調を「平和を実現するための軍事力集中と行使」と捉えている点で共通していると言えよう。

立花京子《たちばなきょうこ》氏は、「惣無事令」の存在を認めつつも、その概念については異なった見解を示している。氏は、「全国惣無事令は秀吉の唱える名分『天皇のための天下静謐』執行とは表向き、内実は私的な関東征圧の強力な武器であるという擬態性を有していたことが明白である」として、「全国惣無事令」なるものを想定し、それを「秀吉天下静謐令」の一具体策であると主張している（立花：一九九五）。

では豊臣政権は、「惣無事令」を発したのだろうか。留意すべきは、「惣無事」自体は史料において確認できる言葉、いわゆる「史料用語」だが、「惣無事令」は研究者が「惣無事」という史料用語を基に概念化した言葉である点である。「惣無事令」そのものの存在を否定する研究は、当初は少数派であったが、現在ではその流れは変わりつつある。

藤田達生《ふじたたつお》氏は、秀吉が賤ヶ岳《しずがたけ》（滋賀県長浜市）の戦い以来、「戦争→国分《くにわけ》執行→仕置《しおき》令発令」という一連の手続きを繰り返しながら全国統一を完了したとし、秀吉が主張した「惣無事」というスローガンは、あくまでも直接境界を接しない遠隔地の戦国大名間紛争に軍事介入するための名分で、「国《くに》分《わけ》」に至る一連の政治過程と軍事動員からは、独善的かつ好戦的な政権の本質が明らかであると指摘した（藤田：二〇〇一）。さらに藤田氏は、「惣無事令」という（豊臣政権）独自の法令は想定できず、秀吉が発令したのはあくまでも「停戦令」で、「惣無事」や「天下静謐」は武力介入を正当化するための政策基調であったとの見解を示し（藤田：二〇〇六）、藤木氏の見解と相反する。

矢部健太郎《やべけんたろう》氏は、天正十四年（一五八六）十月、家康の上洛・臣従《しんじゅう》後、豊臣政権の東国「惣無事」

政策は彼を中心に「大きく転換」し、それまで「取次《とりつぎ》」として重要な位置を占めていた上杉景勝《うえすぎかげかつ》は「脇役に退けられ」、家康と富田一白《とみたいっぱく》が「惣無事」政策の中心になるという藤木氏の評価が、ほぼ無批判に共通認識とされていることを問題視した。その上で、「惣無事令」という用語の使用を慎重に避けつつ、景勝の動向を分析している。氏は、天正十四年十月の家康上洛以降も、景勝が豊臣政権の「惣無事」政策に家康と共に一貫して関与させられ、彼の軍事行動がすべて秀吉の承認下に行われていたことから、「惣無事」政策下の諸大名は豊臣政権の承認によってのみ、軍事行動を「公戦《こうせん》」という形式で遂行できたと捉え、諸大名の「私戦」を禁止し、その違反に対しては「公戦」を遂行するという体制こそが豊臣政権の政策基調であったと結論づけた（矢部：二〇〇五）。

戸谷穂高《とやほだか》氏は、関東・奥両国「惣無事」について「豊臣政権が東国の情況に少なからぬ譲歩をした政策であり、東国諸領主のある程度の武力行使、つまり自力救済権を認め、諸領主合議による紛争解決と境界未画定・境目領主温存という秩序維持の手法を承認したものである」と結論づけ、豊臣政権自体は（南奥羽に対し）積極的な介入を手控えしていたとの見解を示している（戸谷：二〇〇八）。

竹井英文《たけいひでふみ》氏は、豊臣秀吉が普遍的な原則としての「惣無事令」を打ち出した事実はなく、「惣無事」の実現という理念が秀吉による全国統一の原理になったこともないという（竹井：二〇一二）。したがって、例えば鴨川達夫《かもがわたつお》氏は、何もかもを「惣無事令」論を前提として説明する風潮や、高校の教科書にまで「惣無事令」が大書《たいしょ》されるありさまに、いささか疑問を感じてきたという（鴨川：二〇一三）。

藤木久志氏が提起した「惣無事令」論を、「令《れい》」の性格に注目し、その存在の有無について論じたのが藤井《ふじい》譲治《じょうじ》氏である（藤井：二〇一〇）。藤井氏は、藤木氏の「惣無事令」は、最初に東国領主宛に出された三通の十二月三日付秀吉直書《じきしょ》を根拠に提起された初発の段階から「四国国分」「九州停戦令」の「惣無事令」への組み込み、天正十五年（一五八七）とした「惣無事令」を遡る初令の発見、その法源を関白任官に求めるなど変遷、成長を遂げ、その結果として氏の「惣無事令」は、停戦命令、当知行の暫定的安堵、公の裁定、不服従者の公による制裁、を内容とする豊臣政権の天下統一にあたっての政策基調であり、その権限は天正十三年の関白任官によって秀吉が手にしたとし、「秀吉あるいは豊臣政権が、関白任官を機に領土高権を自らのものとし、明確な政権構想のもとに天下統一を推し進めたとするこの理解は、豊臣政権の性格に高い戦略性を付与することになった」という。

そこで藤井氏は、秀吉が関わった「惣無事」を検討した結果、それぞれが個別的・時事的なものであり、藤木氏が想定された広域的かつ持続性のある「令」の姿をそこには確認できず、これまで天正十四年とされ「惣無事令」の根拠とされてきた北条氏政宛の徳川家康書状が秀吉の関白就任以前の天正十一年のものと確定されたことから、「惣無事令」の持つ「領土高権」の掌握が秀吉の関白就任によるとする藤木氏の理解は、否定されきらないまでも変更を余儀なくされるという。藤井氏の見解を換言すれば、「惣無事」と記した史料は存在するが、「惣無事令」と記す史料、あるいは「惣無事」という法令の内容を示した史料は確認できないということであろう。

「惣無事令」は存在したのかという問いに対する答えは、豊臣政権の統一作業が完了するまでの過程をどのように捉えるか、軍事力集中と行使をどのような目的で実行したと考えるかによって、研究者ごとに異なるのである。

「惣無事」文言を含む史料の年代推定

次に、②「惣無事」文言を含む史料の年代推定に関する議論について、述べていきたい。

前述したように藤井讓治氏は、「惣無事令」の根拠とされてきた北条氏政《ほうじょううじまさ》宛ての徳川家康《いえやす》書状が、秀吉の関白就任以前である天正十一年（一五八三）のものと確定されたため、「惣無事令」の持つ「領土高権《りょうどこうけん》」の掌握が秀吉の関白就任によるとする藤木氏の理解は修正される必要がある、と述べ、天正十三年の関白就任以前に「惣無事」文言を含む史料を秀吉が発給《はっきゅう》していた可能性を示した。

秀吉が、出羽米沢城《でわよねざわ》（山形県米沢市）主伊達政宗《だてまさむね》の重臣片倉景綱《かたくらかげつな》に宛てて出した、年未詳十二月三日付けの判物《はんもつ》がある。「関東惣無事之儀《かんとうそうぶじのぎ》」を今度（秀吉が）家康に仰せ付けたのでそれを通達し、もし背く者があれば「成敗《せいばい》」を加えるという内容のもので、ほぼ同内容の史料が数点確認されており、藤木氏はこれらの史料を天正十五年（一五八七）のものと推定した。

その後、粟野俊之氏と立花京子氏は天正十四年（一五八六）に（粟野：二〇〇一、立花：一九九二）、鴨川達夫氏は天正十六年（一五八八）に推定しており（鴨川：一九九五）、年代推定については様々な見解が示されているが、明快な結論には至っていない。

これらの年代推定に共通するのは、天正十三年（一五八五）の秀吉の関白就任後、天正十四年（一五八六）十月に家康が上洛したことで、臣従した家康を介して秀吉が関東へ「惣無事」を伝達する（命じる）こととなったという理解である。

これらの史料に関連すると見られる、年未詳十一月十五日付けで、徳川家康が「北条左京大夫《さきょうのだいぶ》」に宛てた書状も、同様に捉えられてきた。これは、「関東惣無事之儀」について、「羽柴方《はしばかた》」より家康に「申入《もうしいれ》」があったので、家康は家臣の朝比奈弥太郎《あさひなやたろう》を遣わし、北条氏に「羽柴方」の意を伝えた。「（北条）氏直《うじなお》」へも伝えようとしたが、彼が「在陣」中であったために叶わず、氏直の陣へ届けられることが肝要《かんよう》である、というものである。

この書状について、以前は文中の「羽柴方」を羽柴秀長《ひでなが》、宛先の「北条左京大夫」を北条氏直と捉えて、天正十六年（一五八八）に推定していた。中村孝也《なかむらこうや》氏は、史料中の「羽柴方」を秀吉の弟である秀長と推定した上で、「秀吉と（北条）氏政・氏直父子との間の外交交渉は、天正十六年四月の聚《じゅ》楽亭行幸《らくていぎょうこう》の翌五月、秀吉が富田知信《とものぶ》・津田信勝《つだのぶかつ》・妙音院《みょうおんいん》・一鷗軒《いちおうけん》を使者として、氏直の入朝《にゅうちょう》を催促したときに始まった。然るに氏政父子は言を左右にしてこれに応ぜず、閏五月、氏直は使を駿府に遣して家康の調停を求め、六月五日書を妙音院に遣って、十二月上旬、氏政が小田原を発して上洛すべき旨を申し入れた」「そして同年八月、氏直は、叔父北条氏規を上京させた」とし、この書状については「このやうな形勢の裡にあって、家康が朝比奈泰勝を北条氏政に遣して秀吉の意を伝へ、和平を慫慂《しょうよう》した」（中村：一九五八）ものであると説明している。すなわち中村氏は、年未詳十一月十五日付けの家康書状を、秀吉が家康を介して北条氏と外交交渉するにあたって発せられた書状であると捉えて、天正十六年に推定したのである（このほかに中村氏は、天正十六年に推定される「伊達政宗に遣れる書状（天正十六年十月二十六日）」、「片倉景綱《かたくらかげつな》に遣れる書状（天正十六年十月二十六日）」に「惣無事」文言が見えることから、この家康書状をその関連文書として捉えたとも考えられる）。

その後、藤木氏は「羽柴方」を秀吉と捉え、この書状を天正十四年（一五八六）と推定した。氏は、「秀吉から家康経由の惣無事令の発動時期は、家康の服属直後の天正十四年十一月に求めることが可能となり、徳川家康の帰服を機に、かれを介して北条氏の服属を説得することが豊臣の関東惣無事令の最優先の課題」となったと述べ、天正十四年十月の家康上洛・臣従後、秀吉が「惣無事之儀」の執《しっ》達《たつ》を家康に命じたと捉えている（藤木：一九八五）。

天正十四年十月の家康上洛・臣従を「惣無事」の画期と捉える見解は、藤木氏が「惣無事令」を発見して以来通説とされ、「惣無事」や「惣無事令」論を語る際の前提条件と見なされてきた。「惣無事令」そのものの存在を批判する藤田達生氏は、天正十四年段階の秀吉にとって最大の課題は、天正十年以来、北条氏と同盟関係にあった家康の臣従であり、この問題が天正十四年十月に家康が大坂城に出仕したことで落着したとし、北条氏の圧力を受ける関東の中小大名は、家康を「惣無事」の実現主体として期待しており、のちに秀吉も彼の外交能力に大きく依存すると捉える（藤田：二〇〇七）。天正十四年十月の家康の上洛・臣従（藤田氏は「大坂城に出仕」としているが）を「惣無事」の画期と捉えている点では、藤木氏も藤田氏も同様である。

しかし戸谷穂高氏が、この家康書状を天正十一年（一五八三）のものと推定したことで、豊臣政権の「惣無事」伝達が天正十四年（一五八六）十月の家康の上洛・臣従を前提とする見解は見直された（戸谷：二〇〇五）。戸谷氏がこれを天正十一年（一五八三）に推定するのは、①「羽柴方」を秀吉と推定すると、この表現が天正十三年（一五八五）七月の秀吉関白任官以後では薄礼《はくれい》すぎる点、②氏直の「在陣」が天正十一年（一五八三）十一月にも確認できる点、③宛先の「左京大夫」を北条氏直と捉えると文中の「此通氏直江も」の表現に違和感がある（「江も」とあるからには、宛先は氏直とは別人のほうがふさわしい）点を根拠としていると思われる。小林清治氏・市村高男《いちむらたかお》氏・竹井英文氏らもこれに従い、家康書状の発給年を天正十一年（一五八三）と捉えている（小林：二〇〇八、市村：二〇〇九、竹井：二〇一二）。

このように、「惣無事」文言を含む史料の年代比定に関する議論も、今、新たな局面を迎えているのである。

おわりに

戸谷氏によれば、藤木氏による関東・奥羽両国「惣無事令」の発見という成果は、のちに対四国・九州政策（特に対九州停戦令）に年次を遡《さかのぼ》らせて適用されたことで、「全国惣無事令」という概念のうちに埋没してしまい、国分《くにわけ》・城郭破却や刀狩令、在地に対する喧嘩停止令、さらには海賊停止令をも包括した「豊臣惣無事令」、別名「豊臣平和令」概念にまで成長した。戸谷氏は、「惣無事令」の、この急成長ぶりに危うさを感じるという（戸谷：二〇〇八）。

筆者も、秀吉や豊臣政権の全国統一過程における諸政策、あるいは政策基調とされてきたものは、諸大名との関係において、あまりに過大評価されすぎてきたのではないだろうかと考える。これまで筆者は、天正後期の豊臣・徳川の関係性を再検討することで、秀吉や豊臣政権の政策を分析してきたつもりである（片山：二〇〇五a・b）。藤木氏が提唱して以後、「惣無事」「惣無事令」論を検討した研究者は、「豊臣政権の一員になりながらも北条氏と同盟関係にある家康の影響力が、それほど大きかったと考えるべきであろう」「豊臣政権の東国政策も、やはり家康の存在に大きく規定され展開していた」（竹井：二〇一二、尾下：二〇一三）など、豊臣政権における家康の位置づけを見直すことで、その政策や政策基調を再検討した。これは、「惣無事」「惣無事令」論に限った課題ではなく、豊臣政権の諸政策に関する議論においても、共通した課題なのではないだろうか。

主要参考文献

粟野俊之「東国『惣無事』令の基礎過程――関連史料の再検討を中心として」（『織豊政権と東国大名』吉川弘文館、二〇〇一年。初出一九九三年）
市村高男『戦争の日本史10　東国の戦国合戦』（吉川弘文館、二〇〇九年）
尾下成敏「書評　竹井英文著『織豊政権と東国社会　「惣無事令」論を越えて』（『日本史研究』六一四号、二〇一三年）
片山正彦「豊臣政権の対北条政策と『長丸』の上洛」（『織豊期研究』七号、二〇〇五年a）
片山正彦「九月十七日付家康書状の紹介と在京賄料」（『ヒストリア』一九七号、二〇〇五年b）
鴨川達夫「「惣無事」令関係史料についての一考察」（『遥かなる中世』一四号、一九九五年）

鴨川達夫「竹井英文著『織豊政権と東国社会「惣無事令」論を越えて』(『日本歴史』七八三号、二〇一三年)
小林清治『奥羽仕置と豊臣政権』(吉川弘文館、二〇〇三年)
小林清治「伊達政宗の和戦――天正十六年郡山合戦等を中心に」(『伊達政宗の研究』吉川弘文館、二〇〇八年。初出二〇〇六年)
竹井英文『織豊政権と東国社会「惣無事令」論を越えて』(吉川弘文館、二〇一二年)
立花京子「片倉小十郎充て秀吉直書の年次比定」(『戦国史研究』二二号、一九九一年)
立花京子「秀吉全国惣無事令の擬態的性格について」(『戦国史研究』二九号、一九九五年)
戸谷穂高「戦国期東国の『惣無事』」(『戦国史研究』四九号、二〇〇五年、戦国史研究会第二九五回例会報告要旨)
戸谷穂高「関東・奥両国『惣無事』と白河義親――(天正十六年)卯月六日付富田一白書状をめぐって」(村井章介編『中世東国武家文書の研究　白河結城家文書の成立と伝来』高志書院、二〇〇八年。初出二〇〇七年)
中村孝也『新訂　徳川家康文書の研究　上巻』(丸善出版、一九八〇年。初刊一九五八年)
藤井讓治「『惣無事』はあれど『惣無事令』はなし」(『史林』九三巻三号、二〇一〇年)
藤田達生『日本近世国家成立史の研究』(校倉書房、二〇〇一年)
藤田達生編『近世成立期の大規模戦争―戦場論　下』(岩田書院、二〇〇六年)
藤田達生『秀吉神話をくつがえす』(講談社現代新書、二〇〇七年)
藤木久志『豊臣平和令と戦国社会』(東京大学出版会、一九八五年)
矢部健太郎「東国『惣無事』政策の展開と家康・景勝」(『日本史研究』五〇九号、二〇〇五年)
山本博文「統一政権の登場と江戸幕府の成立」(『日本史講座5　近世の形成』東京大学出版会、二〇〇四年)

片山正彦（かたやま・まさひこ）

一九七三年生まれ。市立枚方宿鍵屋資料館学芸員。博士（文学）。
主要業績：「豊臣政権の対北条政策と『長丸』の上洛」（『織豊期研究』七号、二〇〇五年）、「九月十七日付家康書状の紹介と在京賄料」（『ヒストリア』一九七号、二〇〇五年）、「『江濃越一和』と関白二条晴良」（『戦国史研究』五三号、二〇〇七年）など。

第3部
戦国大名と戦争

戦国時代の合戦

はじめに

戦国時代から織豊《しょくほう》時代、江戸時代初期において、日本列島では大小様々な合戦《かっせん》が繰り広げられた。ここでは、当時の合戦の実態について、武器・武具、軍の編成、野戦《やせん》における戦闘方法、戦後処理の四つの視点から、最近の研究成果をも踏まえて提示する。

鑓と打刀の使用

戦国時代は、長柄《ながえ》武器の主流が従来の薙刀《なぎなた》から鑓《やり》へ、刀剣では太刀《たち》から打刀《うちがたな》へと変化した時代である。

鑓は、鎌倉時代中期から後期に成立し、南北朝時代に普及し始めたとされる。戦国時代には、刺突《しとつ》による威力の強さと共に、薙《な》ぎ払い、殴り倒すなど棒術《ぼうじゅつ》のような使い方も可能な、比較的使い勝手の良い武器として認識され、広く使われるようになり、江戸時代には武士の表《おもて》道具とされるまでになる。

戦国時代に使用された鑓は、鑓穂《やりほ》の形状からは素鑓《すやり》（直鑓《すぐやり》）・鎌鑓《かまやり》の二種類、柄の長さからは長柄鑓・持鑓《もちやり》の二種類に大別できる。

素鑓は、鑓穂に鎌など横手《よこて》が付いていない鑓のことで、最も一般的なものである。素鑓のバリエーションとしては、六十〜七十センチ以上の鑓穂を持つ大身鑓《おおみやり》、柄に通した管《くだ》を持って通常の素鑓以上の早さでしごけるよう工夫した管鑓《くだやり》、柄に敵を引っかける鍵《かぎ》を付けた鍵鑓《かぎやり》などが、戦国時代から使用された。

鎌鑓は、敵を引っかけたり、敵の鑓を受け止めて巻き落としたりするための鎌が鑓穂に付いている鑓の総称である。左右対称に鎌が付いて十字に見える十文字鑓《じゅうもんじやり》、片側一方ないし左右非対称の鎌が付いている片鎌鑓《かたかまやり》があった。鎌鑓や鍵鑓は、素鑓と比較して扱いにくく、熟練を要した。江戸時代の下級武士向けの教科書『雑兵物語《ぞうひょうものがたり》』には、力量に合わない鍵鑓を持った武者が、自らの乗馬を傷つけた話が載っている。

長柄鑓は、長柄足軽《ながえあしがる》が集団戦で使用した鑓で、おおよそ二間半（約四百五十五センチ）から三間半（約六百四十センチ）程度の長柄に九〜十五センチ程度の小さな鑓穂を付けた。鑓足軽たちは、この鑓を持って横隊《おうたい》を組み（これを「鑓衾《やりぶすま》」と言う）、敵が突撃してきたら一斉に上から鑓を叩き付け、敵が体勢を崩したら突き刺して止めを刺した。あるいは石突《いしづき》（後側）を地面に差してしっかり構え、突撃してくる騎馬《きば》を迎え撃つなどの戦法で戦った。

持鑓は、足軽より身分が上の騎馬武者《きばむしゃ》や徒士武者《かちむしゃ》が使用した。柄の長さは、扱いやすい長さを使用者ごとに各自に判断させることが多かったが、甲斐《かい》（山梨県）の武田《たけだ》氏のように、二間半と長さを指定した大名家もあった。鑓穂も使用者の好みに任されることが多かった（名和：一九八八、戸田：一九九四、戸部：二〇〇六、近藤：二〇一〇）。

太刀が刃を下に佩《は》くのに対し、打刀は刃を上にして腰に差す。鎌倉時代、徒立《かちだち》で戦う下級士卒《しそつ》が補助武器として使用していた刺刀《さすが》と呼ばれる三十～四十センチの短い刀剣が、室町時代に入って長大化したもので、太刀と比較してスムーズに抜刀《ばっとう》でき、かつ適度な長さのために取り扱いやすいとの理由で、戦国時代には太刀と共に平時・戦時を問わず、広く使われるようになった。

江戸時代に入ると、大刀と呼ばれる長めの打刀と、脇差《わきざし》と呼ばれる短めの打刀の二刀を帯びるのが、武士の通常の姿となる。もっとも、戦場では刃を下にして佩《は》いたほうが刀剣の見栄《みば》えが良いとの理由で、腰当《こしあて》と呼ばれる、打刀を太刀のように佩くための装置を使用する者もいた（笹間：一九九二、戸田：一九九四、戸部：二〇〇六、近藤：二〇一〇）。

鉄炮の登場

日本で鉄炮《てっぽう》が使用されるようになったのは、戦国時代からである。火薬《かやく》は中国で遅くとも唐代《とう》（七

～十世紀初頭）には発明された。宋《そう》代後期から元《げん》代（十三～十四世紀）には、竹や金属製の筒《つつ》に火薬を詰め、小さく開けた穴から火種《ひだね》を差し込み、火薬を爆発させて弾丸を発射する原始的な銃が発明され、使用された。

その後、火薬と原始的な銃が、ヨーロッパへ伝わった。それが、銃床《じゅうしょう》を持ち、引き金を引くと火《ひ》縄《なわ》が火皿《ひざら》に落ち、そこに盛った口薬《くちぐすり》に点火し、それを導火線として筒内に詰めた火薬を爆発させて弾丸を発射させる火縄銃へと発展する。この火縄銃が日本に伝来し、鉄炮、種子島《たねがしま》、手火矢《てびや》と呼ばれた。ここでは以降、火縄銃を鉄炮と呼称することとする。

慶長《けいちょう》十一年（一六〇六）に書かれた『鉄炮記』という史料には、天文《てんぶん》十二年（一五四三）に所属不明の大船が種子島（鹿児島県）に流れ着き、その船に乗っていたポルトガル人から、同乗の中国人の仲介によって領主種子島時尭《ときたか》が火縄銃を二挺手に入れた、とある。このことから、天文十二年にポルトガル船が種子島に漂着したのを契機に鉄炮が伝来し、やがて全国的に広がった、と長らく考えられてきた。

しかし、西洋側の史料には、倭寇《わこう》（本来は日本人の海賊を指すが、この頃は明《ミン》人と朝鮮人が大部分を占めていた）のジャンク船（船長は明人・王直《おうちょく》とされる）に同乗した三人のポルトガル人が、天文十一年に種子島に漂着したとあることから、この年に伝来したとする説もある。さらに、朝鮮の史料に、一五四七年段階で、倭寇が日本人に鉄炮を売却しており、明と朝鮮にとって非常に不都合であると書かれていることなどから、実際は天文期に倭寇たちを含む外国勢力が分散波状的に西日本の各地に鉄炮を伝え、その後、全国へと伝播《でんぱ》したもので、種子島への伝来は数多くあった伝来の一つに過ぎないという意見もある（洞：一九九一、所：一九九三、宇田川：二〇〇六・二〇〇七）。

天文末期頃になると、鉄炮は戦場で使用されるようになる。天文十九年に三好長慶《みよしながよし》と細川晴元《ほそかわはるもと》が戦った際、三好方の武士の家来が鉄炮に当たったと、公家の山科言継《やましなときつぐ》が日記『言継卿記《ときつぐきょうき》』に記している。もっとも、この段階では畿内や西国で少数の鉄炮が使用されたに留まったとされる。

本格的に戦争に投入されるのは、永禄《えいろく》年間（一五五八〜七〇）頃からとされ、この頃になると畿内や西国大名のみならず、相模《さがみ》（神奈川県）の北条《ほうじょう》氏、甲斐の武田氏、越後《えちご》（新潟県）の上杉《うえすぎ》氏が残した史料の中にも、鉄炮に関する記述が頻繁に見られるようになる。また、太田牛一《おおたぎゅういち》が著した織田信長の伝記『信長公記《しんちょうこうき》』でも、永禄十二年（一五六九）以降から鉄炮に関する記事が増えることが指摘されている（宇田川：二〇〇二）。

ところで、火縄銃で使用される黒色《こくしょく》火薬の原料は、硝石《しょうせき》・硫黄《いおう》・木炭《もくたん》である。弾《たま》の材料には、鉄や銅なども使われたが、一般的には鉛《なまり》が使用された。ところが、日本で硝石は採掘できない。元亀《げんき》（一五七〇〜七三）以前から毛利《もうり》氏の領国では、厩《うまや》や台所の土に含まれる硝酸カルシウムを抽出して硝石を作る土硝法《どしょうほう》が行われた。天正《てんしょう》年間（一五七三〜九二）には土硝法が東国へも伝播したとされるが、採れる量は限られたものであった（桐野：二〇一〇）。

また、鉛が採掘できる鉱山《こうざん》も限られていた。そこで、不足分の硝石や鉛は輸入で賄われた。その結果、博多《はかた》や堺《さかい》などの交易都市と関係を結びやすい東海以西の大名と比較して、遠距離のために関係を結びにくい東国大名は、硝石・鉛を安定的に入手することが難しかった。

従来、天正三年（一五七五）の長篠《ながしの》の戦いにおいて、織田信長・徳川家康連合軍と比較し、武田勝《かつ》頼《より》軍の鉄砲装備状況が貧弱であったのは、武田氏が鉄炮導入に積極的でなかったためと言われてきた。しかし近年、武田氏も積極的に導入を試みたが、領地が甲斐という流通経路にアクセスしにくい場所であったため、鉄炮および火薬・弾を十分に揃えることができなかったと考えられるようになってきている（平山：二〇一四）。

鉄炮の有効射程は、通常、軍用に使用される筒で最大射程五百メートル以上、殺傷が可能な有効射程は二百メートル程度だが、人体へ命中させるとなると百メートル程度まで引き付ける必要があったと推測されている（所：一九九三）。近年の実験によると、人間大の的《まと》を三十メートルの距離から五発撃った時は全弾、五十メートルの距離から撃った際には五発中四発が命中したとされ、命中精度はかなり高い（学習研究社：二〇〇五）。

しかし、実戦、特に野戦《やせん》においては思うように当たらなかったようである。時代は下るが、『混雑《こんざつ》録《ろく》』という伊勢津《いせつ》藩（三重県津市）藤堂《とうどう》家の家臣沢田家の家譜《かふ》によると、慶長《けいちょう》二十年（一六一五）の大坂夏の陣における八尾《やお》・若江《わかえ》の戦いで、徳川方の藤堂高虎《たかとら》と豊臣方の長宗我部《ちょうそかべ》盛親《もりちか》の隊が戦った際、鉄炮足軽が撃った弾は、敵・味方ともほとんど命中しなかったとある。また、江戸時代中期の儒学者荻生徂徠《おぎゅうそらい》は、島原《しまばら》の乱を体験した武士から聞いた話として、戦場では鉄炮は筒を上げて放ってしまいがちで、中々命中しないと著書『鈐録《けんろく》』に書いている。

では、なぜ命中しなかったのか。徂徠によれば、射撃する足軽が簡単な甲冑《かっちゅう》しか着せてもらえず、敵の弾に当たるのを怖がって、狙いを定められないからであるとし、解決策として楯《たて》の使用を勧めている。遮蔽物《しゃへいぶつ》のないところでの戦闘では、精神的な負担が大きくのしかかり、鉄炮足軽たちは十分な力を発揮できなかったのである。長篠の戦いで、信長は陣地に籠もって武田軍を待ち受けたが、これは鉄炮足軽たちの精神的負担を軽くする上で効果的な戦法であったと評価できるであろう。

戦国時代に使われた甲冑

戦国時代を通じて使用された甲冑《かっちゅう》に、胴丸《どうまる》・腹巻《はらまき》がある。胴丸は、小札《こざね》（革製あるいは鉄製の短冊状の小板）を威《おど》して前・左・後・右側の四面を覆い、右側で引き合わせる形式の鎧《よろい》である。徒立戦《かちだち》に適するように作られ、腰を守る草摺《くさずり》と呼ばれる垂《たれ》は動きやすいように八分割（八間《はっけん》という）してある。

胴丸の成立は平安時代で、徒立で戦う下級士卒《しそつ》が着用した。下級士卒用なので、兜《かぶと》・袖《そで》は付属しない。ところが、南北朝時代に入り、それまでの騎射《きしゃ》戦から馬上や徒立での白兵戦《はくへいせん》が主流になるにつれ、上級武士たちも着込むようになった。それに伴い、兜や袖を付属するようになる。

腹巻は、前・左・右を覆い、背中で引き合わせる鎧のことで、草摺は基本七分割（七間）である。成立は鎌倉時代後期で、胴丸より軽便な胴として徒立で戦う下級士卒が使用した。胴丸同様、兜や袖は付属しなかった。しかし、応仁《おうにん》・文明《ぶんめい》の乱（一四六七〜七七）頃になると、使いやすいことから、

伊勢徴古館所蔵「色々威腹巻」（背面）（笹間良彦『図録 日本の甲冑武具事典』〈柏書房〉より）

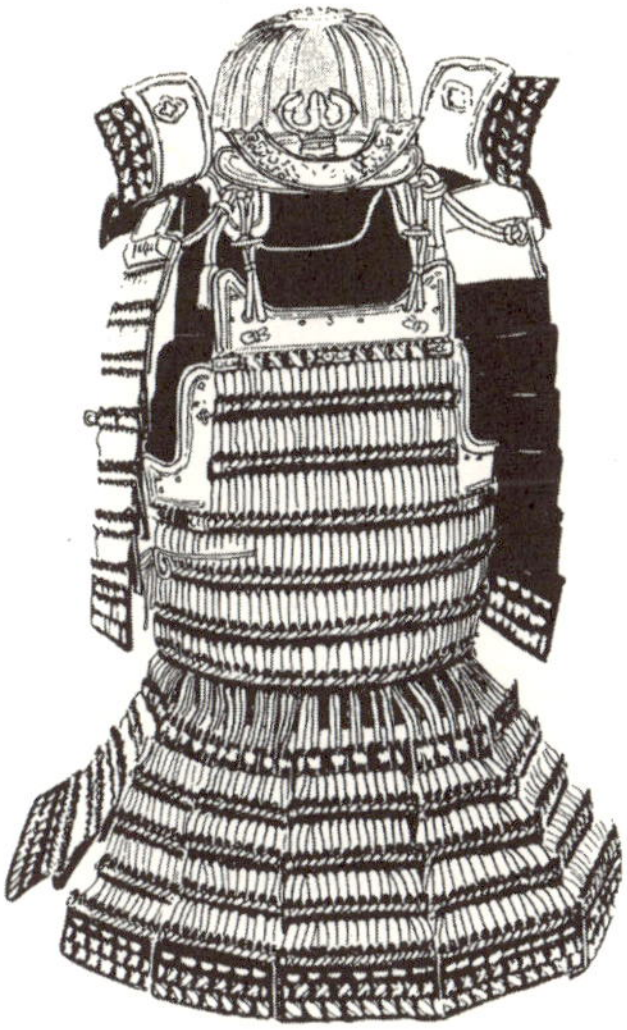

酒井家旧蔵「色々威胴丸」（正面）（笹間良彦『図録 日本の甲冑武具事典』〈柏書房〉より）

上級武士の間でも、兜・袖を付して使用されるようになる。

なお、平安時代から室町時代まで、現在、胴丸と呼ばれている鎧は腹巻、腹巻と呼ばれている鎧は胴丸と呼ばれていたが、室町時代末から江戸時代初頭に言葉の取り違いが起こり、現在に至っている。したがって、室町時代末より以前の史料を読む際には注意が必要である。なお、このほかに、腹部のみを守る腹当《はらあて》という鎧が、下級士卒や上級武士の緊急用武装に使用された。

ところで、胴丸・腹巻には、脇の部分や、胸・背中上部などに隙間が多いことや、小札を威して作ることから莫大な手間と費用が掛かり、大量生産に向かないという欠点があった。

そこで、室町時代後期になると、小札の代

当世具足の一種である桶側胴の軍装図（笹間良彦『図録 日本の甲冑武具事典』〈柏書房〉より）

わりに鉄や革の延べ板（板《いた》札《ざね》）を糸で威した最上《もがみ》胴丸・最上腹巻という名の鎧が出現する。さらに、鎧の胸板や脇板の形状をより隙間の少ないものに替え、兜や袖のみならず、それまで個人が個々の判断で胴丸・腹巻と併用していた籠手《こて》・臑当《すねあて》・佩楯《はいだて》などの小具足《ぐそく》をもって一セットとする、軽くて動きやすい、より実用的な具足が生まれる。この具足は、胴丸・腹巻と比較して新しい現代の甲冑という意味で、「当世《とうせい》具足」と呼ばれた。なお、当世具足には、鉄や革の延べ板を糸で威したり、鋲《びょう》で留めたりしたものが多く見られるが、高級品には胴丸・腹巻同様に小札を糸で威したものも存在する。

兜は、室町時代中期までは星《ほし》兜・筋《すじ》兜が使用されていた。室町時代末期になると、星兜・筋兜と共に、星兜・筋兜よりも簡単に作成できるように改良された頭形《ずなり》兜・桃形《ももなり》兜・突盔形《とっぱいなり》兜などが使われるようになる。また、戦場で自己の戦功を効率よくアピールできるように、器物や動物などを象《かたど》った変わり兜と呼ばれる兜も使用された（三浦：二〇一〇）。

従来、当世具足の出現は、貫通力の高い鉄炮の弾を防ぐ目的で出現したとされてきた（金子：一九八二）。しかし、足軽用の鉄製の当世具足を、距離五十メートルの距離から小動物を狙う狩猟用の小口径の鉄炮で撃った実験によると、腹部のみならず背部の鉄板まで撃ち抜いたという（須本：二〇一四）。戦陣用の中・大口径の鉄炮の場合、これ以上の威力を発揮すると考えられる。この実験を踏まえるならば、鉄炮に対して当世具足は、余程の距離が開いてない限り無力であった可能性が高い。したがって、鉄炮の存在が当世具足の出現に、皆無ではないにせよ、大きな影響を与えたとは考えにくい。鉄炮に狙われにくい脇部分の隙間を小さくするため脇板の形状が変化することを踏まえるならば、むしろ従来使用されてきた薙刀《なぎなた》や太刀《たち》と比較して貫通力の高い鑓《やり》が、戦国期から盛んに使用されるようになったことへの対応として当世具足が出現した、と考えるほうが妥当かもしれない。

軍隊編成

軍隊編成については、ほかの大名と比較して史料がよく残っている北条氏を例に見ていくこととする。北条氏の軍隊編成は、小田原《おだわら》衆・馬廻《うままわり》衆・玉縄《たまなわ》衆などの衆別編成をとっており、馬廻衆や諸足軽衆、北条家に従属しながらも一定の独立性を保っていた外様《とざま》の領主たちからなる他国衆や職人衆などいくつかの特殊な衆以外は、本城《ほんじょう》・支城《しじょう》を単位として編成されていた。これらの衆の内、本城付きの小田原衆と当主の親衛隊である馬廻衆、遊撃戦力である諸足軽衆が当主直属の軍隊であった。支城には、本城主である北条氏から公事《くじ》の賦課《ふか》・徴収権や領内給人《きゅうにん》に対する軍事編成権を委譲された「支城主」が居城し、戦時には支城のもとに編成された衆を率いて軍事活動に従事した。

これらの衆内には、有力家臣を頭とし、その部下として小身の直臣《じきしん》（土豪《どごう》・地侍《じざむらい》）を預ける、いわゆる寄親《よりおや》―寄子《よりこ》関係を持ついくつかのグループが存在した。これに、直臣家臣たちが抱える家来（陪臣《ばいしん》）と、臨時雇いの雑兵《ぞうひょう》、百姓から徴発され武器・食糧を運ぶ夫丸《ぶまる》や、陣地工作や戦死者の埋葬を担う黒鍬《くろくわ》などが加わり、衆は軍隊として機能した。

このような家臣団内をいくつかの衆に区分し、寄親―寄子関係を軸に軍隊を編成する方法は、衆の区分方法や、寄親―寄子間の関係（戦争時のみの指揮系統関係か、平時にも適用される関係か）など細かい点において違いは見られるものの、武田氏や上杉氏など多くの大名家で同様な編成が確認できることから、当時は一般的な編成方法だったとされる（池上：一九九九、久留島：二〇〇一、黒田：二〇〇三・二〇一四）。

さて、戦国大名の直臣たちは、大名から領地や扶持《ふち》、年貢免除などの徳分《とくぶん》を与えられる代わりに、戦時には徳分に応じた軍役を課せられ、配下の者を連れて出陣し、戦闘に参加することとなる。北条氏の場合、元亀《げんき》三年（一五七二）に知行八貫二百五十文を与えた鈴木雅楽助《すずきうたのすけ》に、二間々中柄《にけんまなかえ》（約四百五十五センチ）の長柄鑓《ながえやり》を持った歩兵を伴い、雅楽助自身が騎乗して出陣することを求めた史料が残されている。また、知行二十五貫文の道祖土図書助《さいどずしょのすけ》には、長柄兵と指物《さしもの》持の二人の歩兵を伴って騎乗で出陣することを、知行二百八十四貫四百文の宮崎《みやざき》四郎兵衛尉《しろうひょうえのじょう》には、騎乗した上で、旗持三人、指物持一人、弓を持った歩弓侍一人と鉄炮を持った歩《かち》鉄炮侍二人、長柄兵十七人、騎馬武者七騎、特に武器を指定されていない歩兵四人を連れてくるよう求めている。

武装も定められており、身分が高い者ほど重武装を求められた。軍役負担者自身や騎馬武者には大《おお》立物《たてもの》を付けた兜と胴・籠手・面頬《めんぼお》が揃った甲冑に指物を、歩弓侍・歩鉄炮侍には立物付兜と胴を着用し、黒地に赤い日の丸を一つ描いた撓旗（しなる竹に幅の小さい旗を付けたもの）の指物を、長柄兵・旗持・指物持は皮笠と胴、武器指定のない歩兵には皮笠・胴・籠手を付けてくるよう定められていた。さらに、軍役負担者と騎馬武者が乗る馬の一部には、金箔を貼った馬甲《うまよろい》を着せることが求められた（則竹：二〇〇九）。

なお、武田氏も同様な軍役を直臣たちへ賦課しているが、その中で歩兵にも兜や籠手・喉輪《のどわ》を身につけさせることが命じられており、北条氏と比較して重武装であった。

軍役として直臣たちが連れてきた人員の一部、長柄兵や歩弓・歩鉄炮侍、旗持は主人から切り離され、長柄隊・弓隊・鉄砲隊・旗隊と兵種ごとに再編制される（高木：一九九〇、西股：二〇一二）。一方、指物持は、指物が直臣家臣個々の識別証であることから、主人と行動を共にしたと考えられる。騎馬武者については、主人と共に行動したのか、騎馬武者のみで一部隊を編成したのか定かではない。ただし、その身分から考えて、騎馬武者には肉親や重臣といった直臣にとって極めて近しい者が選ばれたであろうこと、また戦国期の編成方法を江戸時代に入っても色濃く残した近江彦根藩《おうみひこね》（滋賀県彦根市）において、騎馬武者は主人と共に行動する方針が採られていることを踏まえるならば、騎馬武者は主人と行動を共にした可能性が高い（母利：二〇一三）。

戦国大名が家臣たちに求めているこれらの人員や武装は、あくまで大名側が求める最低ラインに過ぎない。実際は、このほかに鑓持や馬の口取《くちとり》など、自分の身の回りの世話をさせる若党《わかとう》・中間《ちゅうげん》・小者《こもの》といった従者を別に用意して出陣するのである（高木：一九九〇）。

野戦における戦闘

江戸時代に書かれた軍学書《ぐんがくしょ》によれば、野戦《やせん》は、鉄炮や弓矢を持った足軽同士の射撃戦から始まり、両者の距離が縮まったところで長柄鑓《ながえやり》を持った足軽たちが鑓で叩き合ったり、あるいは騎馬の突撃を鑓衾《やりぶすま》を引いて受け止めたりする。

一方、騎馬武者は前へ出て、相手の陣を掻き乱すと共に、騎馬武者同士で戦闘を行い、一番鑓などの武功を競う。相手を倒した場合、その証拠として首や鼻を切り落とし、大将や軍目付《いくさめつけ》などに見せて功績を記録してもらい、後日の恩賞に備える。その後、いずれかの体勢が崩れ、一方が退却に入ると、もう一方の騎馬武者らが追撃をかける。これが江戸時代における野戦のイメージである。

これらは戦国時代から江戸時代初期の野戦を参照にして作られており、全くの机上の空論ではない。ただし、あくまで両者が備《そなえ》を立ててぶつかり合った際の一つのモデルであり、すべての野戦がこのように推移したわけではない。

ルイス・フロイスの『日本史』によれば、天正《てんしょう》十四年（一五八六）に豊臣秀吉の九州攻めにおいて行われた戸次川《へつぎがわ》（大分市）の戦いでは、渡河し終えた豊臣方の長宗我部《ちょうそかべ》軍に対し、身を隠していた島津軍が急襲したため、長宗我部側は鉄炮を撃つこともできずに蹂躙《じゅうりん》されたという。また、慶長二十年（一六一五）の大坂夏の陣における八尾《やお》・若江《わかえ》の戦いでは、思いがけず豊臣方と遭遇した藤堂高虎《とうどうたかとら》配下の藤堂仁右衛門らは、鉄炮足軽隊の到着を待たずに騎馬武者とその家来のみで敵を攻撃して大被害を出している。このような、軍学書の示すモデルと全く違う様相を呈した戦いは、ほかにも多く存在し、枚挙《まいきょ》に暇《いとま》がない。

ところで、戦功を挙げた武士が、戦闘直後に自分の戦功を書き上げた文書を大将なり軍奉行へ提出し、その文書に証判をもらって返却してもらい、後日確実に恩賞をもらえるように備えた軍忠状《ぐんちゅうじょう》と呼ばれる文書がある。近年、この軍忠状に記載されている戦傷（戦場で怪我をすることも戦功となった）を分析したところ、鉄炮傷や弓傷など飛び道具による傷のほうが、刀傷や鑓傷などと比較して多く見られることから、当時の戦闘は鉄炮や弓を中心に戦う遠戦志向が強く、白兵《はくへい》戦は恩賞を得るために行う首獲りに付随して行われる程度だったのではないかとの説が出されている（鈴木：二〇〇三・二〇一〇）。

しかし、軍忠状には、飛び道具を撃ち合うのみに終始するような小競り合いや、攻め手が一方的に飛び道具の危険にさらされる攻城戦での功績が載せられる一方で、戦死者の死因については、ほとんど記載されないことを勘案するならば、データに偏りがある可能性が高く、軍忠状の記載のみから遠戦志向が強かったとするのには疑念が残る。先述のように、野戦においては鉄炮の命中率が高くないことや、戸次川の戦いや八尾・若江の戦いなどで激しい白兵戦が行われていることを踏まえるならば、勝利を得るために白兵戦が積極的に選択されることも少なくなかったとするほうが妥当であろう。

また、ルイス・フロイスが、日本の騎馬武者は戦場では下馬《げば》をして戦うと書き残していることなどから、下馬をして戦闘を行うことが多かったのではないかとの指摘もある。ただし、八尾・若江の戦いにおける戦功などを記し、藩へ提出した津藩士の「戦功書上《かきあげ》」を見ると、馬上で敵と鑓や刀で切り結んだり、馬で歩兵を蹴倒したりする者がいる一方で、敵が鑓衾を引いていたために下馬して戦闘に挑んだ者もおり、必ずしも命令のもとで、全員が下馬して戦うといったものではなく、武者一人一人が最適と考える方法で戦っている。戦場の様相によって、騎馬戦闘・下馬戦闘を騎馬武者たちが各自選択したと考えるべきであろう。

なお、中には騎馬突撃を仕掛けた者も見られるが、これは自己判断に基づいて単騎ないし数騎が連れだって行う小規模な攻撃であり、西洋の近代騎兵《きへい》が行った指揮官からの命令によって行われる、組織立った騎馬突撃は確認できない。当時の戦闘は戦功を認めてもらうための首獲りを伴うものであり、各武者は首獲りを優先する傾向が強かった。そのため、織田信長と今川義元が戦った永禄《えいろく》三年（一五六〇）の桶狭間《おけはざま》の戦いなどのように、作戦上の必要性から首獲りが禁じられた特殊な合戦以外では、近代騎兵が行ったような組織的突撃を、そもそも期待することさえ無理であっただろうと推測される（鈴木：二〇〇三・二〇一〇、長屋：二〇一二）。

戦後処理

合戦が終わり、運良く勝利した場合、戦闘中、ないしは戦後に行われる武者たち自身の戦功申請や、軍目付《いくさめつけ》の報告をもとに、活躍した将兵に恩賞や活躍を賞した感状が与えられる。

また、戦死者の遺骸《いがい》は、勝者側の場合、戦死者の縁者・従者や黒鍬《くろくわ》などによって回収され弔《とむら》われた。敗者側の遺骸は、勝者側が弔うこともあれば、そのまま放置されることもあった。慶長《けいちょう》五年(一六〇〇)の関ヶ原の戦いでは、徳川家康は両軍の遺骸処理を竹中重門《たけなかしげかど》に命じている。一方、天文《てんぶん》十七年(一五四八)の信濃塩尻峠《しなのしおじりとうげ》(長野県塩尻市)の戦いでは、武田信玄に敗れた小笠原長時《おがさわらながとき》方の将兵の遺骸は放置されたままだったので、近隣の村人が気の毒に思って埋葬したと伝えられている。

なお、遺骸が身につけている武器・武具類や戦場に残された矢玉《やだま》は、皮革や金属類が貴重な時代であったため、回収されて再利用されたと推測される。ちなみに現在、古戦場を発掘しても、遺体や武器・武具が見つかることはほとんどないが、これはこのような戦後の供養・後片づけの結果によるものと考えられている(千田:二〇〇八)。

おわりに

以上、武器・軍隊編成を中心に合戦について概観してみた。ただし、この合戦像は、あくまでいくつかの特定の大名・合戦の例から導き出したものであり、普遍的な像とするには、やや事例が不足していることは否めない。今後は、より精度の高い像を導き出すために、多くの大名や個々の合戦の実態を研究し、それを積み重ねてゆくことが求められる。

先の敗戦の影響で、歴史学では長らく忌避されてきた軍事・戦争の分野であるが、近年では研究テーマの一つとして認知されるようになってきた。また、合戦については、史料不足から軍記物語など二次史料を中心に考察されてきたが、自治体史編纂の過程などで新たな一次史料が発見され、史料状況も改善されつつある。

このように研究状況が改善されてきているため、戦国期の合戦については今後、劇的な研究の進展が期待できると思われる。それにより、さらに豊かな戦国時代の合戦像が明らかにされることを期待したい。

主要参考文献

池上裕子『戦国時代社会構造の研究』（校倉書房、一九九九年）
宇田川武久『鉄砲と戦国合戦』（吉川弘文館、二〇〇二年）
宇田川武久『真説　鉄砲伝来』（平凡社新書、二〇〇六年）
宇田川武久「鉄炮伝来の実像」（同編『鉄砲伝来の日本史』吉川弘文館、二〇〇七年）
学習研究社編『図説・日本武器集成』（学習研究社、二〇〇五年）

金子常規『兵器と戦術の日本史』（原書房、一九八二年）
桐野作人『火縄銃・大筒・騎馬・鉄甲船の威力――戦国最強の兵器図鑑』（新人物往来社、二〇一〇年）
久留島典子『日本の歴史13　一揆と戦国大名』（講談社学術文庫、二〇〇九年。初刊二〇〇一年）
黒田基樹『中近世移行期の大名権力と村落』（校倉書房、二〇〇三年）
黒田基樹『戦国大名――政策・統治・戦争』（平凡社新書、二〇一四年）
近藤好和『武具の日本史』（平凡社新書、二〇一〇年）
笹間良彦『武家戦陣資料事典』（第一書房、一九九二年）
鈴木眞哉『鉄砲隊と騎馬軍団』（洋泉社新書y、二〇〇三年）
鈴木眞哉『戦国軍事史への挑戦――疑問だらけの戦国合戦像』（洋泉社歴史新書y、二〇一〇年）
須本浩史「火縄銃の伝来と合戦での実力」（オフィス五稜郭編『長篠合戦』双葉社、二〇一四年）
千田嘉博「考古学から見た城と戦い」（『軍記と語り物』四四号、二〇〇八年）
高木昭作『日本近世国家史の研究』（岩波書店、一九九〇年）
所荘吉『火縄銃』（雄山閣出版、一九九三年）
戸田藤成『武器と防具　日本編』（新紀元社、一九九四年）
戸部民夫『図解「武器」の日本史――その知られざる威力と形状』（ベスト新書、二〇〇六年）
長屋隆幸「大坂夏の陣における遭遇戦の実態」（天野忠幸ほか編『戦国・織豊期の西国社会』日本史史料研究会、二〇一二年）
名和弓雄『絵でみる時代考証百科　槍、鎧、具足編』（新人物往来社、一九八八年）
西股総生『戦国の軍隊――現代軍事学から見た戦国大名の軍勢』（学研パブリッシング、二〇一二年）
則竹雄一「戦国大名北条氏の着到帳と軍隊構成」（『獨協中学校・高等学校研究紀要』二三、二〇〇九年）
平山優『検証　長篠合戦』（吉川弘文館、二〇一四年）
洞富雄『鉄砲――伝来とその影響』（思文閣出版、一九九一年）

三浦一郎著、永都康之画『日本甲冑図鑑』（新紀元社、二〇一〇年）
母利美和「近世大名家臣団の官僚制と軍制――彦根井伊家の場合」（『史窓』七〇号、二〇一三年）

長屋隆幸（ながや・たかゆき）

一九七二年生まれ。名城大学非常勤講師。博士（国際文化）。
主要業績：「平戸藩における地方知行制廃止政策と在郷家臣」（『日本歴史』六八二号、二〇〇五年）、「『戦功書上』の成立について」（『織豊期研究』一一号、二〇〇九年）、「大坂夏の陣における遭遇戦の実態」（天野忠幸ほか編『戦国・織豊期の西国社会』日本史史料研究会、二〇一二年）など。

戦国時代の城郭

はじめに――中世の城とは

鎌倉時代から、室町・安土桃山時代にかけて築かれた城の多くは、戦闘中、あるいは戦闘の危険性が高まった時点で構築され、平和時には破却される性格のものであった。したがって、領主の居住地を表す「館《やかた》」も、館という形態の構築物が存在したと考えるべきでなく、不安定な情勢の地域では、館に強固の武装を施して城郭同然の構造をとる一方、安定地域では、大した土塁《どるい》も堀もなく、屋敷同然の構造であった。南北朝期から戦乱が全国に広がるにつれ、築城と破却が繰り返されたことで、戦国時代の終わりには、日本全土に多数の城跡が残るに至ったのである。

中世城郭の発達

中世城郭の防御施設は、基本的には、自然もしくは人工の急傾斜である岸や、土塁や堀、石垣の上に塀《へい》や柵《さく》を付け、それに城門や櫓《やぐら》を加えたものである。ただ、これらの防御施設の組み合わせは、中世当初からのものではない。例えば、『源平盛衰記《げんぺいじょうすいき》』に見える、治承《じしょう》四年（一一八〇）の相模衣笠《さがみきぬがさ》城（神奈川県横須賀市）の姿を描いた記述には、城の前面に三条の堀が掘られ、敵が攻めてきた時の対処法が記されている。堀に沿って逆茂木《さかもぎ》（敵の侵入を防ぐために、棘《とげ》のある木の枝を並べて垣にしたもの）や、掻楯《かいだて》（垣根のように楯を立てて並べたもの）が置かれたが、塀の存在は記載されておらず、木戸や門の記述がない。十二世紀後半の段階では、十六世紀の城のような、高い岸や大規模な土塁・堀で城全体を囲み、強固な塀や櫓、城門《じょうもん》を備える構造が、普及していなかったようだ。

その後、時代が下るにつれて、城郭を記述した記録や古文書は増え、規模の大きい堀や土塁が築かれた記述も見え、それを裏づける城跡も残る。そこでここでは、史料の記述を中心に、城の構造に関して、特に戦国時代に入って発達した部分について取り上げたい。

中世城郭の進化

堀

堀や堀切《ほりきり》の存在は、鎌倉時代から確認できる。『太平記《たいへいき》』からは、複数の防御施設で堀が構築されていたことがわかり、その規模は、佐渡《さど》（新潟県）の本間《ほんま》氏館《しやかた》（雑太《さわだ》城。佐渡市）で深さ一丈・幅二丈（一丈は三・〇三メートル）、山城《やましろ》（京都府）の東寺《とうじ》（京都市南区）付近の防塁で幅三丈、北朝《ほくちょう》方を防ぐ山崎防塁（京都府大山崎町）は堀が浅いなど、小規模な堀の記述が目立つ。しかし、時代が下るにつれ、堀の規模も大型化する傾向にあった。

『宗長手記《そうちょうしゅき》』の大永《たいえい》六年（一五二六）二月二十二日条には、遠江《とおとうみ》掛川《かけがわ》城（静岡県掛川市）は「当城は、ここ数年いろいろと普請をしたので、堀は幽谷のごとく山は椎の木の峰が険しい」とあり、『八代日《やつしろにっ》記《き》』の弘治《こうじ》二年（一五五六）七月十七日条からは、肥後《ひご》高津賀《たかつか》城（高塚城。熊本県宇城市）には「高津賀の普請のために上村頼興（相良氏の一族）が登城し、八尋《ひろ》の堀を掘らせた」と、幅十三メートル前後の堀が掘られていたことがわかる。

『耶蘇会士日本通信《やそかいしにほんつうしん》』の永禄《えいろく》五年（一五六二）十月二十五日付けの書簡には、薩摩鶴丸《つるまる》城（鹿児島市）は「各堡塁《ほるい》は遠く隔たって深い堀を備え、人間の手で造ることは不可能と思われた」と見え、天正《てんしょう》十四年（一五八六）四月に豊臣秀吉の大坂城普請を目の当たりにした大友宗麟《おおともそうりん》に至っては、「堀の深さと口の広さは比べようがないほどで、大河のようである」と驚嘆の言葉を残している（「大友家文書録」）。

土塁

土塁《どるい》を指す「土居《どい》」や「土手《どて》」という文言は、十二世紀から十五世紀にかけての史料に登場することは少ない。『太平記』に描かれた城の大半にも、土塁の記述はなく、多くの防塁は堀の城内側岸に、直接塀が築かれた記述となっている。唯一、土塁と思われる記事が認められるのが、巻八の六波羅《ろくはら》攻防戦で「六波羅館の中に籠もって、河原面の七、八町に堀を深く掘って鴨川《かもがわ》の水を引き入れると、昆《こん》明池《めいち》の春の水が西日の中に沈んで隠れたようだった。残る三方には芝築地《しばついじ》を高く築いて櫓《やぐら》を並べた」とある。

その後、土塁を伴う城郭は増え、十六世紀に入ると、『宗長手記《そうちょうしゅき》』の大永《たいえい》二年（一五二二）五月条の遠江掛川城には「六、七百間堀を掘り、土居を築き上げ」とあり、『石山本願寺日記《いしやまほんがんじにっき》』の天文《てんぶん》七年（一五三八）三月二十八日条には「新屋敷の北に堀ができた。以後、土居を築くために北の畠の土を取った」と、同寺新屋敷での土塁と土取りに関する記述が見える。

土塁は、時代が下るとさらに大型化し、『桂岌圓覚書《かつらきゅうえんおぼえがき》』の元亀《げんき》二年六月条に見える伯耆《ほうき》末吉《すえよし》城（末石《すえいし》城。鳥取県大山町）は、「（毛利勢は）城の大廻りに尺（柵）を結わせて、その際に各々が待機した。城の土手が高いので、この方向からの矢や鉄砲は全く役に立たなかった」とあり、土塁が鉄砲普及段階での銃弾除けに有効であったことが読み取れる。また、イエズス会宣教師のルイス・フロイスが記した『日本史』の天正十三年（一五八五）四月条には、紀伊太田《おおた》城（和歌山市）は「城の土居近くに達したが、船からは土居（の中）が見えず、城中の者が己が身を守ろうとして放った火、鉄砲、矢、石、その他の火器の一斉攻撃を上方から浴びることになった」とあり、高い土塁が城郭防御の要となっていたことがわかる。

また、短期間での土塁構築記事も認められる。天正十二年（一五八四）三月の小牧《こまき》・長久手《ながくて》の戦いを伝える『三河物語《みかわものがたり》』には、「小口《おぐち》・楽田《がくでん》に軍勢は陣を取り、一丈ばかりの高さに土手を築き、陣を

信濃志賀城西尾根上の石垣

構えた」とあり、『伊達日記《だてにっき》』に見える天正十六年（一五八八）六月の陸奥郡山《こおりやま》合戦の時も、伊達勢は「その日は陣屋を築かず、二重に約五尺の芝築地を造作した。明日は合戦があるかと待っていると、十七日も合戦がなかったので、また二重の築地を八尺ばかり築き」と、陣屋の建設に伴う土塁構築を行っている。

石垣

源義経《みなもとのよしつね》の「鵯越《ひよどりごえ》」で有名な、『平家物語《へいけものがたり》』の摂津《せっつ》一の谷城（兵庫県神戸市須磨区）の防塁記事には「北の山際から南の海の遠浅まで大石を重ね上げ、大木を置いて逆茂木《さかもぎ》とし」とあり、九州北部の博多湾一帯の元寇防塁《げんこうぼうるい》にも「石築地《いしついじ》」と表現される石塁《せきるい》が築かれた。その後、史料上に石塁の記載はほとんど見えなくなるが、中世の城跡には部分的に石積《いしづみ》・石塁が認められることもあり、天文《てんぶん》十八年（一五四九）八月に武田信玄《たけだしんげん》によって攻略された信濃志賀《しなのしが》城（長野県佐久市）の跡には、主郭の周囲に部分的な石積が数ヶ所残るほか、主郭から西へ延びる尾根《おね》上、三条目の堀切には大石が積まれ、石垣になっている。

十六世紀後半になると、史料上にも石垣の記述が見出せるようになる。公家の山科言継《やましなときつぐ》が記した『言継卿記《ときつぐきょうき》』には、織田信長が十五代将軍足利義昭《あしかがよしあき》の居城として普請奉行を担当した、山城旧二条城の石垣普請の様子が詳しく記されている。ほかにも、天正三年（一五七五）一月の伊勢長島《ながしま》城（三重県桑名市）普請や、天正七年（一五七九）八月の大和多聞《やまとたもん》城（奈良市）の城割《しろわり》の際にも「石引き」の記述が見られ、畿内を中心にして次第に石垣が普及していったようだ。北条氏の居城である相模小田原城（神奈川県小田原市）も、天正十八年（一五九〇）の時点で、海岸線防備の外郭は石垣であったと伝えられている。

櫓

櫓《やぐら》も『吾妻鏡《あずまかがみ》』や『平家物語』に見え、『太平記』にも数多くの記述がある。ただ、山崎防塁の記述に「高櫓・出櫓三百余箇所ニカキ雙タリ」とあるように、塀より高く、簡単な足場を板で囲った構造物を多数、造り並べていたようで、『応永記《おうえいき》』に見える応永《おうえい》六年（一三九九）時点における和泉《いずみ》堺城（大阪府堺市）の櫓も、「勢楼《せいろう》（井楼）四十八。箭櫓一千七百」と、同様な構造であったと考えられる。

十六世紀に入ると、史料上では、かなりしっかりとした建造物としての櫓が確認される。『上杉本洛中洛外図屏風《らくちゅうらくがいずびょうぶ》』に見える山城小泉《こいずみ》城（京都市右京区）の櫓には屋根があり、狭間《はざま》を備えていて、城壁の上に三基描かれている。このほか、旧二条城に三重櫓、大和多聞城に四重櫓の存在が認められ、こうした櫓は、同時期、史料に見え始めた「天守《てんしゅ》」（「天主」とも）と表現される構造物と共通するも

甲斐新府城南の枡形

のであろう。

城門

城の内外を結ぶ最も重要な防御施設で、中世全般を通じて、多数の史料にその記述が見出せる。南北朝期以降、城門を指す言葉として、「木戸」「城戸」、東国では「戸張《とばり》」の文言がよく使われる。十六世紀に入ると先に挙げた言葉に加え、「虎口《こぐち》」（小口）という城の出入口を指す文言も城門に関連して使用された。

ところで、『太平記』の建武《けんむ》五年（一三三八。＝延元《えんげん》三年）二月に見える越前新善光寺《えちぜんしんぜんこうじ》城（福井県越前市）の攻防戦では、斯波《しば》氏の軍勢が城外で新田義貞《にったよしさだ》の兵に攻められ、「城へ籠ラント逃入勢共、己ガ拵タル木戸逆木ニ支ラレテ、城へ入ベキ逗留モナカリケレバ、新善光寺ノ前ヲ府ヨリ西へ打過ル」と記されている。戦国時代に入り、城門の周囲には「馬出《うまだし》」や「枡形《ますがた》」が築かれ、城内で最も進化した構造物となるが、それは新善光寺城のような兵の出入りに不自由な城門が、かつて設けられていたためであろう。

櫓同様、十六世紀には門も堅牢な構造物へと発展した。天正十一年

（一五八三）四月に羽柴秀吉に攻められて落城寸前の越前北庄《きたのしょう》城（福井市）に「石柱鉄扉重々搆《かまえ》」と見え（『柴田退治記《しばたたいじき》』）、天正十四年（一五八六）の武蔵鉢形《はちがた》城（埼玉県寄居町）には「南二階御門」（『諸州古文書』）、慶長《けいちょう》五年（一六〇〇）の関ヶ原の戦い直前の美濃岐阜城（岐阜市）本丸には「埋門《うずみもん》」（『松雲公採集遺編類纂《しょううんこうさいしゅういへんるいさん》』）の存在が認められる。

城内の建造物

城の中心となる建物としては、「屋形《やかた》」と「主殿《しゅでん》」がある。通常、城の中核となる「本城《ほんじょう》」（「根《ね》城《じろ》」「実城《みじょう》」「本丸《ほんまる》」とも）に構えられるが、大永《たいえい》四年（一五二四）における安芸《あき》厳島《いつくしま》勝山《かつやま》城（広島県廿日市市）の大内義興《おおうちよしおき》屋形《やかた》では、『棚守房顕手記《たなもりふさあきしゅき》』に「当嶋勝山ノ二重ニ屋形ヲ立」と見え、「二重」（＝二の丸）に屋形が構えられていることがわかる。

また、駿河《するが》・相模《さがみ》国境の足柄《あしがら》城（神奈川県南足柄市から静岡県小山町にかけての足柄峠にあった城）では「安藤の曲輪《くるわ》を見舞い用の陣所とし、ことごとく前にあった陣所を破壊し、平にして、二ヶ所の矢倉に番衆を配置し、新しい陣屋の完成を待て」と（神原武男所蔵文書）、臨時の施設だが、北条氏政《ほうじょううじまさ》滞在用の陣屋は、足柄本城ではなく「安藤曲輪」に構えられる予定であった。このほか、城内には、台所、広間・会所、蔵、馬屋、鷹部屋の存在を示す史料も残っている。

また、城内に多数の家臣屋敷が建てられたことを伝える史料もある。例えば『丹後国御檀家帳』の丹後《たんご》日置《ひおき》向山《むこやま》城（京都府宮津市）の記事には、「ひをきむこ山の御城（御内衆の家三拾軒斗）」とあり、丹後吉永城《よしなが》（京都府京丹後市）の記事には「御城に御内衆の家五十軒斗《ばかり》あり」と見える。また、『宗像軍記《むなかたぐんき》』に見える永禄五年（一五六二）に完成したばかりの筑前蔦岳城《ちくぜんつただけ》（福岡県宗像市）の描写には、「群臣ノ家ハ山上ヨリ山下ニ立ナラへ。赤馬ノ町口吉富マテ商売ノ棚造出」とある。さらに、大和多聞城《やまとたもん》もルイス・フロイスの『日本史』に、城内に多数の家臣屋敷が立ち並んでいたとする記述が見られる。

これとは逆に、城内に適当な建物がなかった城もあった。例えば『伊達日記』に見える天正十六年（一五八八）の陸奥西城《むつにし》（福島県田村郡内）の記述には、「その夜は陸奥西城と申す城があり、若狭なる者が治める地へ政宗《まさむね》が向かうと仰せ付けたところ、しかるべき宿泊場所がないとのことで、にわかに東の山に野陣をなさった」と、伊達政宗が城内に逗留《とうりゅう》するのに相応しい建物がないので野陣したとある。当時、同様な構造の城郭は少なからず存在したのではないだろうか。

山上・山下

山城《やまじろ》では山上と山下に、城主の居住地が置かれた。山上に居住地があった例としては、毛利氏の居城である郡山城《こおりやま》（広島県安芸高田市）が挙げられる。毛利元就《もとなり》の屋形《やかた》は「かさ」、すなわち郡山城最高所の郭《くるわ》にあり、長男隆元《たかもと》の屋形は「尾さき」、つまり「かさ」南方尾根の先端郭にあった。『川角太閤記《かわすみたいこうき》』では、この城を「御居城ハ山家にて御座候」と表現している。また、『イエズス会日本年報』によると、豊前妙見岳城《ぶぜんみょうけんだけ》（大分県宇佐市）は、大友宗麟の次男田原親盛《たばるちかもり》が山上の城に居て、山下には親盛に家督を譲った田原親賢《ちかたか》が居たと記している。

山麓に城主の館が構えられた事例も多い。『太平記』に見える河内赤坂《かわちあかさか》城（大阪府千早赤坂村）の「己ガ館ノ上ナル赤坂山ニ城郭ヲ構へ」という記事のほか、越前杣山《えちぜんそまやま》城（福井県南越前町）や備前三石《びぜんみついし》城（岡山県備前市）も同様の館と城であった。時代が下って文明《ぶんめい》十四年（一四八二）閏七月、越前朝倉氏の居城一乗谷《いちじょうだに》（福井市）は火災となり、『大乗院寺社雑事記《だいじょういんじしゃぞうじき》』に「朝倉館の大火事は失火であり、随分多くの人が亡くなったという。ただし、当主と朝倉城は無事であった」と見えていて、すでに屋形と城が共に存在したことが窺える。『山田聖栄自記《やまだしょうえいじき》』に見える戦国時代前期の薩摩島津氏の居城清水《しみず》城（鹿児島市）は、「屋形作ハ麓《ふもと》ニ有」、「主殿十二間同御厩雑賞所迄作揃」と、麓に主殿や馬屋が建てられたことがわかる。

攻城と防戦

攻城

攻城には、大きく分けて、
①岸や土塁・堀、塀を乗り越え、もしくは破壊し、城内に強行突入する方法、
②付城《つけじろ》・陣城《じんじろ》を築き、もしくは城壁の際まで取り詰め、時間を懸けて包囲する方法、
③城内に内応者を誘い、城兵が攻城兵を引き入れる方法、
の三種類がある。

城内への突撃は、『太平記』の河内赤坂・千早《ちはや》城攻めにその様子が記されており、南北朝期の攻城戦ではよく見られ、戦国時代にもこの戦法はしばしば行われていた。特に城兵が小人数の場合は有効な手段であった。しかし、多大な犠牲を払うこともあり、元亀《げんき》二年（一五七一）八月の大和多聞城に対する向城《むかいじろ》、辰市《たついち》城（奈良市）を松永久秀《まつながひさひで》が攻めた際には、攻城兵が塀に登ったところ、塀が崩れ、攻城兵は堀に落下し、そこを筒井《つつい》勢の後詰めの軍勢に襲われて、松永勢は大打撃を蒙っている（『尋憲記《じんけんき》』）。また、羽柴秀吉による天正《てんしょう》六年（一五七八）六月の播磨神吉《はりまかんき》城（兵庫県加古川市）攻めも、堀に突撃した若武者三百人が即座に討死したため、突撃を中止して包囲戦に変更したことや、攻城には成功したものの、高い切岸《きりぎし》を登る際に多くの戦死者・負傷者を出した島津氏による天正十四年（一五八六）七月の筑前岩屋《ちくぜんいわや》城（福岡県太宰府市）攻めなど、困難な攻城戦が行われた事例もある。

城への突入時には、しばしば道具が使われることもあった。例えば、急な岸を登る場合には熊手《くまで》が用いられ、鎌倉幕府軍による元弘《げんこう》元年（一三三一）九月の山城笠置《かさぎ》城（京都府笠置町）攻めや、羽柴秀吉による天正五年（一五七七）十二月の播磨上月《こうづき》城（兵庫県佐用町）攻めでの使用が伝えられている。熊手は、元弘元年の河内赤坂城攻めでは、塀を引き崩す道具としても使われたようだ。また、攻城の際には、岸を登るための梯子《はしご》や、堀を渡るための橋が用いられた。なお、珍しい道具の例として、肥《ひ》前島原《ぜんしまばら》へ進攻した龍造寺《りゅうぞうじ》勢が、先の尖った短い棒を多数持参していたことが挙げられる（『イエズス会日本年報』）。この棒は、城壁に突き刺して城内へ侵入する足場として使用するものであった。

また、城内へ攻め入るために、城の防御施設を破壊することも、中世・戦国時代の攻城戦では、しばしば行われた。史料に最もよく見られる防御施設の破壊例として、堀を埋める方法がある。その早い事例としては、文治《ぶんじ》五年（一一八九）八月の源頼朝《みなもとのよりとも》軍による奥州藤原氏の長大な防御線、陸奥阿《あ》津賀志山《つかしやま》防塁（福島県国見町）の攻略がある。『吾妻鑑《あずまかがみ》』には「重忠は八十人ばかりの人夫に鍬《くわ》や鋤《すき》を用意させると、土石を運ばせ堀を埋めさせた。あえて人馬を煩わせなかった」と見え、畠山重忠《はたけやましげただ》による堀埋めが実施されたことがわかる。このあとも、南北朝期から戦国時代までは、各地の攻城時に堀埋めが実行された。

城の塀や櫓が破壊される事例も多い。塀は、先に挙げた熊手のほか、天正三年（一五七五）の三河《みかわ》長篠《ながしの》城（愛知県新城市）攻めでは、甲斐の武田軍が鹿の角を塀に引き掛け、塀を倒そうとした（『当代記《とうだいき》』）。島原へ向かった龍造寺軍は、塀を壊す鉄の鉤《かぎ》も準備していた（『イエズス会日本年報』）。櫓の場合は、投石で破壊されることがあるほか、戦国時代には大鉄砲の玉が打ち込まれ、崩されることもあった。

坑道《こうどう》による攻城も行われた。永禄《えいろく》六年（一五六三）九月の出雲白鹿《いずもしらが》城（島根県松江市）攻めでは、毛利軍が穴を掘り進め、これ対して城方も穴を掘って、穴の中で槍合わせがあったとされる。また、天正十年（一五八二）の備中高松《びっちゅうたかまつ》城（岡山市北区）攻め、天正十二年（一五八四）の美濃竹ヶ鼻《みのたけがはな》城（岐阜県羽島市）攻め、天正十三年（一五八五）の紀伊太田《きいおおた》城（和歌山市）攻めなど、羽柴秀吉による一連の水攻めも、城全体を水没させるという、大規模な城全体を破壊する攻城法と言えよう。

建造物の破壊には、火が用いられることもある。例えば、応永《おうえい》六年（一三九九）の室町幕府軍による和泉堺城攻めでは、攻城軍は大きな「左義長《さぎちょう》」（竹を主材料にして、円柱状、あるいは円錐形・方形などに組んだもの）を作り、それに火を付けて倒し掛けて、櫓を焼き払っている。火矢《ひや》による攻撃もあり、北郷忠相《ほんごうただすけ》による天文《てんぶん》十二年（一五四三）五月の日向志和池《ひゅうがしわち》城（宮崎県都城市）攻撃の際には、火矢で城内が火災となり、その後、城方は降伏している。

防戦

突進して来る攻城兵に対して、城を防ぐ側は石や大木を投げたり、弓や鉄砲を発射したり、塀柵に近づくと槍や刀で応戦した。加えて、元弘元年（一三三一）十月の鎌倉幕府軍と楠木正成《くすのきまさしげ》軍との河内赤坂城攻防戦では、城壁に近寄る幕府軍に柄杓《ひしゃく》で熱湯をかける防戦法や、天正四年（一五七六）二月の有馬晴信《ありまはるのぶ》軍と龍造寺隆信《りゅうぞうじたかのぶ》軍との肥前横造《よこぞう》城（佐賀県鹿島市）攻防戦では「から灰を撒き、暗闇のようになったところ」と、煙幕が使用された事例も伝えられている（「佐賀藩諸家差出戦功書」）。先に挙げた大和辰市《たついち》城攻防戦や、三河長篠《ながしの》城攻防戦のように、敵兵を城へ引き付け、背後を後詰の軍勢に襲わせる防戦法も、多数認められる。

攻城中には、敵方から城の防御施設の破壊が実施されたが、こうした動きに対しては、防御施設の補強が施された。例えば、天文二十四年（一五五五）九月の毛利元就と陶晴賢《すえはるかた》による安芸宮尾《みやお》城（広島県廿日市市）攻防戦では、「矢倉も掘り崩されそうだったが、兵士の着るものを破り、縄に繋いで補修した」とあり（「森脇覚書」）、三河長篠城攻めを回想した徳川家康は、武田方の銃撃で塀は土が落ち、戸板は穴だらけになったが、破損箇所に「莚畳《むしろだたみ》」を立て掛けて補強していた、と語っている（『徳川実紀』）。

包囲

『太平記』には、すでに城の防御施設のすぐ際《きわ》に陣屋を作り、城を囲む様子や、向城《むかいじろ》を築いて長期戦に持ち込んだ記事が見られる。こうした攻城法は、戦国時代にはさらに進化し、「仕寄《しより》」と称して城際に柵や竹束を取り付けて詰め寄る事例や、出雲月山富田城《がっさんとだ》（島根県安来市）に対する勝山城《かつやま》（安来市）や京羅木山城《きょうらぎさん》（島根県松江市）、備中鍛冶山城《かじやま》（岡山市北区）に対する宮路山城《みやじやま》（岡山市北区）など、「畝状竪堀群《うねじょうたてぼりぐん》」を多用した、手の込んだ攻城用城郭が構えられた事例がある。

向城・付城《つけじろ》は、攻城対象に近接して築かれる城を指している。攻城のための向城は『太平記』にも記述が見えるほか、南北朝期の軍忠状《ぐんちゅうじょう》（参陣や軍功などを証する書類）にも多数確認される。ただし、必ずしも攻城対象に近接して築かれたわけではなく、戦国時代に入ってからも武蔵岩付城《いわつき》（さいたま市岩槻区）に対する同国花崎城《はなさき》（埼玉県加須市）のように、攻撃対象から二十キロ以上も離れた城を、向城と認識することもあった。付城の文言は戦国時代に登場し、より敵城に近接して築かれた城を指すようになる。

向城・付城による攻城のほか、城の周囲を柵・塀・堀で取り囲む包囲戦も、戦国時代にはよく見られた。こうした戦いも、すでに南北朝期には採用されており、『太平記』によると、康永《こうえい》二年（一三四三）十二月の山名時氏《やまなときうじ》による丹波高山寺城《たんばこうざんじ》（兵庫県丹波市）攻めでは、「高山寺ノ麓二、三里ヲ屏ニヌリ籠テ食攻ニシケル間、（荻野《おぎの》）朝忠《ともただ》終ニ戦屈シテ降人ニ成テ出ニケリ」とある。

また、永禄十一年（一五六八）の布施氏による大和高田《たかだ》城（奈良県大和高田市）包囲戦では、『多聞《たもん》院日記《いんにっき》』に「布施ヨリ廻ニ十三押ノ城、惣ノマワリニ堀ヲ二重ホリ、モカリ（虎落）ヲユイ廻テ、二間・三間ニナルコ（鳴子）ヲ懸テキヒシク（厳）責了、雖然是ニ不落して開名了、一身ノ面目也）」と見え、付城と包囲陣が組み合わされていた。この戦法は羽柴（豊臣）秀吉も、天正六年（一五七八）から八年に行われた播磨三木《みき》城（兵庫県三木市）攻めや、因幡《いなば》鳥取城（鳥取市）攻めで用いている。天正十五年（一五八七）の肥後和仁《わに》城（田中城。熊本県和水町）攻めや、天正十八年（一五九〇）の相模小田原城攻めに関しては、攻城の様子を描いた絵図も残されている。

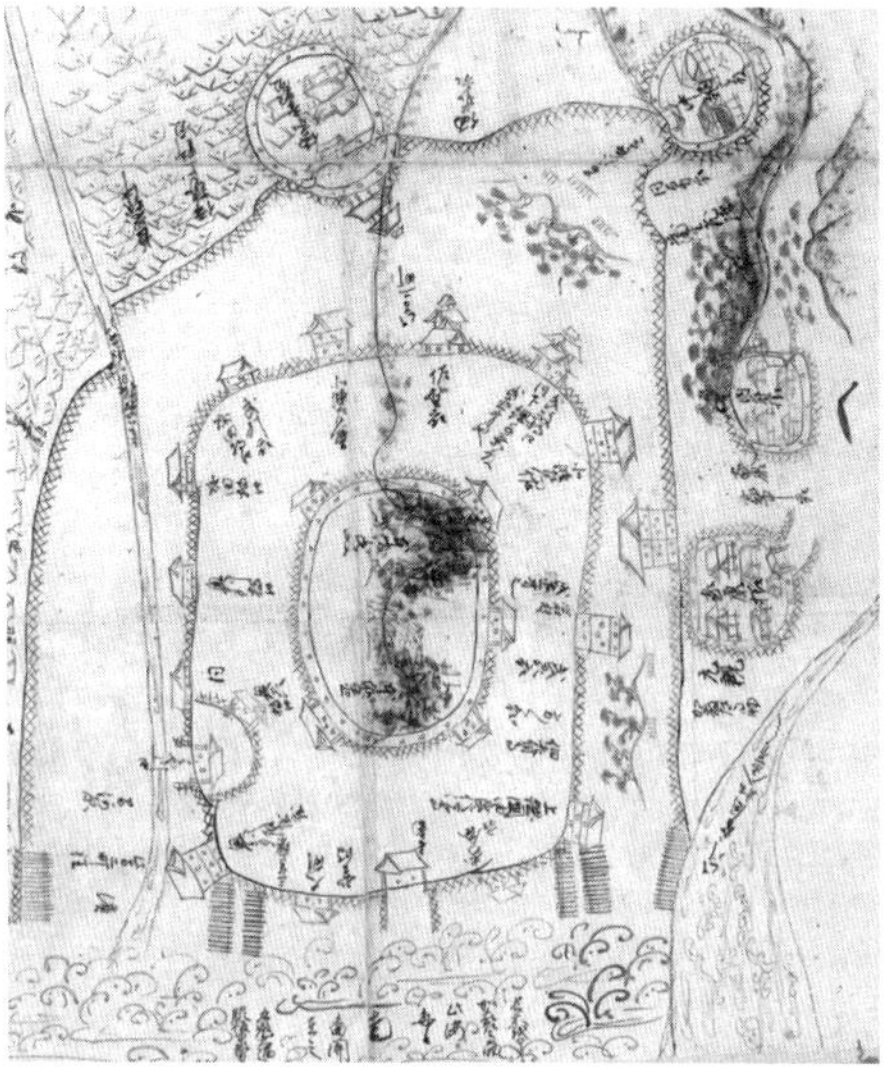
「小田原城仕寄陣取図」（部分）

包囲戦への対抗

秀吉率いる織田勢に包囲された三木城に対し、『別所長治記《べっしょながはるき》』は「荒木（村重）ガ端城兵庫鼻（花）熊ニ内通シ。丹生ノ山ニ一城ヲ取立。淡河《おうご》ノ城ヲ伝道トシテ従毛利家三木ノ城へ兵粮ヲ運入」と記し、三木城支援の毛利軍が、城郭網を整備し、補給路確保を試みたとある。また、この戦いで毛利勢は、織田方の付城《つけじろ》を落としており、こうした攻撃も包囲戦に対抗する有効な手段であったと考えられる。

内応

城内に敵の内通者がいて、敵兵を引き入れて城を落とす攻城法も見受けられる。永禄十二年（一五六九）十二月に、北条方の駿河蒲原《かんばら》城（静岡市清水区）を武田信玄は攻めるが、守備隊が積極的に敵と応戦する最中、城内に武田方への内通者が出て、攻城兵が城へ入り、城兵は本城へ戻って全員討死したとある（『鎌倉九代後記《かまくらくだいこうき》』）。

内通者の存在は、天正元年（一五七三）十一月の織田家・佐久間信盛《さくまのぶもり》による河内若江《わかえ》城（大阪府東大阪市）攻め、天正八年（一五八〇）の宇喜多直家《うきたなおいえ》による美作祝山《みまさかいわいやま》城（医王山《いおうやま》城とも。岡山県津山市）攻め、天正十四年（一五八六）の伊達政宗による陸奥二本松《にほんまつ》城（福島県二本松市）攻めなどにも認められる。

ただし、常にこの戦法が成功したわけでなく、天正元年七月の北条氏照《ほうじょううじてる》による下総関宿《せきやど》城（千葉県野田市）攻めでは、内通者が発覚して始末され、先述した天正八年の祝山城攻めでは、城兵の奮戦で内通者は城を追い出されている。

普請体制

　普請に関する史料は、九州北部の博多湾沿岸に築かれた元寇防塁《げんこうぼうるい》の石築地《いしついじ》に関するものを除くと、南北朝の動乱期を含め、中世前期では非常に少ない。おそらく、まだ戦国時代の城郭のように、切岸、堀・土塁の構築に力点が置かれていなかったことと関連するのであろう。十六世紀になると、城普請関連の史料は、全国的に多数見出せるようになる。そして、城普請は直接軍勢が行う場合と、家臣の知行地や、分国内の郷村《ごうそん》から普請人足が徴用され、実施される場合がある。

　まず、軍勢による普請であるが、攻落した敵城を再利用するための普請や、敵城攻略のための向《むかい》城《じろ》・付城《つけじろ》の構築、敵地からの侵攻を防ぐための要害構築の際に認められる。この場合、軍勢の戦闘員である武士と、軍勢内の陣夫《じんぷ》が普請に参加したと考えられる。そのため、普請道具の携帯も指示されており、小田原への参陣を促す天正十五年（一五八七）十二月の「北条氏照《ほうじょううじてる》朱印状写」には「一手前の普請これあるべし、くわ《（鍬）》・つるのは《（鶴嘴）》し覚悟いたすべし、まさかり《（鉞）》の儀」とある（「武州文書」）。あとで触れる在城衆《ざいじょうしゅう》・在番衆《ざいばんしゅう》など、守備隊による城普請もこれに該当する。

　郷村から普請人足が徴用される際は、最前線の城ではなく、領内の拠点となる城郭の普請を対象とした事例が多いようだ。この場合、臨時の人足賦課もあるが、特定の城に家臣知行地・郡・郷村から人足を定期的に出した事例がよく見られる。

大規模普請

戦国時代には、軍勢や郷村など、様々な対象から普請人足を徴用したが、城への大規模普請の際には、これらの普請人足を組み合わせたようだ。例えば、北条氏領内の上野厩橋城《こうずけまやばし》（群馬県前橋市）の普請は、天正十六年（一五八八）正月から二月にかけて行われた。まず、城郭在城者による普請が確認され、厩橋本堂曲輪《くるわ》に在城していた後閑《ごかん》氏には「このたびの分国中の大名たちに普請が命じられ、十日以内に到着するようにとのことである。厩橋に在城の曲輪のうちは、どのような普請であっても遠山修理亮《とおやましゅりのすけ》・葉山豊後《はやまぶんご》の指示通りに行うこと」と、正月二十九日から二月八日までの普請が命じられた（「後閑文書」）。

続いて時期が若干ずれるが、厩橋本城の普請は二月五日から行われる予定で、厩橋城周辺に住む百姓たちの中から人足が集められた（「静嘉堂本集古文書」）。厩橋城では、この時点で軍勢や郷村からの普請人足を組み合わせた大規模普請が実施されたのであろう。これは、『千学集抜粋《せんがくしゅうばっすい》』に見える下総鹿島城《かしま》（佐倉城の前身。千葉県佐倉市）普請の「人数ハ伊豆、相模・武蔵・上野・下野・常陸・下総・上総・安房、凡八ケ国の侍並人足まゐりて」の記述と、共通した普請体制と見なすことができる。

なお、普請時の人数と日数の関係について、興味深い記述がある。毛利氏の重臣吉川元春《きっかわもとはる》の居城であった安芸日山城《ひのやま》（広島県北広島町）の普請について、元春は「私のもとにいて普請を命令する時は、数百人が交代して行うように申し付ける。このように三十〜四十人で数十日をかけて普請を行えば大したことはない」と述べている（「岩国藩中諸家古文書纂」）。城普請は、小人数で長い期間作業を行うより、大人数かつ短期間で作業を進めるほうが、捗《はかど》っていたことを示している。

守備体制

警固

守備体制が顕著に見られるのは、先述した元寇防塁《げんこうぼうるい》で、要害「警固」に関する史料が多数残されている。南北朝の動乱期に入ってからも、城郭守備を表す文言として「警固」が使われ、数日から数ヶ月にわたって城兵が城に詰めていたことがわかる。「警固」は城郭守備限定で使用されるものではなく、陣や関《せき》の守備にも用いられていた。「警固」という表現は、十四世紀には全国的に用いられていたが、十五世紀に入ると使用例は激減する。

在城と城番

十五世紀に入ると、「警固」という文言に替わって、城郭守備を表す文言として「在城」が登場する。これは、単に城への籠城《ろうじょう》、もしくは一時的な駐屯を意味する場合もあるが、在城者に所領を宛行《あてがわ》れ、一定期間、城に駐屯して守備に就くことを指す場合が多い。この所領は「城領所」「在城料」などと呼ばれた。

十五世紀後半には、寛正《かんしょう》六年（一四六五）の筑前荒平城《ちくぜんあらひら》（福岡県朝倉市）、文明《ぶんめい》十一年（一四七九）

の長門賀年城《ながとかね》（山口市）、文明十二年の筑前岩屋城《いわや》（福岡県太宰府市）など、周防大内氏《すおうおおうち》関連の史料を中心に、主に西国で「在城」文言が多数見出せる。

十六世紀に入ると、「在城」の文言は全国的に見られるようになり、地域支配の拠点となる城や、境目の要衝を占める城で在城が行われた。

このほか、中世城郭の守備形態を示す文言として、「番」がある。交替で要害を守備する「番」体制は、すでに鎌倉時代の元寇防塁に見られ、武士たちは一ヶ月から三ヶ月ほど、交替で防塁守備にあたっていた。南北朝期には、筑後竹井城《ちくごたけい》（福岡県久留米市）で「大手矢倉番役三日三夜勤仕せしめ候」とあり（「南里文書」）、初代鎌倉公方・足利基氏《もとうじ》の宿営地である武蔵入間川御陣《むさしいるまがわごじん》（埼玉県狭山市もしくは入間市）では「二番衆として、今月一日より同晦日に至り、勤仕せしめ候畢《おわんぬ》」と見える（「古簡雑纂」）。十五世紀でも、数は少ないが城への番が認められる。

ところが十六世紀に入ると、「城番」「在番」文言は、先に述べた「在城」文言よりも遥かに多くなり、全国各地で爆発的に増加した。戦国期で最も普及した城郭守備体制であったようだ。城番のメリットは、変化する戦況に応じ、各城への兵員配置を柔軟に変更できることにあろう。また、上総勝浦城《かつうら》（千葉県勝浦市）の番に関する北条氏政《うじまさ》の書状には「勝浦城に何年籠城しても、人さえ入れ替えれば、矢と兵粮はここから運ぶので」と見え（『正木武膳家譜』）、城兵を交替させることで肉体的・精神的ストレスを防ぎ、城にとって最良の防戦態勢を維持できたようだ。

ただし、番と言っても、弘治《こうじ》二年（一五五六）の石見都賀行城《いわみつがゆき》（島根県美郷町）のように、「今度都賀行為城番申付候、然者於都賀行ニ七拾貫之地遣置候」（『萩藩閥閲録《はぎはんばつえつろく》』）と、守備にあたって知行地が宛行《あてがわ》れていることから、実質的には長期在城と変わらない事例もある。

北条氏や武田氏の城郭関連史料には「在城衆」と「在番衆」「番手衆」が明確に区分されており、在城制と在番制を組み合わせた守備体制が採られていた。こうした守備体制の複雑化により、城内統制のための「城掟」の制定が必要であったのであろう。

おわりに

史料の記述を中心に、中世・戦国期城郭の歩みを概観してみた。ただ、今回取り上げたような史料に名を留める城は少数で、残存する多数の城跡は、築城理由や使用状況が不明のままである。そのため、今回触れなかった遺跡・遺構を読み解く城跡研究は、今後、史料によって伝えられていない中世・戦国史に迫る有力な研究の一端を担うことであろう。

主要参考文献

西ヶ谷恭弘編『城郭の見方・調べ方ハンドブック』（東京堂出版、二〇〇八年）
西股総生『「城取り」の軍事学』（学研パブリッシング、二〇一三年）
松岡進「『居館』概念の成立過程小考」（『中世城郭研究』二〇号、二〇〇六年）
村田修三編『中世城郭事典』第一巻～第三巻（新人物往来社、一九八七年）

佐脇敬一郎（さわき・けいいちろう）

一九六三年生まれ。柏市史編さん委員会参与。
主要業績：「戦国の橋と城」（『戦国史研究』五〇号　二〇〇五年）、「中世軍勢の工兵隊化について――攻城時土木作業の進展」（『城郭史研究』三三号　二〇一三年）など。

戦国時代の水軍と海賊

はじめに——水軍・海賊の定義

水軍《すいぐん》について、最大公約数に近い定義を提示するならば、軍事的運用を目的として編成された船団《せんだん》、ということになるだろう。規模の大小、編成方式（臨時・常備）の相違などがあるとしても、古今東西の水軍や海軍に適用し得る定義である。

戦国時代の水軍について、特徴を見出そうとする場合に着目すべきは、領域権力が編成の主体となっていたことであろう。戦国時代には、日本全域で領域権力（戦国大名・国衆《くにしゅう》）が形成され、海浜《かいひん》・島嶼《とうしょ》・港津《こうしん》なども支配の対象とされた。そして、沿海部で領域支配を展開する権力が直接・間接を問わず、船舶《せんぱく》や海民を軍事的に動員し、あるいは軍用船を保有して、大小の水軍を編成したのである。

なお、戦国時代の水軍に関しては、海賊《かいぞく》と同義に捉えられることも多い。しかし、水軍と海賊は必ずしも一致しない。確かに、海賊は水軍の重要な構成因子であったものの、水軍全体が海賊によって構成されるとは限らなかった。

その一例が玉縄北条氏《たまなわほうじょう》（相模《さがみ》〈神奈川県〉北条氏の一門で、相模玉縄城を拠点とした）であり、房総《ぼうそう》（千葉県）の里見氏《さとみ》による海上攻勢を防ぎつつ、房総半島に渡海する上で、独自に水軍を編成しており、当主が座乗《ざじょう》する大船まで所持していた。玉縄北条氏の所領は、三浦半島から神奈川湊《みなと》（横浜市神奈川区にあった港）周辺にも展開しており、この地域の海民や造船技術などによって、玉縄北条氏は水軍を編成したのである。また、伊勢《いせ》（三重県）の国衆《くにしゅう》である田丸氏《たまる》（伊勢北畠氏《きたばたけ》庶流《しょりゅう》）も、南伊勢の沿岸地域に領域を展開し、志摩《しま》（三重県）海賊の九鬼氏《くき》と同様に、織田氏や豊臣氏から水軍としての軍《ぐん》役《やく》を求められた。

このように、海賊ではなかったとしても、所領に海浜・港湾などを有して、船舶や海民を軍事的に動員・組織する要件を満たしていれば、水軍の編成は十分に可能であった。

もっとも、水軍と海賊を同一視できないとすると、水軍とは別に、海賊の定義を提示する必要も生じてくる。これも最大公約数的に整理するならば、規模の大小を問わず、海上活動を存立の主要基盤とする軍事勢力、ということになるだろう。ただし、この定義を適用できる勢力は古代から存在しており、戦国時代の特色とは評価しがたい。

戦国時代における海賊の存在形態は多様ながら、領域権力との関係性を指標にすると、基本的に①領域権力が編成した水軍に参加し、あるいは編成・指揮まで委ねられる海賊（甲斐《かい》〈山梨県〉武田家中の小浜氏《おはま》や、相模北条家中の梶原氏《かじわら》など）、②領域権力として自立する海賊（瀬戸内海の芸予《げいよ》諸島を拠点とした能島村上氏《のしまむらかみ》や、来島《くるしま》村上氏など）に大別できる。

さらに、海上活動を展開する軍事勢力を指す概念用語としての海賊と、史料上で軍役の内容を示す「海賊」の文言も、ある程度区別して捉えなければならない。例えば、駿河《するが》（静岡県）今川《いまがわ》氏の領国では、戦時に「惣海賊」と称して船舶を軍事動員する体制が整備されており、土豪《どごう》や商人から寺院の持船まで動員の対象としていた。このように、水軍の成員の性質を問わず、海上軍役を「海賊」の文言によって表現することもあったのである。

海賊の存在形態

海賊を海上勢力として存立させた活動の内容は、海路の支配、廻船《かいせん》の運用、漁業の経営、海上の軍役などの多岐にわたる。特に海上交通への関与は、状況次第で暴力的・強制的に執行されるため、無法行為をなす主体として、古来より「海賊《かいぞく》」と称される主因となる一方で、海上交通の安全を請け負う存在として「警固《けいご》」と称されることもあった。つまり、「海賊」「警固」とは、海上交通との関わり方の二面性によって生じた呼称だったのである。なお、内海地域（瀬戸内海や伊勢湾など）では、船舶を安定的に運用できる一方で、航路に対する監視や干渉も相対的に容易であり、海上交通から利潤を吸い上げた海賊の成長を促進する一因となった。

ところで、戦国時代の海賊については、その自立性がしばしば指摘されるものの、すべての海賊が高度の自立性を有したわけではない。

瀬戸内西部の能島村上氏や来島村上氏は、確かに状況に応じて帰属先を変更した。しかし、こうした動向は、戦国大名と国衆の間で普遍的に確認される事象であって、海賊の特殊性として捉えることは不適当である。能島氏や来島氏の場合も、上位権力との主従関係を前提とせずに支配領域を形成することで、国衆《くにしゅう》として自立性を保持したのであって、海上活動が自立性を担保していたわけではない。戦国時代において、自立性を確保する要件は、海陸のいずれでも、勢力の規模や自己完結性であった。

このように、国衆としての性格を見出せる海賊が存在する一方で、所領や港湾の支配について自己完結性を欠くために、戦国大名などの領域権力と深く結合し、その水軍を構成する海賊も存在した。自立性の有無や高低によって、海賊の定義を論じるべきではないのである。

また、海上という環境を過度に特殊視することは、かえって海賊をめぐる議論があらぬ方向に誘導される懸念もある。能島氏や来島氏の場合、能島・来島とその周辺の島のみを支配するのではなく、瀬戸内海西部の広い範囲に所領を扶植《ふしょく》し、さらに船舶を運用することで、各地の所領を航路によって連結・維持した。こうした状況は、確かに海賊としての特性を想定させるかもしれない。しかし、三河《みかわ》（愛知県）国衆の田原戸田《たはらとだ》氏が渥美《あつみ》半島一帯、尾張《おわり》（愛知県）国衆の大野佐治《おおのさじ》氏が知多《ちた》半島の西岸中部に領域を形成する一方で、知多半島南端の幡豆崎《はずざき》を共同で支配した事例などを考慮すると、海賊のみが船舶を駆使し、遠隔地の所領を保持していたと理解することはできない。

また、海賊の軍事行動は、必ずしも海上戦闘に限定されていなかった。例えば、来島氏は来島を中核とする支配領域を形成しつつ、伊予《いよ》（愛媛県）の河野《こうの》氏を支える立場にもあった。特に永禄《えいろく》十一年（一五六八）の鳥坂《とりさか》合戦では、来島氏の軍勢が河野方の中心となって、土佐《とさ》（高知県）の一条《いちじょう》氏による伊予国侵入を退けている。このように、領域権力として自立する海賊は、その動員力によって、陸上戦闘でも中心的な役割を果たし得たのである。

なお、国衆ではないが、讃岐《さぬき》（香川県）の塩飽《しわく》衆や紀伊《きい》（和歌山県）の雑賀《さいか》衆も、自立性を保ちつつ、水軍を編成・運用していた。塩飽衆は瀬戸内海で廻船事業を展開しており、論者によっては、海上活動が自立性を担保した事例に位置づけるかもしれない。しかし、塩飽衆は塩飽諸島、雑賀衆は紀ノ川《きのかわ》河口部周辺という特定の領域の中で結合した集団であり、戦国大名や国衆とは類型を異にするとしても、広義の領域権力に分類すべきである。さらに、塩飽衆の場合は操船能力、雑賀衆の場合は鉄砲運用能力が勢力の規模を補い、自立性を保持させたということだろう。

水軍をめぐる呼称

戦国時代において、「水軍」という文言を一次史料で確認することはできない。つまり、「水軍」の語彙《ごい》は、学術用語・概念用語として捉えるべきである。また、各地の領域権力が編成した水軍について、現在では「海賊衆《かいぞくしゅう》」の呼称を適用することが多い。ただし、この場合の「海賊衆」とは、水軍と同様に便宜的な呼称である。つまり、同時代史料で「海賊衆」（または「海賊」）の文言を確認できる地域は、関東・東海（三河以東）が中心であって、日本全域に広がっていたわけではなかった。

その一方で、水軍論・海賊論が主要な対象とする瀬戸内海において、水軍を表現する史料上の文言は「警固衆《けいごしゅう》」（または「警固」）が主流であって、「船手《ふなて》」（「船の部隊」の意味）の文言も使用されていた。なお、「海賊」の文言自体は、早くから使用されており、海上の軍事活動を「海賊」文言によって表現する慣習も、南北朝期には成立していた。ところが、室町時代の瀬戸内海では、海賊や海上軍役に関する呼称を転換させる要因が存在した。すなわち、足利将軍家が海賊に対して、瀬戸内海を航行する外国船や遣明船《けんみんせん》などの警固役をしばしば命じ、戦国期には海賊・海上軍役は「警固」の文言によって表現されるようになったのである。

しかし、三河湾以東では、海賊を警固役に動員する事案が相対的に少なく、海賊・海上軍役に「海賊」の文言を使用する慣例が残り、戦国時代には、領域権力が編成した水軍やその成員に「海賊衆」の文言を適用するようになったのである。

このように、「警固衆」「海賊衆」とは、地域差によって生じた文言の相違でしかなく、その性質に大きな差異を見出すことはできない。

ところで、十六世紀末から十七世紀初頭にかけて、東西共に水軍の呼称は「船手《ふなて》」が主流になっていく。そして、この変化は豊臣政権の成立と関連していた。

織田家臣時代の羽柴（豊臣）秀吉は、一五七〇年代後半から中国地方の経略にあたり、まず東瀬戸内地域（播磨《はりま》〈兵庫県〉など）で領国形成を開始したこともあって、同地域で「警固衆」と並行して使用されていた「船手」の文言を水軍の呼称として用いた。その秀吉が、最終的に日本全域の領域権力を統合したため、豊臣政権下の諸大名も水軍の呼称を「警固衆」「海賊衆」などから「船手」に切り換えるようになったのである。さらに十七世紀以降に政治秩序を主導した徳川将軍家も、東海大名の時代に「海賊衆」文言を使用していたが、やはり豊臣政権のもとで「船手」文言を採用し、政権掌握後も「船手」文言の使用を継続した。

こうして、戦国時代の終盤に至り、水軍を表現する文言は、豊臣政権によって「船手」に塗り替えられていき、徳川将軍家のもとで固定化された。つまり、「船手」文言の普及とは、豊臣秀吉の領域支配が東瀬戸内地域から始まったことを起因とした現象であり、文言自体が特別な意味を有したわけではなかったのである。

水軍編成のあり方①——安芸毛利氏の事例

戦国大名（および国衆《くにしゅう》）の水軍は、①直属の水軍、②従属勢力の水軍、によって構成された。そして、海賊の軍事活動も、自立性の強弱によって、①②の類型のいずれかに分類できる。すなわち、領域権力として自立し得る海賊は、従属関係のもとで水軍を率いて参陣し（②）、自立し得ない海賊は大名権力と結合して水軍編成を請け負った（①）のである。

戦国時代に水軍を編成した戦国大名としては、安芸《あき》（広島県）の毛利氏の事例がよく知られている。元来、毛利氏は安芸国内陸部の国衆であったが、元就《もとなり》の代に勢力を拡大し、やがて瀬戸内海の西部一帯に領国を形成するようになった。その過程において、毛利氏は佐東川《さとうがわ》（広島市を流れる太田川の、下流での名称）河口部を拠点に、直属水軍の川ノ内警固衆《かわのうちけいごしゅう》を編成する一方で、一門化した小早川《こばやかわ》氏にも水軍を編成させ、さらに村上諸氏（能島《のしま》・来島《くるしま》・因島《いんのしま》）などを水軍に参加させていった。

また、水軍への参加は、海上活動の展開や沿海地域の支配について、代を重ねることを不可欠としておらず、戦国大名が海上軍役を務める家を新規に創出した事例も存在する。例えば、毛利氏譜代の児玉就方《こだまなりかた》は、安芸草津《くさつ》城（広島市西区）に入部《にゅうぶ》することで、川ノ内警固衆の中心的存在となり、その活動は子息の就英《なりひで》にも引き継がれた。

さらに毛利氏は、周防《すおう》（山口県）の大内《おおうち》氏を滅亡させると、大内氏警固衆の沓屋《くつのや》氏などを児玉就方の指揮下に組み込んでおり、領国の拡大に伴って、毛利氏が児玉氏の権限を順次拡充していった状況も確認できる。そして、小早川氏も庶流の乃美《のみ》（浦《うら》）宗勝《むねかつ》に水軍の指揮や村上諸氏との折衝を委ねつつ、隆景《たかかげ》（元就の三男）の家督継承に際して毛利家中から出向した井上春忠《いのうえはるただ》にも水軍を指揮させていた。

こうした譜代家臣の登用は、向背《こうはい》が定まらない従属勢力に依存せず、より信頼性の高い水軍編成体制を整備しようとする動向としても位置づけられる。毛利氏の場合、能島氏や来島氏に離反されることもあったが、水軍全体の瓦解《がかい》には至らず、むしろ能島氏や来島氏を圧倒して、再度従属させている。領域権力として存立していた海賊であっても、戦国大名の成長・成熟に伴い、自立性の幅を狭められていったのである。

水軍編成のあり方②――戦国大名と伊勢湾・紀伊半島の海賊

関東・東海の水軍編成においては、伊勢湾や紀伊半島の海賊が大きな存在感を示した。伊勢湾や紀伊半島では、畿内の経済圏と太平洋海運の結節点という環境から廻船《かいせん》業が盛んであり、かつ捕鯨《ほげい》などの漁業も発達していた。そして、この海域に蓄積された海事技術を軍事面で運用した海賊が、戦時に高い技量を発揮したのである。

そのため、相模《さがみ》北条氏や甲斐《かい》武田氏は、伊勢・紀伊方面から海賊を招聘《しょうへい》し、むしろ領国で発祥した海賊よりも重用するようになった。また、こうして関東・東海に渡海した海賊は、領域権力としての自立性を持ち得ず、主家から与えられた権限によって海上活動を維持・展開した。具体的には、武田氏海賊衆の向井《むかい》氏が竹木の伐採地を指定された事例や、北条氏海賊衆の梶原《かじわら》氏が直轄領からの番銭《ばんせん》徴収を認められた事例などを指摘できる。

さらに志摩《しま》国では、九鬼《くき》氏が尾張《おわり》織田氏と結びつき、領域権力として成長するようになった。元来、志摩国の諸海賊は、伊勢国司《いせこくし》の北畠《きたばたけ》氏に従属していたが、北畠氏が織田信長に従属し、信長次男の信雄《のぶかつ》が北畠氏の家督を相続すると、九鬼嘉隆《よしたか》は信長・信雄父子から志摩海賊を束ねる立場に引き立てられた。

また、九鬼嘉隆は織田信長の命令で大船六艘を建造して、天正《てんしょう》六年(一五七八)から大坂湾に出動し、北畠信雄から提供された水軍と共に、大坂本願寺《ほんがんじ》の海上封鎖にあたりつつ、毛利氏や雑賀衆《さいか》の水軍と対峙した。そして、こうした軍事行動を通じて、九鬼嘉隆は志摩海賊との紐帯《ちゅうたい》を強め、やがて織田氏との関係を前提とせずに、領域・家中を運営するに至った。

その一方で、九鬼氏の台頭に圧迫された志摩海賊の一部は、甲斐武田氏に招聘されて駿河《するが》湾地域に移り、武田氏の海賊衆に参加して海上活動を継続した。特に小浜《おはま》氏は、武田氏滅亡後も徳川氏の海賊衆として重きをなし、十七世紀初頭に徳川将軍家が成立すると、一六二〇年代から大坂船手《ふなて》に起用され、大坂城下の水軍を統括しつつ、西国大名の水軍を監察した。このように、戦国時代終盤から江戸時代初頭とは、伊勢湾や紀伊半島の海賊が関東・東海の戦国大名と結びつき、特に織田氏と徳川氏の西国進出に対応して大坂湾に進出した時代でもあった。

水軍運用のあり方

水軍の活動としては、兵員や物資の輸送（および情報の通信）、海上交通の遮断、敵対勢力の領域沿岸に対する襲撃などが挙げられ、状況によっては、こうした活動を阻止するための軍事行動が水軍同士の海戦に繋がった。

江戸湾においては、相模北条氏と房総里見《さとみ》氏の水軍が対岸の襲撃を繰り返し、やがて江戸湾両岸の諸村では、北条・里見両氏に租税を納めて襲撃を免れる「半手《はんて》」の慣習も形成されていった。また、

安宅船（『肥前名護屋城図屏風』より）

水軍に参加している海賊が、軍事行動よりも商船などの襲撃を優先することもあり、水軍の運用ではその統制も課題となった。

海戦に際しては、弓矢や鉄砲などが多用され、焙烙火矢《ほうろくひや》（球形の容器などに火薬を詰めて投射）のような特殊兵器が使用されることもあった。さらに、接舷《せつげん》しての白兵《はくへい》戦に及んだ場合は、陸戦と同様に首獲りも行われた。なお、大型火器の搭載数は少なく、織田信長が九鬼嘉隆に建造させた大船も、実見した宣教師の記録によると、大砲の装備は一艘に三門程度であった。大砲の生産・性能が未熟だったことも相俟《ま》って、大型砲弾による船体の破壊よりも、矢玉《やだま》や刀槍《とうそう》による乗員の殺傷、あるいは火矢などによる船体の燃焼が重視されていたのだろう。

また、軍事運用に特化した船舶も建造されており、安宅船《あたけぶね》のように、大型の船体に多数の兵員・火力を乗せた船や、高所の利を得るために甲板の上に櫓《やぐら》を設置した船などが出現した。あるいは、船体に鉄板による装甲《そうこう》を施すこともあり、鉄《てっ》甲《こう》で覆われた船は「黒船《くろふね》」、木造の船体を露出した船は「白船《しろふね》」として区別された。

ところで、当時の船舶は、動力として櫓《ろ》（人力）と帆（風力）を併用しており、船体のサイズが櫓の数（〇挺立《ちょうだて》）や帆の大きさ（〇端帆《たんぽ》）によって表現されることもあった。特に櫓走《ろそう》は、帆走《はんそう》と比較して天候の影響を受けにくいため、水軍編成の主体は、中小の船体に、より多くの櫓と漕手《そうしゅ》を乗せて推力を増し、「早船《はやふね》」に仕立てようとした。

さらに、水軍の運用を前提として築かれた海城《うみじろ》も存在する。具体的には、①船舶を収容するための船蔵《ふなぐら》や船溜《ふなだま》りを備えた城郭、②島全体を要塞化した城郭などである。特に①の城郭は、海賊だけではなく、水軍編成の主体となる領域権力も築城し、江戸時代にも存続した事例（三河田原城《みかわたはら》〈愛知県田原市〉や讃岐高松城《さぬきたかまつ》〈香川県高松市〉など）を見出すことができる。

豊臣政権と水軍

天正《てんしょう》十年（一五八二）以降になると、羽柴（豊臣）秀吉が領域権力の統合を急速に進め、さらに一五九〇年代から朝鮮出兵（文禄《ぶんろく》・慶長《けいちょう》の役《えき》）を遂行し、より大規模に水軍を編成・運用していった。この豊臣政権の水軍も、①直属の水軍、②従属勢力（毛利氏など）の水軍、に大別することができる。規模の大小を度外視すれば、基本的な構造は戦国大名や国衆《くにしゅう》の水軍から変わっていない。

秀吉は、織田信長の重臣として中国経略を指揮していた時期から独自に水軍を編成しており、淡路《あわじ》沖で毛利氏の水軍を撃破するなど、大きな成果を上げていた。この段階で秀吉の水軍を指揮していたのは、堺商人の系譜に属する小西行長《こにしゆきなが》であり、秀吉の分国（播磨《はりま》国など）から動員された船舶などを集約・指揮する立場にあった。毛利水軍の児玉《こだま》氏・井上《いのうえ》氏と同様に、領域権力によって新規に創出された水軍指揮官の事例に該当する。

そして、秀吉の軍事行動が広大化していくと、「水軍大名」と称すべき領域権力も形成されていった。豊臣氏領国の中核となった大坂湾地域では、淡路の安宅《あたぎ》氏が有力な水軍を編成していたが、豊臣氏は安宅氏を淡路国から移封する一方で、直臣の脇坂安治《わきさかやすはる》や加藤嘉明《かとうよしあき》を淡路国に入部《にゅうぶ》させ、海上勢力の軍事動員を委ねた。また、のちに加藤嘉明は伊予松前《いよまさき》（愛媛県松前町）に転封され、藤堂高虎《とうどうたかとら》も伊予板島《いたじま》（愛媛県宇和島市）に入部し、水軍としての軍役を果たした。つまり、豊臣政権は淡路国と伊予国に領域権力を創出し、両国の海上勢力を基盤にして、水軍の拡充を進めたのである。

また、豊臣政権は領域権力として存立していた海賊も服属させ、内外の戦役に水軍として従軍させた。志摩鳥羽《しまとば》（三重県鳥羽市）の九鬼嘉隆《くきよしたか》、紀伊新宮《きいしんぐう》（和歌山県新宮市）の堀内氏善《ほりのうちうじよし》、淡路岩屋《いわや》（兵庫県淡路市）の菅達長《かんみちなが》、伊予来島《くるしま》（愛媛県今治市）の来島通総《みちふさ》などである。

なお、秀吉の死後に豊臣氏が政権を喪失した段階でも、大坂城下には水軍が配備されており、慶長十九年（一六一四）の大坂冬の陣で徳川方の水軍と交戦した。豊臣氏は、領域権力に引き上げた直臣に水軍を編成させる一方で、親衛隊としての水軍も組織していたことになる。

さらに諸大名も、豊臣政権の対外戦争路線によって海上の軍役が拡大されていく状況に適応するために、水軍の編成体制をさらに整備した。つまり、特定の家に海上の軍役を課すだけではなく、領国や家中《かちゅう》全体で船舶の建造や人員の徴発を執行する方式が志向されたのである。こうした変化は、現実に朝鮮で転戦した大名家に留まらず、肥前名護屋《ひぜんなごや》（佐賀県唐津市）に在陣して渡海しなかった大名家（徳川氏など）にも及んだ。

天正二十年三月から始まる文禄の役の緒戦において、日本水軍は朝鮮水軍の攻勢に圧倒されて、朝鮮半島南岸の釜山《ぷさん》に侵攻されたこともあったが、やがて沿岸城郭との連携によって朝鮮水軍の活動を抑制することに成功した。また、慶長二年から始まる慶長の役の緒戦における巨済島《きょさいとう》海戦で朝鮮水軍を壊滅させ、終盤の露梁《ろりょう》海戦でも明《みん》水軍の鄧子龍《とうしりゅう》と朝鮮水軍の李舜臣《りしゅんしん》などを討死させた。この間に瀬戸内海賊の来島通総・得居通之《とくいみちゆき》兄弟が、朝鮮水軍との海戦で討死したものの、いずれも大勢に影響を及ぼすことはなかった。すなわち、水軍の規模がより巨大化していく動向にあって、領域権力として自立する海賊の存在は、重要性を低下させていたのである。

徳川将軍家と水軍

十七世紀に入ると、政治秩序の中心が豊臣政権から徳川将軍家に移る。そして、徳川将軍家は朝鮮出兵を経て肥大化した西国諸大名の水軍の統制を課題とするようになった。

慶長《けいちょう》十四年（一六〇九）、徳川将軍家は西国の諸大名に命じて、安宅船《あたけぶね》を中心とする五百石積《づみ》以上の大型船舶を淡路国に廻航させ、幕府船手頭《ふなてがしら》の向井忠勝《むかいただかつ》・小浜光隆《おはまみつたか》や志摩鳥羽《とば》城主の九鬼守隆《くきもりたか》に接収させた。以後、諸大名の軍船は原則として五百石積以下に制限されたが、これは水軍の解体を意味する措置ではなかった。慶長十四年以降も、諸大名は五百石積を超えない範囲で軍船を建造して、水軍の整備を継続したのである。

　徳川将軍家も、旧武田氏海賊衆の向井氏・小浜氏を中心にして直営の水軍を編成し、江戸や大坂などに配備した。特に江戸城には「龍口《たつのぐち》」と称される船着場が設置され、『江戸図屏風』（国立歴史民俗博物館所蔵）においても、船蔵を備えた向井氏の屋敷や、将軍のために組織された船行列の威容が描き込まれている。また、大川《おおかわ》（隅田川）河口部の石川島《いしかわじま》（東京都中央区）は、船手頭の石川政次《いしかわまさつぐ》の屋敷であったことを由来とする。このように、初期の江戸城下は、水軍運用を相応に意識した構造であった。

　なお、徳川将軍家はポルトガル船の来航を禁じると、寛永《かんえい》十七年（一六四〇）から三ヶ年にわたって江戸常駐の水軍を西国に派遣し、各地の港湾を調査させた。そして、正保《しょうほう》四年（一六四七）にポルトガル使節が通商再開を求めて長崎に来航すると、徳川将軍家は九州の諸大名に警備を命じ、朝鮮出兵を上回る規模の水軍を長崎に集結させ、ポルトガル船を監視・威圧して退去させた。当時のオランダ商館長は、その陣容《じんよう》を酷評したものの、戦国期から継続して整備されてきた水軍運用の一つの到達点を示す事例であろう。

　十七世紀に入り、戦乱は収束したが、徳川将軍家や諸大名は、勢力の均衡を保ちつつ、対外的緊張に対応するために、水軍を抑止力として維持していた。九鬼氏や来島《くるしま》氏などが海上活動から離脱したことを過大視し、江戸時代に水軍が解体されたとする論説もあるが、それは不適当である。徳川将軍家が向井氏や小浜氏を重用したように、諸大名の水軍でも、海賊の系譜を引く船奉行《ふなぶぎょう》が任用される傾向が確認され（毛利家中の能島《のしま》氏など）、戦国時代からの連続性として指摘できる。

水軍の規模拡張に伴い、領域権力としての海賊の重要性は低下したが、それでも水軍をより有効に運用する上で、海賊の系譜に連なる指揮官の存在は有用だったのである。戦国時代以来、水軍編成における大名権力と海賊の結合は進行しており、江戸時代の水軍編成のあり方はその帰結だった。

おわりに

十九世紀以降に、ヨーロッパ各国の船舶が日本周辺海域に出没するようになると、徳川将軍家や諸大名の水軍は、この事態に対して満足に対応できなかった。しかし、それは長期の平和を経て、水軍の練度《れんど》や動員力が低下していたことに加え、ヨーロッパで軍事革命が進行し、日本（および非ヨーロッパ地域全体）の軍事力全般が相対的に陳腐化《ちんぷか》した結果であった。徳川将軍家や諸大名が、意図的に水軍を無力化させたわけではなかったのである。

主要参考文献

宇多川武久『戦国水軍の興亡』(平凡社新書、二〇〇二年)
小川雄「織田政権の海上軍事と九鬼嘉隆」(『海事史研究』六九号、二〇一二年)
黒嶋敏『海の武士団――水軍と海賊のあいだ』(講談社選書メチエ、二〇一三年)
鈴木かほる『史料が語る向井水軍とその周辺』(新潮社、二〇一四年)
松尾晋一『江戸幕府と国防』(講談社選書メチエ、二〇一三年)
山内譲『瀬戸内の海賊――村上武吉の戦い』(講談社選書メチエ、二〇〇五年)
綿貫友子『中世東国の太平洋海運』(東京大学出版会、一九九八年)

小川雄(おがわ・ゆう)

一九七九年生まれ。新編西尾市史執筆員。修士(史学)。
主要業績:「織田政権の海上軍事と九鬼嘉隆」(『海事史研究』六九号、二〇一二年)、「武田氏の駿河領国化と海賊衆」(小川雄ほか著『戦国大名武田氏と地域社会』岩田書院、二〇一四年)、「戦国期今川氏の海上軍事」(『静岡県地域史研究』四号、二〇一四年)など。

第4部

天皇・将軍と戦国大名

戦国時代の室町幕府と足利将軍

はじめに

室町幕府八代将軍足利義政《あしかがよしまさ》の時代である、応仁《おうにん》元年（文正《ぶんしょう》二年、一四六七）一月に、応仁・文明《ぶんめい》の乱（以降、大乱とする）が勃発《ぼっぱつ》した。義政を将軍とする東軍、その弟義視《よしみ》を「将軍」とする西軍に分かれたこの大乱は、明確な勝敗がつかないまま文明九年（一四七七）に終結する。これは、戦国時代の幕開けを告げる重大事件として教科書では必ず触れられる戦乱であり、読者の皆さんもご存じの通りであろう。

さて、皆さんは学校の授業（または教科書）で、大乱以降の室町幕府について教えられたことはおありだろうか。あっても、これ以降の室町幕府・足利将軍は有力大名（織田信長《おだのぶなが》含む）の「傀儡《かいらい》」となり、その後、信長によって最後の将軍足利義昭《よしあき》が追放され、元亀《げんき》四年（天正《てんしょう》元年、一五七三）に室町幕府が滅亡した、と言及されるくらいであろうか。

しかし、日本史の年表を見れば、大乱の勃発から滅亡までの間、およそ百年もの時代があることにお気づきであろう。つまり、室町幕府と足利将軍はおよそ百年にわたって継続して存在してきたのである。「下剋上《げこくじょう》」「実力主義」とも言われる戦国時代に、いわば旧体制とも言える幕府・将軍は何ゆえ存在し続けたのであろうか。その中で、本当に「傀儡」はあり得るのであろうか。そもそも戦国時代の歴代将軍の中に、大名たちの「傀儡」になろうと思っている将軍は存在しない。

実際の幕府・将軍はどのような存在であったのか。大乱以降の室町幕府・足利将軍について本格的に研究され始めたのは四十年ほど前からであり、織田信長やほかの戦国大名に対する研究と比較すると、かなり遅い。ここ近年で幕府・将軍研究は多大に進展したが、研究者内の認識に対して、テレビなどのメディアも含めて、一般的な認識は覆されるには至っていない。では、実際に戦国時代の幕府と将軍はどうであったのか、教科書では述べられることのない、その内実を見ていきたい。

室町幕府・将軍の戦国時代

大乱が当時の社会に重大な影響を与えたことは、周知の通りである。各地で下剋上が起こり、特に京都の多くの寺社は焼失し、町が大きく荒廃してしまった。また、幕府・将軍に関して言えば、事実上、有名無実化したとのイメージが持たれているが、実際は幕府・将軍の権力は無くなったわけではない。当然、全く同じではないが、大乱以降も、幕府は各所からの訴訟に対応し、その機能の多くは変わらず継続しているのである。

①将軍の親征

大乱後の将軍権力を見る上で忘れてはならないのが、九代将軍足利義尚《よしひさ》が起こした近江《おうみ》（滋賀県）への親征《しんせい》である。当時、近江の公家領や寺社領、将軍直臣《じきしん》領などを押領《おうりょう》していた六角高頼《ろっかくたかより》を討伐するために、大乱終結の十年後にあたる、長享《ちょうきょう》元年（一四八七）に将軍義尚が軍勢を集めて親征したのである。

ここで注目されるのが、その参加者である。将軍直属の軍事力で、言わば親衛隊にあたる奉公衆《ほうこうしゅう》をはじめ、細川・斯波《しば》・畠山《はたけやま》・武田・一色《いっしき》・赤松《あかまつ》・京極《きょうごく》・大内《おおうち》氏などの各地の大名らが直接、ないしは間接的に参加していた。

守護は本来、在京が基本であったが、大乱後は自身の領国に帰国していた。しかし、将軍の軍事動員に従い、軍勢を派遣した。大乱後もなお、将軍の軍事動員力は失われてはいなかったのである。ただ、出兵中に義尚が陣歿し、結局は失敗してしまったが。さらに次代の義材《よしき》も延徳《えんとく》三年（一四九一）に、義尚同様に近江に親征したが、やはりその時にも多くの大名が参加した。

義材はその後、明応《めいおう》二年（一四九三）になり、河内《かわち》（大阪府）守護の畠山基家《もといえ》らを討伐するために再び親征する。続けての親征には反対する者もいたが、結局親征したため、京都にいた細川政元《まさもと》などを主導者として、政変が起こる。これが「明応の政変」である。

②明応の政変

義材の河内親征の最中に、京都にいた有力大名である細川政元や故義政《よしまさ》の御台所《みだいどころ》であった日野富子《ひのとみこ》、将軍家の重臣伊勢氏などが主導して義材を廃し、新たに将軍家の家督を擁立《ようりつ》したのである。新たに将軍家の家督となったのは、義材の従兄弟《いとこ》（堀越公方《ほりごえくぼう》足利政知《まさとも》の子）にあたる香厳院清晃《こうごんいんせいこう》であった。出家の身であった清晃は、還俗《げんぞく》して足利義遐《よしとお》と名乗る（のちに改名して義高《よしたか》、義澄《よしずみ》）。これは、室町幕府の創世以来、初めて将軍が廃立《はいりつ》された事件であった。これを受けて、河内に滞在中の大名たちは様子見も含めて、陣を離れる者が多くなった。さらに、出陣していた奉公衆の大半も京都に戻ってしまった。

結局、義材は細川側と対抗するも叶わず、捕らわれの身となってしまう。政変後の義材に対する各大名や奉公衆の対応から、義材に対する支持があまり高くなかったことが判明しよう。

実は、義材は大乱時の西軍の「将軍」である義視の子であり、義尚が近江で陣歿したために将軍家の後継者となった人物であった。つまり、もともと西軍系の人物であった。将軍就任までの長い期間、地方に滞在しており、京都の幕府と疎遠であった。そのため、義材は特に付き合いの長い側近を重用したために、もともとの幕府人員とは隙《すき》があった。これが政変の要因ともなったのである。

政変後、義材は幽閉先を逃れ、越中《えっちゅう》（富山県）へと向かった。その後、幾度か京都奪還を目指すが、失敗して山口の大内氏のもとへ逃れる。そして、永正《えいしょう》五年（一五〇八）になってから再び将軍に復帰するのである。

戦国時代の足利将軍家略系図

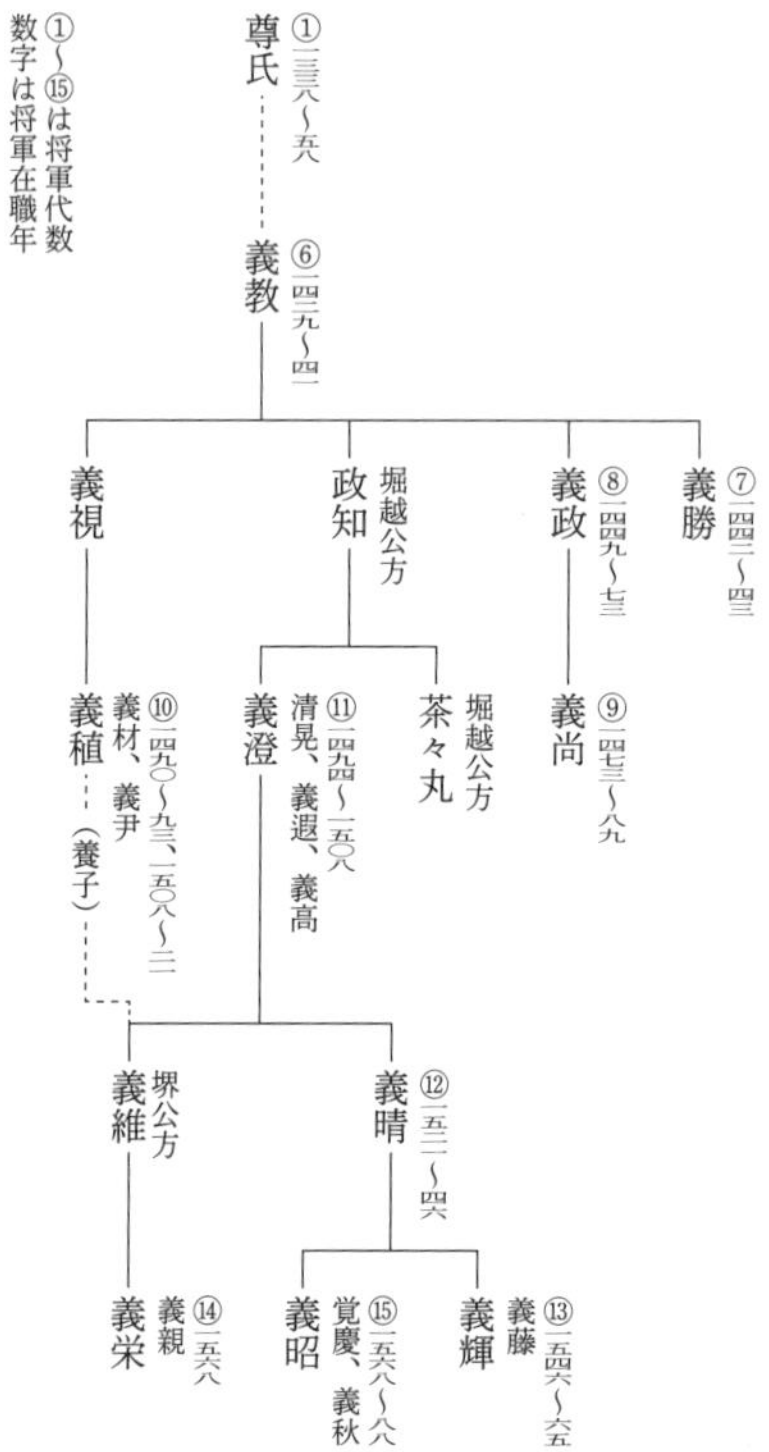

この政変は、特に戦国時代の幕府・将軍を知る上で、大きな影響を残した。各地の大名は全員が新将軍を支持したわけではなく、義材を支持する大名も存在していた。さらに、奉公衆の中にも義材を支持する者がいた。つまり、義材が廃されても、それを支持し続ける勢力が存在したため、義澄派・義材派と、幕府内や各地の大名らが分裂してしまったのである。「東軍」「西軍」に分裂した大乱と同じ状況であったとも言える。以降、戦国時代の幕府・将軍は義材系と義澄系の二つの将軍家の動向に影響されるようになる。

義材系……⑩義材→義維《よしつな》（堺公方）→⑭義栄《よしひで》
義澄系……⑪義澄→⑫義晴《よしはる》→⑬義輝《よしてる》→⑮義昭《よしあき》
※○数字は将軍の代数

近年は、畿内における戦国時代の始まりを大乱ではなく、この明応の政変からとすることが多くなっており、「戦国時代」を理解する上では重要な、画期的な事件である。

将軍と大名

戦国時代の幕府・将軍が「傀儡」であったという従来の認識の背景には、織田信長をはじめ、細川氏・大内氏・六角氏などの有力大名が幕府の政治に関与していたことが挙げられる。本来、室町幕府は守護連合による一種の合議体制を基本としていた。将軍（または、将軍家の家長《かちょう》）は政務を運営するにあたって在京の有力守護らに意見を聞き、それを政治に反映してきた（この場合、大名の意見一致を前提として、意思決定がなされた）。そもそも室町時代の歴代将軍は、三代義満《よしみつ》などからイメージされるほどの専制権力者ではないのである。

その将軍を補佐し、幕府の諸組織や大名を代表したのが管領《かんれい》である。管領は足利一門の中でも斯《し》波《ば》・畠山・細川氏の三氏しか就任できない。しかし、斯波氏・畠山氏は、共に十五世紀に内紛を起こして大乱の元凶となったことから、その力は減少した。その中で大乱による影響が少なく、実際に管領、もしくは管領に準じた地位に就いたのが細川氏であった。その細川氏の惣領《そうりょう》を、歴代が任官する右京大夫《うきょうのだいぶ》の官職名から「細川京兆《けいちょう》家」と言う。

室町時代中期の幕府機構略図

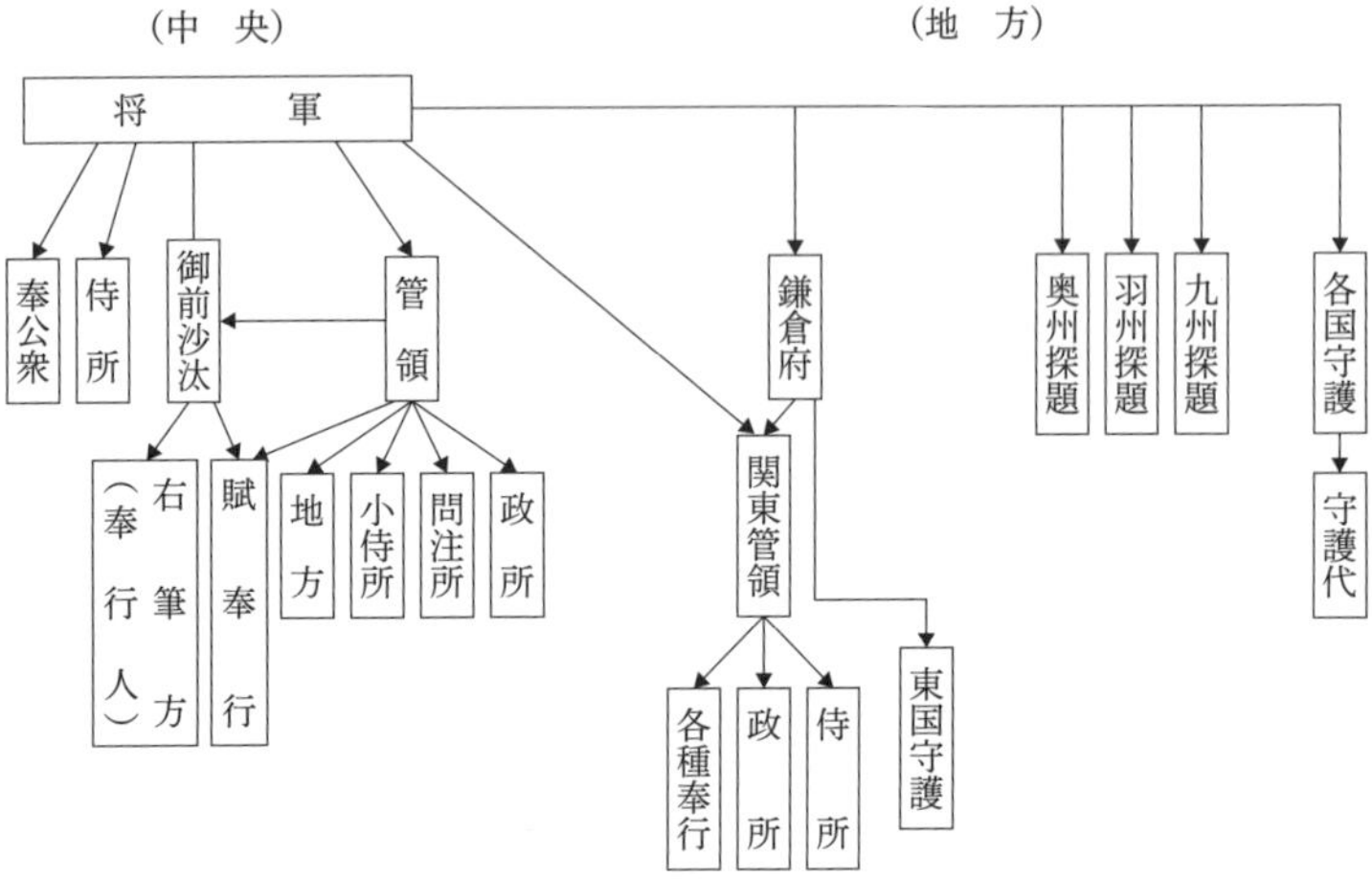

①京兆専制体制

さて、戦国時代の室町幕府研究において嚆矢《こうし》となったのが、一九七〇年代に発表された今谷《いまたに》明《あきら》氏の「京兆専制体制論」であった。それまで、戦国時代の幕府・将軍に対する研究はほとんど存在しておらず、実際の大名と将軍権力との関係について正確に把握されてきたわけではなかった。この研究は、幕府・将軍研究の進展の上で非常に大きな影響を与えた。

「京兆専制体制論」とは、京兆家＝管領細川氏が幕府の実権を握り、幕府政治を主導してきたという理解であった。実際、大乱以降も継続して京都に滞在し、幕府政治に関与してきた大名は細川京兆家くらいであった。当然、細川京兆家の存在は無視できない。

この「京兆専制体制論」により、戦国時代の幕府・将軍の権力は弱いものであったと認識されてきた。

結論から言えば、これは大きな誤りである。つまり、将軍は京兆家の「傀儡」でなく、独自の権力を保持し続けていた。設楽薫《したらかおる》氏や山田康弘《やまだやすひろ》氏などによる研究の進展で、細川京兆家の絶対的な権力は否定され、将軍独自の権力が見直されるようになってきた。

②相互補完関係

戦国時代の幕府・将軍と諸大名との関係を理解するために重要なものに、幕府・将軍と諸大名との「相互補完関係」というものがある。

山田氏の指摘にもあるように、大名は自らの利益（和平調停・栄典授与・守護職などの正当性）を得るために将軍を利用する代わりに、幕府・将軍からの軍事動員や経済負担をはじめとした命令に従い、その義務を果たさなければならなかった。もともと幕府の軍事力は、基本的には守護の軍事力に依存してきた。また前述のように、将軍よりの政治上の諮問《しもん》に返答するなど、幕府と大名が相互補完の関係にあったというのである（山田：二〇一一）。

実際、足利義昭と織田信長との関係は相互補完による「二重政権」であったと評価されるようになった。しかし、信長のみならず、それ以前の大名も同様であり、義昭と信長との関係はそれ以前の将軍と諸大名との関係の延長であり、特別なものではないと知られるようになったのである。また、義昭にかかわらず、戦国時代の将軍は自らを支える大名を特定せず、同時に複数の大名と関係を持つことで、運命共同体とならないようにバランスをとっていた。

とは言え、戦国時代において、守護や大名が幕府から自立し、独自の活動をしていくことになるのは事実であり、将軍権力を過大評価することはできない。特に、将軍による和平調停では、自身の利益が多分に損なわれる可能性があれば、それを否定することもあった。

将軍の権力構造

戦国時代の室町幕府は、どのような権力構造であったのだろうか。そこでまず注目されるのが、近年、山田氏が指摘された「狭義」の幕府と「広義」の幕府である（山田、二〇一一）。単に「幕府」という言葉が、どのような範囲で使われるかは曖昧であった。ここでいう「狭義」の幕府は、将軍が直接支配する京都を中心とした中央機関としての「幕府」であり、「広義」の幕府とは、全国の守護や大名などの地方機関も含めた全国的な視点による「幕府」である。当然、その頂点は将軍だが、同じ「幕府」でもその内容には違いがあるのである。

あまり知られていないであろう将軍の権力と直接関係する「狭義」の幕府について見てみよう。まず、戦国時代における将軍の政務運営で基本となるのが、御前沙汰《ごぜんさた》（または雑訴方《ざっそかた》）である。本来、幕府の政務運営や訴訟の審議機関として、鎌倉幕府以来の評定衆《ひょうじょうしゅう》などがあったが、それらは十五世紀半ばには実態は廃絶し、御前沙汰が各訴訟などを将軍が直接裁定する機関として存在していた。さらに、侍所《さむらいどころ》・地方《じかた》などの訴訟審議を行う機関も複数あったが、戦国時代には御前沙汰と後述する政《まん》所《どころ》沙汰《さた》の二つが中心になっていた。

ところで、将軍が直接支配する範囲というのは、二つに大分される。一つは、全国に及ぶ御料所《ごりょうしょ》と呼ばれる直轄領（収入源）で、その多くは奉公衆などの将軍直臣が代官を務めていた。

戦国時代の幕府機構略図

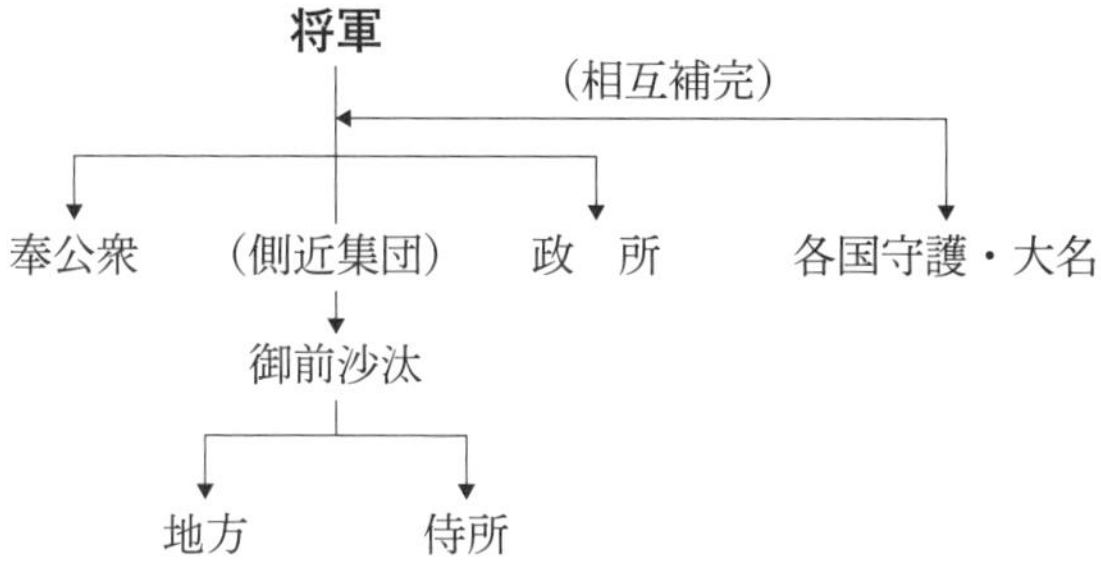

もう一つは、京都である。意外に忘れがちであるが、将軍は京都の領主という一面も持っていた。戦国時代に至ってもなお、京都をはじめとした畿内から様々な訴訟が幕府に提訴されていた。公家衆をはじめ、寺社、京都の町衆《まちしゅう》、そのほかの国人《こくじん》など、自らの利権を保障してくれる存在として幕府を頼っていたのである。

ただし、京都の権利関係は複雑であり、そのすべてを将軍が直轄支配していたわけではない。なぜなら、京都には天皇がおり、公家や寺社などがそれぞれ支配権を持っていた。それらが複雑に入り組み、それぞれが幕府などに介入されない権利（守護不入権《ふにゅうけん》）を持っていたからである。それらの権力同士が相論《そうろん》に及ぶ際には、最終的には幕府の裁定が期待されてきた。それは、将軍が細川・三好氏など、その時々の敵対勢力によって京都を追われて地方に避難している間も完全に失われなかった。それは、幕府が滅亡されたとされる元亀四年（天正元年、一五七三）まで変わらない。そのため、戦国時代においても幕府の公式文書である奉行人奉書《ぶぎょうにんほうしょ》は膨大な数が発給された。

①御前沙汰

将軍の政務運営の基本となるのが、前述の御前沙汰である。御前沙汰が担当する範囲は、後述する政所管轄以外の案件で、特に所領関係の相論が多い。

将軍が最終的に裁定する御前沙汰で中心となるのは、飯尾《いのお》氏・斎藤《さいとう》氏・清《せい》氏・中澤《なかざわ》氏・布施《ふせ》氏・松田《まつだ》氏など、幕府奉行衆である。奉行衆は、言わば法曹官僚であり、訴訟をはじめ、幕府の諸機構に属して事務的な大部分を担当していた。御前沙汰に参加できたのは、その中でも御目見《おめみえ》以上の御前奉行の職にある者たちである。時代によって変動はあるが、戦国時代ではおよそ十名〜二十名ほどがいた。彼らは実際の訴訟において、提訴の受付や審議の進行などで中心的な役割を果たしていた。

次に重要な存在は、「評定衆」「内談衆《ないだんしゅう》」と呼ばれる、将軍の側近集団である。彼らは、奉行衆が受け付けた訴訟内を吟味して、最終的に将軍の裁可を仰いでいた。将軍は、それらの内容を最終判断して裁可を下さしていたのである。そして、幕府の公式文書である奉行人奉書が、当事者に宛てて発給されることになる。

その際の将軍の最終裁決は、誰によっても覆されない。将軍が裁決にあたって側近や奉行衆、または大名に意見を求める場合もあるが、それはあくまでも参考であり、側近たちや奉行衆の意見と異なる場合でも、将軍が独自に裁決を下すことがあった。

この御前沙汰は、最後の将軍義昭の時代までも、奉行衆や将軍側近の手によって継続されていた。御前沙汰の運営を知ることは、将軍の直接権力を知る上で重要な指針でもある。

②政所

幕府の中でも、やや特殊で、戦国時代の幕府・将軍の権力を知る際に、一般的にやっかいなものとも言える機関が政所である。政所とは、本来は朝廷の公卿の家政機関のことであるが、鎌倉幕府の創設者である源頼朝《みなもとのよりとも》が公卿となった際に開設し、以降は幕府の一機関となった。室町幕府でも継続して存在していた。この政所の長官である頭人《とうにん》(執事《しつじ》)はほぼ世襲であり、それには前述した伊勢氏が務めていた。さらに、頭人の被官《ひかん》である政所代《まんどころだい》(蜷川氏《にながわ》)があり、実際に訴訟を担当する寄人《よりうど》(奉行衆)が存在していた。

さて、政所は将軍家の家政機関としての面とは別に、動産訴訟を扱う機関(政所沙汰)としての面も持ち合わせていた。家政機関としては、将軍家で日常必要となる食品や、その衣装など用品の管理、将軍家の直轄領である御料所の管理などがある。特に御料所では、その代官を誰に任命するかなどの権限も持っていた。そのため、便宜を図ってもらうべく、各地の国人が主従関係を結ぶ場合もあった。有名な三河の松平氏もその一つである。

そして、動産訴訟を扱う機関として、戦国時代においても京都周辺の各層より借銭《しゃくせん》などの返済に関する訴訟や、買徳地《ばいとくち》の安堵《あんど》、徳政《とくせい》に関する事項まで、多くの訴訟を日常的に抱えていて、奉行人奉書を発給していた（政所沙汰）。さらに、当時の金融業で、将軍家の財産を預り、財政も支えた土倉《どそう》（酒屋・味噌屋が行う）も監督していたように、戦国時代の京都における経済活動に重要不可欠な存在であった。

政所でさらに特徴的なことは、この動産関係の訴訟などを審議決裁する政所沙汰は、将軍の決裁していた前述の御前沙汰とは独立していた点である。つまり、将軍の手の及ばない、完全に別個な訴訟審議機関として政所沙汰が存在していたのである。戦国時代の幕府の訴訟審議機関は、この御前沙汰とこの政所沙汰の二つが存在していた。しかし、実際に審議を行う寄人は御前奉行と兼任も多く、人的に分離していたわけではなかった。

伊勢氏は家宰《かさい》として、御料所を管理し、各地の国人などと主従関係を結び、さらに京都の動産訴訟を総括する存在として、多数の献金を受けていた。また、伊勢氏は将軍の後継者の養育係という側面もあった。大乱期の将軍である義政も、伊勢氏のもとで養育され、結果、当時伊勢貞親《さだちか》は将軍側近として絶大な権力を持つことになる（ただし、それが原因で諸大名に反発されて失脚する）。

このように、伊勢氏は将軍の養父、さらに経済力などの面でも、ほかの将軍側近とは比較にならないほどの権力を持っていた。明応の政変に関与した伊勢貞宗《さだむね》もやはり、幕府内で宿老として特に実力を持っていた人物である。

しかし、これは幕府の終焉まで継続しなかった。十三代将軍義輝《よしてる》は、将軍権力の増加を目指す上で、この伊勢氏の権力を排除しようとした。伊勢氏は将軍を京都から追い出した三好《みよし》氏に付くなどして、主人たる将軍とは異なる独自の活動も行ってきた。そのこともあって、義輝から警戒され、最終的に幕府内での立場を捨てて、将軍に対抗してしまう。結果、伊勢氏は永禄《えいろく》五年（一五六二）に将軍方に敗れて、当主の伊勢貞孝《さだたか》は戦死してしまった。義輝は側近であった摂津晴門《せっつはるかど》を新たに政所の長官とした。なお、伊勢氏は没落しても、政所自体は継続している。

その後、織田信長は自身の京都支配に政所の人員を利用しようとしており、幕府の終焉までその役割は減じなかった。その際、伊勢氏の政所復帰も決められたが、その前に、幕府の滅亡を迎えてしまう。

③侍所

京都の治安維持を担当する組織に侍所がある。本来は幕府の直臣の監視など、ほかの役割もあったが、戦国時代には京都の検断《けんだん》（治安維持）活動を担当するのみになっていた。この侍所の長官は所司《しょし》、もしくは頭人（単に侍所とも）と言い、本来は守護（赤松氏・一色氏・京極氏・山名氏の四氏、通称「四職《しし》」が就任していた。それを補佐して、実際に罪人の追捕や一揆の鎮圧を行ったのが所司代《しょしだい》である。

さらに、幕府奉行衆が寄人として、事務や裁判関係などを担当していた。その寄人の筆頭を開闔《かいこう》（現代の事務次官のようなもの）と言う。その下には小舎人《こどねり》や公人《くにん》、雑色《ぞうしき》などの下役人もいた。所司代は通常、長官である守護の有力被官（多賀高忠《たがたかただ》や浦上則宗《うらがみのりむね》などが著名）が就任していた。実際に京都で警察活動を行う場合は、所司代をはじめとした守護の被官が中心となって担当していたのである。

しかし、十五世紀の後半になり、長官である所司が任命されなくなると、所司代もなくなる。本来、所司代が担っていた犯罪者の捕縛や処断などを担当するようになったのが、もとは事務方である開闔であった。その開闔を直接使役するのは将軍であり、その活動には将軍の承認が必要とされる場合もあった。

戦国時代における幕府の京都での検断活動は、開闔が中心となる。しかし守護とは違い、本来独自の軍事力もない文官であった開闔は、多数の軍勢が必要となる場合には対処しきれない。その時は在京の大名や将軍の直臣、寺社などの人員を動員して対処していたのである。

なお、侍所にはもともと検断に関する裁判機能もあったが、それは大乱期までには失われていた。その機能は前述の御前沙汰に吸収され、事実上の下部機関として開闔は検断関係に関する将軍からの諮問への返答という形で関与し続けた。

この開闔による京都の治安維持活動は、最後の将軍義昭の時代まで行われた。つまり、幕府・将軍による京都の警察権は、幕府の滅亡まで完全に失われることはなかった。

このように　少なくとも、将軍が直接支配する京都においては、その権限は戦国時代を通して、なお生き続けていたのである。

おわりに——幕府の終焉はいつか

本稿の冒頭に、室町幕府の滅亡は元亀四年（天正元年、一五七三）と記載したが、あくまでこれは教科書的な理解である。鎌倉幕府や江戸幕府と異なり、実際に室町幕府が滅亡したのはいつか、という問題は簡単なものではない。

確かに、この年に最後の将軍足利義昭が織田信長に敗れ、京都から没落したことで、幕府の京都支配はほとんど終焉を迎えた。京都には、天皇が居住し、天下の中心であったたし、幕府が実際に直接支配した最後の地域でもあった。結果的に幕府の再興はならなかったが、これはあくまでも結果論であり、これで歴史を理解してはいけない。

義昭はその後、天正四年(一五七六)に毛利氏の領内である備後《びんご》国鞆《とも》の浦《うら》(広島県福山市)へ居所を移している。しかし義昭は、その後も現職の将軍のままであった。これは重要な事実であるものの、従来はあまり重視されてこなかった。さらに、将軍が京都の支配権を事実上喪失したのが元亀四年であったとも言えないのである(鞆自体は将軍の支配地ではない)。実は天正七年(一五七九)、すでに信長が京都を実行支配し、安土《あづち》城(滋賀県近江八幡市)が完成する直前の年に、室町幕府の公文書である奉行人奉書が京都の寺院に向けて発給されているのである。

まず前提として、幕府の安堵状などの公的な証明書(奉行人奉書など)は、受け取る側が幕府に申請することで初めて発給されることになっている。つまり、京都の寺院の中には、将軍が京都を離れ、織田家が支配するようになって七年が過ぎてなお、幕府の証明書をわざわざ備後の鞆の浦まで請求しに行き、それを手に入れているのである。これは、いまだ幕府が滅亡したわけではない、と考える人々がなお京都に存在していたことを示している。これには、戦国時代の将軍が京都を没落しては戻ることを繰り返していたことも関係があろうし、義昭が、なお現職の将軍であったことも影響しよう。

さらに、義昭は打倒信長を掲げ、諸大名に号令し続けた。それは無視されたわけではなく、滞在先の毛利氏をはじめ、本願寺《ほんがんじ》、上杉氏、武田氏、東は北条氏、南は島津氏までがそれに反応していた。これらの事実により、京都の人々の中には、信長が義昭によって追放、または滅ぼされ、幕府が再興され「また、将軍は帰ってくる」、と思う人々がなお存在していたのである。

義昭は、ほぼ豊臣秀吉の天下となった天正十六年（一五八八）正月に出家し、正式に将軍職を辞任している。これにより「広義」の幕府も終焉したと言える。しかし、その後も義昭は「将軍」・「公方様」と呼ばれており、なお将軍という認識を周辺の人々に持たれていた。

さらに、慶長《けいちょう》二年（一五九七）に義昭が亡くなった際に、義昭の猶子《ゆうし》であった三宝院《さんぼういん》義演《ぎえん》は義昭の死に際して、「近年の将軍の号は蔑《ないがし》ろにされ、有名無実なものだ」と述べ、その死まで将軍という認識をされていた。本当に幕府が滅亡したと言えるのは、慶長二年であったとも言えよう。

主要参考文献

家永遵嗣『室町幕府将軍権力の研究』（東京大学日本史学研究室、一九九五年）
飯倉晴武「応仁の乱以降における室町幕府の性格」（『日本中世の政治と史料』吉川弘文館、二〇〇三年。初出一九七四年）
今谷明『戦国期の室町幕府』（講談社学術文庫、二〇〇六年。初刊一九七五年）
今谷明『室町幕府解体過程の研究』（岩波書店、一九八五年）

木下昌規『戦国期足利将軍家の権力構造』(岩田書院、二〇一四年)
設楽薫「足利義尚政権考——近江在陣中における「評定衆」の成立を通して」(『史学雑誌』九八巻二号、一九八九年)
設楽薫「将軍足利義材の政務決裁——『御前沙汰』における将軍側近の役割」(『史学雑誌』九六巻七号、一九八七年)
設楽薫「足利義材の没落と将軍直臣団」(『日本史研究』三〇一号、一九八六年)
鳥居和之「応仁・文明の乱後の室町幕府」(『史学雑誌』九六巻二号、一九八七年)
西島太郎『戦国期室町幕府と在地領主』(八木書店、二〇〇六年)
浜口誠至『在京大名細川京兆家の政治史的研究』(思文閣出版、二〇一四年)
藤田達生『証言本能寺の変——史料で読む戦国史』(八木書店、二〇一〇年)
百瀬今朝雄「応仁・文明の乱前後の室町幕府」(『岩波講座日本歴史』第7巻中世3、岩波書店、一九七六年)
山田康弘『戦国期室町幕府と将軍』(吉川弘文館、二〇〇〇年)
山田康弘『戦国時代の足利将軍』(吉川弘文館、二〇一一年)

木下昌規(きのした・まさき)

一九七八年生まれ。大正大学非常勤講師。博士(文学)。
主要業績:『戦国期足利将軍家の権力構造』(岩田書院、二〇一四年)、「戦国期足利将軍家の任官と天皇——足利義晴の譲位と右大将任官を中心に」(『日本歴史』七九三号、二〇一四年)、「『御随身三上記』の基礎的研究——将軍足利義尹と武家故実の一側面」(『十六世紀史論叢』四号、二〇一五年)など。

戦国時代の天皇と公家衆

はじめに――影の薄い天皇と公家衆

一般に「戦国時代」と言ってイメージされるのは、日本各地に割拠《かっきょ》する戦国大名たちの合戦《かっせん》舞台や、「天下《てんか》獲《と》り」、下位の立場にある者が上位にある者を打ち倒し、権力を掌握していくという意味の「下《げ》剋上《こくじょう》」という言葉である。これらの言葉に代表されるように、戦国時代イコール武士の時代と捉えられている。

もっとも、戦国時代に活躍していたのは武士ばかりではない。天皇や公家《くげ》（天皇の居所《きょしょ》である清涼《せいりょう》殿《でん》への昇殿《しょうでん》を許された五位《ごい》以上の者）も、この時代を生きていた。しかし、これまで長く「武士の時代」と捉えられてきたため、天皇や公家は影の薄い存在であったことも否めない。実際、中学や高校で使われる日本史の教科書にも、戦国時代の天皇や公家衆はほとんど登場していないのが現状である。

そのため、多くの人が持つ戦国時代の天皇や公家のイメージは、政治的には全く無力な存在、単なる「伝統的権威」、そして経済的には日頃の食事にも事欠くような困窮ぶりにもかかわらず「権威」

を振りかざす守旧派《しゅきゅうは》、といったネガティブなものである。

このようなイメージが形成されてきたのには、戦国時代の天皇や公家衆に関する研究が低調だったことに原因がある。太平洋戦争以前では皇国史観《こうこくしかん》（天皇中心の国家体制を正当化する歴史観）のもと、天皇を崇拝し、その永続性を強調する傾向にあった。

戦後は、皇国史観に対する反発から、天皇を研究対象とすることを避ける風潮が生じる一方、皇国史観の克服を目指し、天皇の存続理由を探る研究も行われ始めた。一九七〇年代以降に至り、とくに政治史の分野でようやく天皇も含めた研究が本格的になされるようになったが、戦国時代の天皇は「たんなる金冠《きんかん》」といった評価しか与えられなかった。この時代の天皇の存在意義を改めて検討し始めたのは、昭和天皇の崩御《ほうぎょ》（一九八九年、昭和六十四年〈平成元〉一月七日）が契機となった、一九九〇年代から二〇〇〇年代にかけてのことである。よって戦国時代の天皇の実像は、いまだ十分に解明されたとは言いがたい。

ここでは、戦国時代の天皇や公家衆が果たした役割、様々な活動状況を具体的に追求することを通して、これまで単に「無力な存在」とのみイメージされてきた彼らの実態について明らかにしていきたい。

天皇の果たした役割①——裁判所としての機能

先にも触れたように、これまで戦国時代の天皇は、政治権力も失った「無力」で「貧乏」な存在と見なされていた。応仁《おうにん》・文明《ぶんめい》の乱（応仁元年〜文明九年、一四六七〜七七年）以後、百年に及ぶ未曾有《みぞう》の戦乱の影響で、各地の禁裏御料所《きんりごりょうしょ》（朝廷が所有する荘園《しょうえん》）からの年貢《ねんぐ》納入が途絶えた結果、朝廷が困窮を極めたことはよく知られている。

財政を支えることが困難となった朝廷（特に後奈良《ごなら》天皇在位期、在位大永《たいえい》六年〈一五二六〉〜弘治《こうじ》三年〈一五五七〉）では、各地の戦国大名が望むままに官位《かんい》（官途《かんと》と位階《いかい》）を授けたほか、僧侶《そうりょ》に対しても尊号《そんごう》（国師《こくし》号の授与や香衣《こうえ》着用の許可）の授与を行っている。いずれも、朝廷財政を潤すため、見返りとしての礼銭《れいせん》（謝礼金）を期待しての行為であった。他方、官途を得ようとする戦国大名側は、官途には即効的な効果はないものの、他大名との競争や支配を有効に進めるための名分《めいぶん》の一つと認識していた。

官位叙任《じょにん》は天皇独自の権限（＝天皇大権《てんのうたいけん》、ほかには改元《かいげん》・暦《こよみ》の制定）であるにもかかわらず、官途の濫発《らんぱつ》という事実が示しているように、当時の朝廷の政務は混迷の極みといった様相を呈している。しかし、必ずしも当時の天皇が無軌道な政務ばかりを執り行っていたわけではない。天皇が持つ政治的役割には、ほかに裁判機能がある。戦国時代に至っても、天皇・朝廷のもとへは公家や寺院・神社から色々な問題や訴えが持ち込まれ、その解決や調停が求められていた。ここでは、二つの訴訟を取り上げ、天皇・朝廷がどのような対応を行ったか、見ていこう。

一つは、寺院同士の本寺《ほんじ》・末寺《まつじ》関係をめぐるトラブルである。永禄《えいろく》八年（一五六五）十一月、誓願寺《せいがんじ》と円福寺《えんぷくじ》・三福寺《さんぷくじ》との間の相論《そうろん》、つまり諍《いさか》いが表面化した（『お湯殿《ゆどの》の上《うえ》の日記』永禄八年十一月二十日条）。

直接の原因は、誓願寺の長老泰翁上人《ちょうろうたいおうしょうにん》が参内《さんだい》（時の天皇である正親町《おおぎまち》天皇との対面）を希望したことに対し、円福寺・三福寺が誓願寺との本寺・末寺関係を理由に、それを疑問視したことである（『言継卿記《ときつぐきょうき》』永禄九年正月十六日条）。おそらく円福寺・三福寺側は、末寺と見なす誓願寺が本寺（＝円福寺・三福寺）を差し置いた態度をとったこと（＝参内を希望）に不満を持ったのであろう。円福寺は当時、畿内《きない》を支配していた三好《みよし》氏ではなく、朝廷のみに訴え出ている。なお、この年の五月十九日、十三代将軍の足利義輝《あしかがよしてる》が三好氏ら（三好義継《よしつぐ》・松永久通《まつながひさみち》）に殺害されたため、当時、将軍は空位《くうい》だった。

十二月、円福寺からの訴えを受けた朝廷は、直ちに禁裏小番衆《きんりこばんしゅう》（宿直当番グループをもとに組織された天皇の近臣《きんしん》集団）という集団に属する中〜下流の公家たちを集め、審議に入った（『言継卿記』永禄八年十二月二日条）。

審議の過程に目を向けると、正親町天皇の命により訴人《そにん》（原告。円福寺・三福寺）・論人《ろんにん》（被告。誓願寺）の双方から主張の根拠となる証拠文書を提出させ、それらをもとに公家衆（禁裏小番衆）が互いに意見を出し合うという合議制をとっている。そして裁定にあたっては、正親町天皇が関白近衛前《かんぱくこのえさき》久《ひさ》に対して下問《かもん》をし、前久の意見も徴《ちょう》している（『言継卿記』十二月二十六日条）。その結果、円福寺・三福寺側には本寺関係を示す証拠はなく、誓願寺側こそが「理運無紛者也《りうんまぎれなきものなり》」、すなわち理《り》があるという裁決が下された（「正親町天皇綸旨《りんじ》」『言継卿記』永禄九年正月十六日条）。誓願寺が勝訴したことにより、泰翁上人の参内希望も通ったのである。

実は、誓願寺と円福寺・三福寺との間では、永禄八年（一五六五）以前にもたびたび相論が生じていた。二つ目の相論の事例として、その様子を見ていこう。

遡ること永正《えいしょう》五年（一五〇八）、同六年（一五〇九）、同十六年（一五一九）の三度にわたり、誓願寺は朝廷ではなく室町幕府へ、円福寺・三福寺による参銭《さんせん》（賽銭《さいせん》）の横領を不当な行為として訴えている（『誓願寺文書《せいがんじもんじょ》』一）。

訴えを受けた幕府では、奉行衆《ぶぎょうしゅう》らの助言を受けながら十代将軍足利義稙《よしたね》が審議を進め、裁決を導き出している。この参銭横領をめぐる相論は約十一年もの間繰り返されたが、幕府は一貫して誓願寺側に理があると見なした上で、誓願寺に対し参銭を安堵《あんど》（＝参銭の領有を承認）する旨の裁定を行っている（『誓願寺文書』一）。

注目すべきは、これらはいずれも誓願寺―円福寺・三福寺間に生じた相論であるものの、それぞれ提訴先が朝廷／幕府と明確に分かれている点である。そして、提訴された朝廷／幕府は、互いに諮《はか》ることなくそれぞれ独自に審議を行い、裁決を下しているのである。

以上、二つの相論の事例から、朝廷では本寺・末寺関係という、言わば社会的な立場や身分秩序に関わる案件を処理しているのに対し、幕府は領有関係や諸権益の権利確定といった案件を処理するという、案件内容による裁判機能の分掌が行われていたことが窺える。

また、訴人（原告）も案件内容によって提訴先を使い分けている。このように戦国時代、裁判所として機能しているのは、必ずしも幕府（武家《ぶけ》）ばかりとは限らなかったのである。朝廷もまた裁判機関として人々から期待され、その役割を果たしていたことがわかる。

天皇の果たした役割②——勅命講和の実態

当時の天皇は、大名間の交渉の仲介を果たす役割も担っていた。戦国時代とはいえ、戦況が膠着《こうちゃく》した際にはお互いにある程度の妥協を図り、講和が結ばれることは珍しくはなかった。この時、天皇の命令によって講和が結ばれる（勅命講和《ちょくめいこうわ》）こともあった。これまで、勅命講和を漠然と「天皇の権威にすがる」ものと理解されることが多かったが、実際に講和に際して天皇はどのような働きをしたのであろうか。いくつか事例を見よう。

元亀《げんき》元年（一五七〇）年、織田信長《おだのぶなが》は畿内周辺の多数の反信長勢力に包囲され、窮地に陥った。特に、九月に挙兵した大坂本願寺《おおさかほんがんじ》との戦いは、その後、十年にも及ぶ石山戦争《いしやませんそう》の始まりとなった。

本願寺——信長間の争いが勃発した状況を見てとった朝廷は、独自の判断で講和に乗り出そうとしていた（『言継卿記』元亀元年九月十五日条）。同時に、信長と十五代将軍足利義昭《よしあき》が朝廷に申し入れ、本願寺に対する勅命講和を望んだため、朝廷は直ちに行動に移した。停戦に向けて、正親町天皇は本願寺に宛てて勅書《ちょくしょ》（手紙）をしたためている（『言継卿記』元亀元年九月二十日条）。その内容は、停戦命令に加えて、「存分候《ぞんぶんそうら》はゝ、仰出《おおせいだ》され候《そうろう》へく候」、つまり本願寺側の言い分も聞く、というものであった。

結果的に、この勅書は戦火の影響もあって本願寺には届かなかったが、天皇は講和に向けて両者間の調停を図るネゴシエーターとして働いていたことがわかる。

なお、同様な働きは、元亀四年四月、信長と義昭との対立が悪化した時にも確認できる。状況を知った天皇は、自ら信長のもとへ勅使《ちょくし》の関白二条晴良《かんぱくにじょうはれよし》・三条西実澄《さんじょうにしさねすみ》・庭田重保《にわたしげやす》の三名の公家を派遣し、義昭との和睦《わぼく》を示唆《しさ》している（『兼見卿記《かねみきょうき》』元亀四年四月五日条）。それを受けた信長は直ちに実際の交渉に着手し（『兼見卿記』元亀四年四月七日条）、和睦は成立した。

さらに、天皇は当事者を講和交渉のテーブルに着かせる役割や、講和条件の内容を保障する役割も果たしている。元亀元年十一月末、浅井《あざい》・朝倉《あさくら》・比叡山延暦寺《ひえいざんえんりゃくじ》（反信長勢力）―信長・義昭間の戦況がいっそう悪化したため、講和が模索された。

この時、交渉の実務を担当していた義昭と関白二条晴良によって、講和条件である近江《おうみ》（滋賀県）の領地分け案が示されたが（『尋憲記《じんけんき》』元亀元年十二月二十二日条）、延暦寺側は所領（山門領《さんもんりょう》）が安堵されるか不審に思い、同意しなかった。講和を渋る延暦寺に対し、正親町天皇は十二月九日付けで綸旨（天皇の意志・命令を示す文書）を発給した（『伏見宮御記録《ふしみのみやごきろく》』）。その内容は、信長―浅井間で取り決められた山門領安堵の実現を保障した上で、延暦寺に講和を勧めるものであった。この綸旨を受けてのち、同十五日、講和は成立するに至ったのである（『言継卿記』元亀元年十二月十五日条）。

また、天皇・朝廷の役割には、一方の当事者を講和の流れに引き込むという働きに加え、交渉過程で双方の納得し得る講和条件を提示することもあった。このような働きは、石山戦争の最終段階でも見られる。天正《てんしょう》七年（一五七九）十二月末、後ろ盾がなくなり追いつめられた本願寺に対し、朝廷は信長との講和を勧めた（『本願寺史』第一巻）。

これを受けて翌天正八年（一五八〇）三月から、信長—本願寺間では講和に向けての具体的な交渉が始まったのである。交渉の過程で、信長は講和条件として本願寺が本拠地の大坂を退城することを要求した。これは信長が求めた唯一の条件と言えるが、当初、本願寺は受け入れようとしなかった。そこで再び、朝廷は本願寺に対し、講和成立と本願寺教団の存続のため、大坂の地を退去することを諭《さと》した（「本願寺《ほんがんじ》顕如《けんにょ》光佐《こうさ》宛《あて》誠仁《さねひと》親王《しんのう》消息《しょうそく》」『本願寺文書《ほんがんじもんじょ》』一）。

その結果、閏三月五日、本願寺も講和に応じ、十年間続いた石山戦争もようやく終結したのである。

以上のように、勅命講和は単に名目的なものではなかった。天皇は講和に向けての交渉に際して、具体的・実質的に動いていたと言えよう。

地方に下る公家たち

先に見た裁判の例からもわかるように、当時の公家は花鳥風月《かちょうふうげつ》を友とする文弱《ぶんじゃく》な徒ではない。裁判の審議をはじめ、朝廷で行っている官位叙任、改元（元号《げんごう》の変更）といった政務においても、主に禁裏小番衆に属する公家たちがそれらの実務を担い、遂行していた。

このように、当時は朝廷で廷臣《ていしん》として天皇に仕え、活動する公家が存在する一方、戦乱を避けるため、あるいは経済的な問題から地方に下向《げこう》する公家も現れた。公家の地方下向は、一五〇〇年前後から一五三〇年代（文亀《ぶんき》・永正《えいしょう》・享禄《きょうろく》年間）にかけてがピークとなっている。実際、戦国時代の公家の経済状態は良好とは言えない。

例えば中流公家の山科《やましな》家の場合、家領《けりょう》の一つの播磨下揖保荘《はりましもいぼのしょう》（兵庫県たつの市）からの年貢《ねんぐ》は、応《おう》永《えい》十三年（一四〇六）に六十九貫文《かんもん》（一貫文は約十～十五万六千円に相当）納められていたが、文亀元年（一五〇一）には二十貫文に、天文《てんぶん》十三年（一五四四）には四貫文へと、時期が下るにつれて減少している。

右のように、戦乱の影響で家領支配が危機に陥ったため、公家たちの中には家領荘園を直接管理・経営する（＝直務《じきむ》支配）ため、地方に下向する者も現れたのである。

摂家《せっけ》（最上層の公家）の九条《くじょう》家も例外ではなかった。各地に三十数ヶ所あった九条家の荘園は武士の侵略などにより、室町時代中期に至ると十二ヶ所にまで減少してしまった。そこで九条家の当主政《まさ》基《もと》は、荘園の直務支配を行うべく、同家の主要な荘園であった和泉日根野荘《いずみひねののしょう》（大阪府泉佐野市《いずみさの》）へ下向した（『政基公旅引付《まさもとこうたびひきつけ》』文亀元年〈一五〇一〉三月二十八日条）。政基は、永正元年（一五〇四）十二月までの三年八ヶ月を日根野荘で過ごし、直務支配を行っている。

また、各地の戦国大名からの招待を受けて地方に下向する公家も現れた。彼らは、戦国大名やその家臣に対し、それぞれの「家」に伝わる「わざ」（＝家業《かぎょう》）、すなわち蹴鞠《けまり》や和歌の伝授《でんじゅ》、学問の教授（『孟子《もうし》』や『日本書紀《にほんしょき》』の講義など）を行っている。

例えば、清原宣賢《きよはらのぶかた》という公家は、中の下クラスの家柄《いえがら》ではあるものの、当代きっての学者として知られていたため、越前朝倉《えちぜんあさくら》氏、能登《のと》畠山《はたけやま》氏、若狭武田《わかさたけだ》氏らに請《こ》われて儒学《じゅがく》を講《こう》じ、最後は朝倉氏のお膝元である越前一乗谷《いちじょうだに》で歿した。

ほかに、蹴鞠と和歌の「師範家《しはんか》」であった飛鳥井《あすかい》家は、「廻諸国取門弟云々《しょこくをめぐりもんていをとるとうんぬん》」（『惟房公記《これふさこうき》』永禄元年六月二十九日条）とあるように、尾張《おわり》（愛知県）・周防《すおう》（山口県）・駿河《するが》（静岡県）など各国をめぐり、弟子をとっている。

さらに、大名たちの求めに応じて、公家たちは古典《こてん》（『源氏物語《げんじものがたり》』など）の書写・添削《てんさく》、色紙《しきし》や短《たん》冊《ざく》に詩歌《しいか》を書くことも行っていた。武家、特に大名などの上級武家クラスでは、和歌や蹴鞠《けまり》は重要な素養と見なされていたことから、積極的に公家の教えを受けていたのである。

このような学問・芸能・文化の伝授・教授に対し、公家たちは相応の束脩《そくしゅう》（授業料）や謝礼を受け取っていた。先に挙げた蹴鞠・和歌「師範家」の飛鳥井雅綱《まさつな》は、天文二年（一五三三）に尾張の織田信秀《のぶひで》（信長の父）に招かれた。雅綱は織田家の者に和歌・蹴鞠を伝授し、弟子をとるたびに二百～五百疋《ひき》（＝銭《ぜに》二貫～五貫文に相当）の入門料を得ている（『言継卿記』天文二年七月二十五～二十八日条など）。

このように、家業伝授はもちろん公家の重要な収入源となったが、同時に各地に京の公家文化の影響をもたらすこととなった。特に、越前朝倉氏の朝倉文化・駿河今川氏の今川文化・周防大内《おおうち》氏の大内文化は、「戦国三大文化」として有名で、中でも大内氏が支配した周防山口（山口市）は現在も「小京都《しょうきょうと》」と呼ばれている。

ほかに、文化を通して、公家が大名間の交流・外交に一役買《ひとやく》っている様子も窺える。

上冷泉為和《かみれいぜいためかず》は、享禄四年（一五三一）から天文九年（一五四〇）と、天文十一年から同十八年まで駿河に在国《ざいこく》し、そこで生涯を閉じた。駿河には上冷泉家の家領があったため、為和はそれらの維持管理を目指して下向したのであろう。加えて、上冷泉家は藤原定家《ふじわらのさだいえ・ていか》以来の和歌を家業としており、「和歌《わか》宗匠《そうしょう》」としてその名を馳せていた。為和もまた、享禄四年十二月に駿河の戦国大名今川氏輝《うじてる》を門弟《もんてい》としている（『為和集《ためかずしゅう》』）。

さらに和歌の教授のみならず、為和は天文五年二月、氏輝と共に相模《さがみ》小田原に赴き、北条氏綱《ほうじょううじつな》・氏康《うじやす》父子らとの和歌会を催しており、今川氏と北条氏を取り持っている。

天文六～九年、同十一～十三年にかけても、為和は今川氏と武田《たけだ》氏との間を行き来して和歌会を開き（『為和集』天文七年八月など）、駿河（今川氏）と甲斐《かい》（武田氏）とを取り結んでいる。このように、公家の家業が大名間の外交を仲介する役割を果たすこともあったのである。

地方下向の様々な背景

先に見た九条政基の和泉日根野荘への下向の目的は、家領の直務支配だけではなかった。そこには、ある事情ともう一つの目的があった。下向五年前の明応《めいおう》五年（一四九六）に、政基・尚経《ひさつね》父子は、九条家の家　礼《かれい・けらい》（家来《けらい》、従者《じゅうしゃ》）唐橋在数《からはしありかず》を殺害する事件を起こしていたのである。被害者の在数は九条家の筆頭《ひっとう》家礼であったが、政基の従兄弟《いとこ》という立場でもあったことから、同家の荘園経営にも重要な役割を果たしていた。

しかし在数は、無礼な振る舞いや不正な経営を行った咎《とが》から、政基らによって殺されてしまった（『後法興院記《ごほうこういんき》』明応五年正月八日条）。この殺人事件については、朝廷で審議がなされ、時の後土御門《ごつちみかど》天皇は、政基・尚経父子を勅勘《ちょくかん》（天皇による出仕《しゅっし》差し止めの処分）に処することで解決を図った（『後法興院記』明応五年閏二月四日条）。

勅勘を蒙《こうむ》った政基は、自身の赦免《しゃめん》（＝勅免《ちょくめん》）と息子尚経の関白就任（文亀元年〈一五〇一〉六月二十九日に実現）を目《も》して、謹慎《きんしん》の意を表して京を離れたのである。このように、政基の日根野荘下向には、同荘の直務支配による再建と、朝廷および公家社会における九条家の復権という二つの目的があったと捉えられる。

戦国・織豊期、天皇家略系図

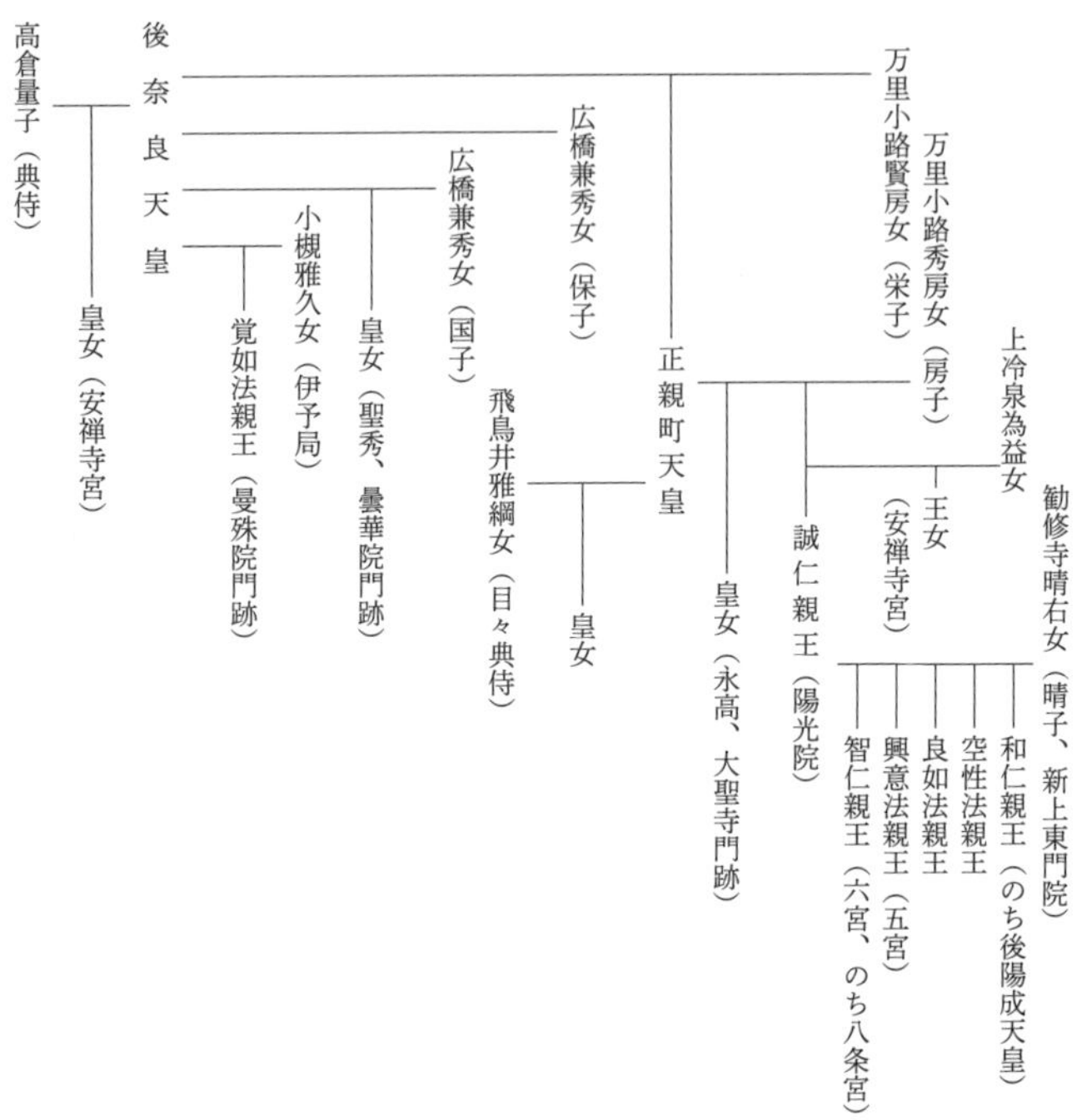

註「本朝皇胤紹運録《ほんちょうこういんじょううんろく》」（『群書類従《ぐんしょるいじゅう》』第五巻　系譜部）をもとに作成。一部、略。

従軍する公家たち

この時代、公家でありながら、室町将軍や織田信長の出陣に同行する者も見られた。

元亀元年（一五七〇）七月二十一日、本拠地の阿波《あわ》（徳島県）から攻め上った三好三人衆は、摂津《せっつ》中島《なかのしま》・天満森《てんまもり》（いずれも大阪市北区）に入った。軍勢《ぐんぜい》七、八千人（一説には一万三千人）を率いた三好三人衆は、野田《のだ》・福島《ふくしま》（いずれも大阪市福島区）に城砦《しろとりで》を構えて立て籠もり、畿内奪還の機会を窺っていた。これを攻めるため、八月二十三日に京に入った信長は、二十五日には大坂方面へと出陣し、天王寺《てんのうじ》に布陣《ふじん》した。続いて三十日には、十五代将軍義昭も出陣している（『言継卿記』元亀元年八月二十五日条・同三十日条）。

この折、日野輝資《ひのてるすけ》・高倉永相《たかくらながすけ》・飛鳥井雅敦《まさあつ》・烏丸光宣《からすまみつのぶ》ら公家衆は朝廷へ暇乞《いとまご》いし、信長勢に従軍《じゅうぐん》している（『お湯殿《ゆどの》の上《うえ》の日記《にっき》』元亀元年八月二十二日条）。その二日後の二十七日には、烏丸光宣の父光康《みつやす》も五、六十人の人数を引き連れて摂津に出陣し、正親町実彦《おおぎまちさねひこ》もそれに同道《どうどう》した（『言継卿記』元亀元年八月二十七日条）。

その一方で、朝廷では八月二十五日に庚申待《こうしんま》ち（庚申の日に神を祀《まつ》り徹夜する行事）が繰り広げられ、正親町天皇をはじめ誠仁親王《さねひとしんのう》（第一皇子）、岡殿《おかどの》（大慈光院覚音《だいじこういんかくおん》、天皇の叔母）たちも集った。公家たちも招集され、四辻季遠《よつつじすえとお》・万里小路惟房《までのこうじこれふさ》・山科言継・四辻公遠《きんとお》・白川雅英《しらかわまさひで》・薄以継《すすきもちつぐ》らが参内している（『言継卿記』元亀元年八月二十五日条）。

このように、当時は朝廷に参内して行事に参加する公家がいる一方、自ら人数を率いて武家の出陣に同行する公家も現れているのである。もっとも、信長勢に公家が従軍することは、これが初めてではない。同年四月の、信長の越前遠征時にも確認できるのである。四月二十日に京を出立した信長軍の中には、飛鳥井雅敦・日野輝資らも加わっていた（『言継卿記』元亀元年四月二十日条）。では、従軍する公家とは、いったいどのような存在なのであろうか。

出陣した日野・飛鳥井・烏丸らは、もちろん廷臣として天皇に奉仕する身分ではあるが、同時に将軍にも近侍《きんじ》する将軍側近《そっきん》公家衆という一面も持っていた。彼ら昵近衆《じっきんしゅう》と呼ばれる公家集団は、六代将軍義教《よしのり》の頃の十五世紀前半頃から形成され、この時期まで代々続いていた。昵近衆は、将軍御所《ごしょ》での儀礼に参加するほか、将軍の参内時や外出時に付き従ったり、将軍と朝廷との交渉時にはパイプ役を務めたりといった役割を担っている。

将軍の側近という彼らの意識は、例えば、十一代将軍義澄《よしずみ》が隠遁《いんとん》したという風聞《ふうぶん》（『拾芥記《しゅうがいき》』文亀二年〈一五〇二〉八月七日条）や、義稙の屋敷に討ち入りがあったという風聞（『二水記《にすいき》』永正十四年〈一五一七〉二月四日条）が立った時に、真っ先に馳せ参じたという行動に表れている。このように、昵近衆にとっては、将軍の動向に応じた行動をとることが自然だったのである。前述の、日野らの従軍もまた、昵近衆としての意識に基づいて、信長および義昭の出陣に呼応するものであったと言える。

公家の様々な活動

「家」に伝わる家業ではなく、自身の会得《えとく》した知識・技術によって、京で活躍する公家も見られる。中流公家の山科言継は、自ら医学書『医方大成論《いほうたいせいろん》』（中国元《げん》代の孫允賢《そんいんけん》撰）を読むかたわら、典薬頭《てんやくのかみ》丹波宗成《たんばむねなり》・業家《なりいえ》、半井明孝《なからいあきたか》・澄玄《ちょうげん》ら官医《かんい》の家と交流することによって、医薬知識を身につけた。

その知識をもとに、言継は約百四十種類の薬を調合するまでになり、病に苦しむ公家や天皇に仕える後宮《こうきゅうにょうぼう》女房たち、妙法院《みょうほういん》・宝徳庵《ほうとくあん》・大祥寺《だいしょうじ》・大覚寺《だいかくじ》の僧侶はもとより、京の町衆《まちしゅう》ら庶民に対しても診察および投薬を行っている。

言継は自身の日記『言継卿記』に、患者の容態、使用した薬の名称・量などを明記しており、ここから診察・投薬に積極的に取り組んでいる様子が窺える。また、診察抜きの投薬を否定する（『言継卿記』天文十九年十一月十五日条・元亀二年七月六日条）という点から見ると、言継の診療行為は医家に比べても遜色《そんしょく》ないものと評価できるのではないだろうか。

天皇のキサキと天皇に仕える女房たち

南北朝《なんぼくちょう》時代以降、具体的には後醍醐《ごだいご》天皇の皇后《こうごう》珣《じゅん》子《し》内親王《ないしんのう》の冊立《さくりつ》（天皇の命令により、正式に皇后として定めること。元弘《げんこう》三年〈一三三三〉十二月七日）以降、江戸時代の初めまでのおよそ三百年の間、朝廷では天皇や皇太子《こうたいし》の「正妻」（キサキ）である皇后や中宮《ちゅうぐう》は立てられなかった。

皇后が立てられる、すなわち立后《りっこう》の復活は、寛永《かんえい》元年（一六二四）十一月十八日（一説には二十八日）、後水尾《ごみずのお》天皇の女御《にょうご》源《みなもとの》和子《まさこ》（二代将軍徳川秀忠《ひでただ》の娘）の皇后宣下《せんげ》まで待たなければならなかった。

また、皇后の予備的な地位である女御の制度も、南北朝時代より中絶している。これも、天正十四年（一五八六）十二月十六日、近衛《このえ》前久《さきひさ》の娘前子《さきこ》（当時の関白豊臣秀吉の養女）が後陽成《ごようぜい》天皇の女御として入内《じゅだい》したことにより復活を遂げた。

戦国時代の天皇に「正妻」がいなかった理由は、いくつか考えられる。当時、天皇（後柏原《ごかしわばら》天皇・後奈良《ごなら》天皇・正親町《おおぎまち》天皇ら代々）の即位礼《そくいれい》が戦国大名たちの献上金《けんじょうきん》によって実現したことからも明らかなように、朝廷には立后の儀式を挙行するだけの費用はなかった。加えて、立后すると中宮職《ちゅうぐうしき》という役所を設立し、天皇家と同じ組織を持つ必要が出てくるが、朝廷にはそれを設立・維持するだけの財力はなかった。

このような経済的な理由のほかには、朝廷のあり方の変化も挙げられる。すなわち平安時代以降、官職《かんしょく》への就任が男性に限定されるようになった結果、次第に朝廷における女性の地位や役割が、公的なものから天皇「家」内部の私的なものへと変化していったということも、理由の一つであろう。そのため、当時の朝廷では、そこに仕える女房（後宮女房）が、天皇のキサキとしての位置にあってその役割を果たし、天皇との間に子供を儲けていた（二四六頁の「戦国・織豊期、天皇家略系図」参照）。つまり、戦国時代の朝廷は「お内裏様《だいり》とおひな様」といったあり方ではなかったのである。

続いて、後宮女房についても見ていこう。後宮女房は、位《くらい》の高下《こうげ》によって、典侍《てんじ・すけ》・内侍《ないし》・命婦《みょうぶ》・女蔵人《にょくろうど》に分かれ、それぞれおおむね四人ずつで構成されている。もちろん、彼女たちの役割は「天皇の子供を産む」に留まらない。朝廷内部での働きを見ると、天皇の身の回りの世話という日常的なものから、儀式や行事の際に天皇に付き従う役割まであった。このような仕事は、後宮女房のトップの大典侍《おおすけ》が取り仕切っていた。

さらに、朝廷外部に関わる職務は多岐にわたる。このような仕事は、内侍のトップの勾当内侍《こうとうのないし》（長橋局《ながはしのつぼね》）が司っていた。例えば、天皇の意向を受けて勾当内侍が書く女房奉書《にょうぼうほうしょ》の発給《はっきゅう》、寺社への代拝《だいはい》、公家と共に行う儀式の準備のほか、年貢の管理や諸経費の捻出《ねんしゅつ》なども、勾当内侍の腕にかかっていた。このように、大典侍と勾当内侍が言わば車の両輪として、天皇「家」そして朝廷を支えていたのである。

注目すべきは、使者としての役割である。これは、戦国時代から織田信長の時代にかけて新たに加わったものである。この時期、朝廷と武家との間で政治的な問題が起きた際、後宮女房も交渉役として携わっていた。天正元年（一五七三）頃、時の天皇、正親町天皇は高齢のため、譲位《じょうい》を望んでいた（「正親町天皇宸筆御消息案《おおぎまちてんのうしんぴつごしょうそくあん》」）。

このことは、朝廷はもちろん、織田信長もいったんは了承していたものの、白紙に戻ってしまった（『孝親公記《たかちかこうき》』天正元年十二月八日条）。天正九年に至り、この問題は、勾当内侍が信長のもとへ派遣された折、再び折衝されることとなった。この時、勾当内侍は信長から、再び譲位に同意し、実現のための費用提供を約する言葉をいったんは引き出している（『お湯殿の上の日記』三月九日条）。ただ結果として、凶年《きょうねん》にあたることを理由に、今回も譲位の挙行は見送られた。

このように、後宮女房は単なるメッセンジャーではなく、問題解決に向けての調整・交渉といった、より実質的な役割を果たしている。一般的に、このような役割は、公武間の交渉に携わる武家伝奏《ぶけてんそう》という役目の公家が担うものである。この点から当時の勾当内侍、つまり後宮女房には、武家伝奏と同様な役目も課されていたことがわかる。

おわりに——戦国時代の天皇と公家

これまで見てきたように、戦国時代に至っても天皇、そして公家を含めた朝廷は、裁判機能等の政治的な役割を果たしており、一定の影響力をもたらしていた。ここから当時の天皇は、政治的・社会的な秩序の保障者と見なすことができる。また公家は、朝廷の政務運営面に加えて、文化面や、それ以外にも様々な活躍を見せている。彼らは単なる文化の担い手に留まらず、文化を通して戦国大名間の交流・外交にも携わっていた。

よって、この時代の天皇や公家を「無力な存在」、「伝統的権威を振りかざす守旧派」といった固定的なイメージでのみ捉えるのは、あまりにも一面的と言えるのである。

主要参考文献

今谷明『戦国大名と天皇――室町幕府の解体と王権の逆襲』（講談社学術文庫、二〇〇一年。初刊一九九二年）

今谷明『戦国時代の貴族――『言継卿記』が描く京都』（講談社学術文庫、二〇〇二年。初刊一九八〇年）

神田裕理『戦国・織豊期の朝廷と公家社会』（校倉書房、二〇一一年）

神田裕理「戦国末期における朝廷・天皇の政務運営――誓願寺・円福寺間相論を中心に」（『戦国・織豊期朝廷の政務運営と公武関係』日本史史料研究会、二〇一五年秋刊行予定。初出二〇一〇年）

菅原正子『中世公家の経済と文化』（吉川弘文館、一九九八年）

矢島有希彦「駿河における冷泉為和」（『戦国史研究』四一号、二〇〇一年）

歴史館いずみさの『平成十三年度特別展　『政基公旅引付』とその時代』（二〇〇一年）

神田裕理（かんだ・ゆり）

一九七〇年生まれ。元京都造形芸術大学非常勤講師。
主要業績：『戦国・織豊期の朝廷と公家社会』（校倉書房、二〇一一年）、「元亀年間の関白と将軍――元亀二年伊勢神宮禰宜職相論を中心に――」（『十六世紀史論叢』四号、二〇一五年）、『戦国・織豊期朝廷の政務運営と公武関係』（日本史史料研究会、二〇一五年秋刊行予定）など。

戦国期の武士の官途

はじめに——官途とは何か

官途《かんと》（官職《かんしょく》）とは、古代の大和朝廷《やまとちょうてい》で成立した、朝廷における序列を示す位階《いかい》に対応して任じられる、律令《りつりょう》官位制度に基づく地位のことである。具体的には、美濃守《みののかみ》や上総介《かずさのすけ》などの受領《ずりょう》官、左衛《さえ》門尉《もんのじょう》や修理亮《しゅりのすけ》、兵庫頭《ひょうごのかみ》などの京官《きょうかん》のことである。官位という場合は、官途と位階双方を総称したものになる。

平安時代までは、官途本来の役職と、それに応じた俸禄《ほうろく》がおおむね保たれ、官位相当《かんいそうとう》（官途と位階が互いに相当すること）も、やや変動がありつつも守られていた。武士層は多くが衛門《えもん》・兵衛尉《ひょうえのじょう》や近衛《この》衛将監《えしょうげん》などに任官《にんかん》し、清和源氏《せいわげんじ》や桓武平氏《かんむへいし》などでも国守《くにのかみ》（国司《こくし》）に任官するのがせいぜいであった。

しかし、中世に入って以降、官途は本来の職務と乖離《かいり》し始める。背景には、朝廷での官司《かんし》運営体制の変化や、武士層の任官事例の増加などがあった。

官位相当も同様に崩れ、室町期以降の武士においては、ほとんど無視されていると言ってもよい。

武士が叙任《じょにん》（位階に叙することと、官途に任じること）を受ける時、位階はもらわない場合もあった。位階をもらう場合は、最初は一律に従五位下《じゅごいげ》が与えられた。稀に、飛び越えて従四位下《じゅしいげ》となる場合もあるが、その場合も従五位下を経ているように文書上で処理されている（『和長卿記《かずながきょうき》』明応《めいおう》十年〈文亀《ぶんき》元年、一五〇一〉正月十四日条など）。戦国期の武士の官途を論じるにあたって、「位階では何々相当である」という議論がかつて多くなされたこともあったが、当該期の実情からすれば、それは全く無意味なのである。

名乗《なの》りに用いられる武士の官途は、本来、朝廷から正式な任官を受けて初めて名乗ることができるものであった。鎌倉時代には、官途を持つ者と持たざる者をはっきり区別するために、鎌倉幕府が御《ご》家人《けにん》の叙任を制限・規定したので、それが厳密に守られていた。

室町幕府でも当初は、足利直義《あしかがただよし》（初代将軍尊氏《たかうじ》の弟）の主導のもと、それを踏襲していた。しかし、三代将軍義満《よしみつ》期頃から、官途を私称する傾向が全国的に見られるようになる。これは自称する場合もあれば、主君から私的に与えられる場合もあった。基本的に、将軍から見て直臣《じきしん》ではない者が私称しており、直臣は将軍を通じて正式な叙任を受けた。ただし、私称するにあたっては、主君や周囲の承認がなければ、その官途で呼ばれないため意味がなく、私称できる官途の範囲も限られていた（これは地域・大名ごとに異なる）。

このように室町時代には、官途を名乗ることが武家社会で一般化していった。しかし、元服してから官途を持つようになるまでは、弥太郎《やたろう》・源次郎《げんじろう》・九郎《くろう》などの仮名《けみょう》を用いていた。

武士の官途に関する研究が始まったのは比較的遅く、一九七〇年代以降になってからである。戦国期の武士の官途研究は、室町幕府の官途推挙《すいきょ》のあり方や、厳然とした官途秩序の存在を指摘した二木《ふたき》謙一《けんいち》氏の研究（二木：一九八五）以降、本格化することになる。

一九九〇年代の主だった研究としては、天皇権威の浮上を説く中で実利的官位論を唱えた今谷《いまたに》明《あきら》氏（今谷：一九九二）、戦国・織豊《しょくほう》期の朝廷における叙任手続きを明らかにした池享《いけすすむ》氏（池：一九九二）、そして室町・戦国期の武家と官位の検討から、官途がその家を指し示す指標となっていたことや、室町幕府が律令官位制と全く異なる官位体系を創出したことを指摘した金子《かねこ》拓《ひらく》氏の研究（金子：一九九八）が挙げられる。

二〇〇〇年代以降になると、毛利《もうり》・大内《おおうち》・赤松《あかまつ》・山名《やまな》・佐竹《さたけ》といった個別大名に関わる研究が増える。左馬頭《さまのかみ》や四職大夫《しきだいぶ》（左京大夫《さきょうだいぶ》、右京大夫《うきょうだいぶ》、修理大夫《しゅりだいぶ》、大膳大夫《だいぜんだいぶ》の四つ）といった個別の官途の研究や、室町幕府の官途秩序が具体的にどのようなものであったかを明らかにした研究もなされるようになる（木下：二〇一一）。

戦国期の武士の官途は、以前はただの名前の一つであって、特に意味のない、言わば空名《くうめい》であるとされていた。これは、江戸時代の武士の官途がそうであったことから、戦国期もそうだったのだろうという、漠然とした理解に基づくものであった。しかし、こうした研究の積み重ねによって、現在では幕府・大名権力を考える上でも、礼の秩序のあり方を見る上でも、官途は重要な存在であることが知られるようになってきている。

官途はどのようにしてもらうのか

各地の大名や有力国人《こくじん》は、基本的に幕府を通じて官途を得ている。これは室町幕府が南北朝の動乱を経るうちに、武士の叙任を幕府の手続きのもとに一元化したからである。もともと室町幕府でも、武士の叙任は鎌倉幕府同様に成功形式《じょうごうけいしき》（朝廷の臨時の出費に私財を寄付した者へ官位を与えたこと）を用いて、朝廷の除目《じもく》（大臣以外の官を任じる儀式）を経て行われていた。

それが、観応《かんのう》元年（一三五〇）年から始まった、いわゆる観応の擾乱《じょうらん》を経て、武士の叙任が将軍からの恩賞という性格を持つようになった。二代将軍義詮《よしあきら》期になると、成功任官《じょうごうにんかん》が姿を消し、申請のあった叙任を幕府が推挙する形へと変化する。以後、室町幕府最後の将軍である義昭《よしあき》の時代まで、この形態が原則となるのである。

では、室町幕府における叙任は、どのようなものだったのか。

まず叙任を望む者が、その旨を幕府に申請する。申請する相手は、基本的に官途奉行だが、細川氏や伊勢《いせ》氏などの幕閣《ばっかく》有力者や、幕府女房《にょうぼう》、知り合いの公家などをつてに申請する時もあった。そしてこの申請が、朝廷で叙任関係の実務を行う職事《しきじ》となる者（弁官《べんかん》や蔵人《くろうど》）へ伝えられる。この伝達には、官途奉行などから職事に対して、誰が何に叙任するかを記した文書（挙状《きょじょう》・折紙《おりがみ》などと呼ばれる）が出される。そして職事から上卿《しょうけい》となる公卿を経て、宣旨《せんじ》もしくは位記《いき》を作成する外記局《げききょく》に叙任の詳細を伝え、朝廷の叙任文書である口宣案《くぜんあん》と、宣旨もしくは位記が作成される。

口宣案には、次のように上卿の名前、年月日、叙任される人物の名前、叙任される官位、職事の名前が記される。

上卿（上卿の名前）

年　月　日　宣旨

（叙任を受ける者の名前）

宣（任＋官途、又は叙＋位階）

（職事の名前）奉

叙任を受ける人物の名前は、足利義政ならば源義政、毛利元就《もとなり》なら大江《おおえ》元就というように、苗字《みょうじ》ではなく本姓《ほんせい》で記された。

このようにして作成された口宣案以下は、職事から幕府へ渡され、叙任者に与えられた。叙任者は御礼として、叙任された官位に応じた銭や進物を、将軍および叙任に携わった関係者に贈る。伊達稙宗《だてたねむね》が左京大夫に任官した際には、御礼と諸経費を合わせると、実に総計三百五十貫余（約三千五百万円）を費やしている（金子：一九九八、木下：二〇一一）。

これが本来の叙任手続きであったが、義満期になると、こうした面倒な手続きが省かれるようになる。次第の「下知《げち》」と呼ばれる、職事から上卿を経て外記への宣下が行われなくなり、口宣案のみが作成されて、叙任が成り立つのである（『建内記《けんないき》』正長《しょうちょう》元年〈一四二八〉六月二十五日条など）。これにより、武士の官途は、一部（左衛門督《さえもんのかみ》・右衛門督《うえもんのかみ》や左兵衛督《さひょうえのかみ》・右兵衛督《うひょうえのかみ》など）を除いて公家とは別に扱われるようになったのである。そして足利将軍家を除いて、除目からは武士の名前も見えなくなる。

戦国時代の室町幕府による叙任手続きも、基本的にはこれと同じである。しかし十三代将軍義輝《よしてる》期など、将軍の京都不在期間が頻繁にあったため、朝廷に対して官位を直接求める事例が激増したと見る向きもある（今谷：一九九二）。

では、幕府を介さない叙任は、どのようなルートで行われたのか。

一つは懇意《こんい》の公家を介するルートである。最も有名なのが周防《すおう》（山口県）の大内氏で、大内政弘《まさひろ》が亡父教弘《のりひろ》への贈従三位《ぞうじゅさんみ》を実現するために起こした運動を端緒とし（この時は失敗、のちに足利義政の執《しっ》奏《そう》で実現）、大内義隆《よしたか》の大宰大弐《だざいのだいに》任官以後の叙任などは、皆この手段がとられていた。大内氏が幕府を介さず叙任しようとしたのは、教弘贈従三位運動の時に、義政が「武家者三位事不可有先規《ぶけはさんみのことせんきあるべからず》」（『晴《はれ》富宿禰記《とみすくねき》』文明十一年〈一四七九〉閏九月八日条）と、武家が三位となる先例はないと当初執奏を拒んだように、大内氏が先例のない官位への叙任を求めたためである。ただ朝廷にも、武士の叙任には将軍の許諾が重要であるとの認識があり、義隆が任官した大宰大弐も、のちに幕府の許諾を得ている。

ほかにも、島津氏や薩摩《さつま》・大隅《おおすみ》（いずれも鹿児島県）の国人《こくじん》は、島津庄の本所《ほんじょ》である近衛《このえ》氏を通じて叙任をしている。土佐《とさ》（高知県）の国人には、応仁《おうにん》の乱の際に土佐へ下向して以後、土着《どちゃく》していた一条《いちじょう》氏の推挙によって叙任した者がいる。畿内周辺でも、荘園《しょうえん》領主であるなど、関係のある公家に仲介を依頼して、叙任を受けた者が確認できる。

ただし天皇・公家は、幕府内での叙任の可否に関知しておらず、そのために幕府で却下された叙任を朝廷で許可することもあった。例えば、伊予《いよ》（愛媛県）の宇都宮《うつのみや》氏は、受領任官を幕府に求めたが、河野《こうの》氏の横槍によって許されなかったため、公家を介して朝廷から直接任官を受けている。逆に、幕府が許可したのを朝廷が却下するケースは見当たらない。幕府が叙任を認可すれば、それは確実に朝廷から認可されたのである。

つまり、戦国時代に天皇の権威が幕府よりも上昇したため、諸大名が幕府を介さずに交渉した（今谷：一九九二）のではなく、幕府の許可が得られそうにないための方策、得られなかった場合の次善《じぜん》の策であったり、将軍が不在だったのでそのまま朝廷と直接交渉しただけだったのである。また、関白の近衛前久《さきひさ》が関東滞在時に世話になった礼として、太田資正《おおたすけまさ》や由良成繁《ゆらなりしげ》らの任官を独自に行ったように、公家側から叙任を推進する場合もあった。

もう一つは、大寺院を介するルートである。大和《やまと》（奈良県）では、古市《ふるいち》氏や筒井《つつい》氏といった興福寺《こうふくじ》の衆徒《しゅうと》が、「律師《りっし》」などの僧官や、「播磨公」などの僧名乗りを用いていた。一方、国民《こくみん》（春日社《かすがしゃ》の神人《じにん》）は官途を名乗っており、彼らの叙任は興福寺を通じて朝廷へ奏上《そうじょう》され、口宣案も興福寺を介して下されている（『大乗院寺社雑事記《だいじょういんじしゃぞうじき》』文明七年〈一四七五〉九月五日条など）。また、門跡《もんぜき》から私的に任じられることもあった。

他地域でも、例えば江戸重通《えどしげみち》は常陸《ひたち》（茨城県）の天台《てんだい》・真言《しんごん》両宗の絹衣相論《きぬころもそうろん》に関与したことで、また伊達政宗《まさむね》は比叡山《ひえいざん》の再興に関与したことで、それぞれ受領任官を寺家《じけ》から推挙されている。どちらも幕府滅亡後であり、武家側から望んでではなく、寺家側から自発的に推挙を行った事例なので、参考にしかならないが、少なくとも幕府健在時に寺社が地方の武家の叙任に関わった可能性はある。

また、本願寺では僧俗《そうぞく》共に門主《もんす》から官途・僧官を任じられ、僧は朝廷から口宣案を受ける場合もあったが、侍《さむらい》は門主によって私的に官途を任じられた。

このように幕府を介さず叙任するケースは、戦国時代に増えているが、将軍が京都不在であっても、菊池義武《きくちよしたけ》や伊達晴宗《はるむね》など、将軍を通じて叙任を受ける事例が多く確認される。将軍方から京都の朝廷に対する交渉が途絶せず行われていたので、やはり幕府による叙任が原則であったと言える。

先にも述べたように、将軍から見て家臣の家臣（いわゆる陪臣《ばいしん》）にあたる者、つまり各地の大名の家臣は、基本的に正式な任官を受けることはなかった。大内義隆が家臣の任官を朝廷に申請しているが、これは例外的事例で、義隆の父義興《よしおき》や、次代義長《よしなが》にはそうした徴証《ちょうしょう》は見られない。

織田信秀《のぶひで》は斯波《しば》氏の被官《ひかん》である尾張《おわり》守護代織田氏の家中で、将軍から見れば陪臣の家臣になるが、朝廷から三河守《みかわのかみ》に任じられている。ところが、これは幕府とは関係のないところで行われたもので、信秀が伊勢神宮外宮《いせじんぐうげくう》造替費用を寄進したことによって朝廷から任じられたものであった。しかも実際、信秀は三河守を一度も用いず、自称である弾正忠《だんじょうのじょう》のままで、その後も自称の備後守《びんごのかみ》を名乗っていることからすれば、信秀が望んだ任官でもなかったことがわかる。

よく知られているように、織田信長も、天正三年（一五七五）に明智光秀《あけちみつひで》を日向守《ひゅうがのかみ》に、松井友閑《まついゆうかん》を宮内卿《くないきょう》法印《ほういん》にするなど、家臣の叙任を朝廷に推挙している（『信長公記《しんちょうこうき》』巻八）。しかし、これはすでに足利義昭《よしあき》が京都にいない時点であり、信長の家臣が叙任を受けるのに障害がなかったからである。

こうした大名家臣層の官途は、他者から与えられるにせよ、あるいは自分で名乗り始めるにせよ、最終的には主君や周囲から認められる形で用いることになる。自称しても、ほかから認められなければ、その官途で呼んでもらえない。例えば武田勝頼《かつより》は、織田信長が朝廷を押さえていたこともあって任官できず、大膳大夫《だいぜんだいぶ》を私称していたが、信長や朝廷からは終始武田四郎《しろう》で呼ばれている。一方で、友好関係にある大名や領国内では、大膳大夫で通用していたのである。

家臣層が新たな官途に改めるには、口頭で与えられる場合（『上井覚兼日記《うわいかくけんにっき》』天正三年〈一五七五〉正月七日条など）と、官途状と呼ばれる文書で与えられる場合とがある。官途状は中世から近世にかけて、全国で七千通以上が確認されている（ただしその三分の二は毛利氏と対馬《つしま》の宗《そう》氏で占める）が、地域・大名によって文書形式が異なり、そもそも出さない地域・大名もあった。

官途を名乗る意義

では、このようにして多大な出費と労力を使ってまで得た、あるいは主君から与えられた、自ら名乗った官途は、いったい何の意義があったのだろうか。

まず、官途を持つこと自体が、社会的に相応の身分であることを示していた。前述のように、鎌倉時代は官途を持つことが制限されていた。それによって、官途を持つ侍と、持たないそれ以外の凡下《ぼんげ》との差別が図られ、官途が凡下とは違う侍身分であることを示す標識となっていた。鎌倉時代末以降、村落でも官途成《かんとなり》と呼ばれる、村の中でも有力な者のみが官途を私的に名乗る儀礼が行われている。私称官途の定着と共に侍・凡下の別の意識は薄れるが、それでも官途は、苗字と併せて百姓でない侍身分であることを示すなど、社会的身分のメルクマールであったのである。

そして官途は、それを名乗る者の人格や帰属するイエを体現すると共に、足利将軍家との主従関係を表示する記号となっていた（金子：一九九八）。これは南北朝期以降、管領《かんれい》細川氏の右京大夫、政所《まんどころ》伊勢氏の伊勢守、山内上杉《やまのうちうえすぎ》氏の右京亮《うきょうのすけ》・安房守《あわのかみ》など、代々の家の当主が同じ官途を用いたことによって、その官途が家の官途となったことに起因する。この家の官途の定着によって、それを名乗ることが家の嫡流《ちゃくりゅう》であることを示すようになり、官途が家を体現することになったのである。

室町幕府は、各家の由緒《ゆいしょ》や家格、政治状況に応じて任官できる官途の幅に差異を設け、「大館常興《おおだちじょうこう》書札抄《しょさつしょう》」（『群書類従《ぐんしょるいじゅう》』）に見られるような、相応の者が任官できる上位官途と、誰でも任官できる通常官途とに区別し、政治秩序の一つとして利用したが、これは家の官途の定着と軌を一にしていた。

この官途による秩序は、各地域・大名中にも形成された。それは幕府の秩序とおおむね似通っていたが、若干異なる部分もあり、それぞれに独自性が確認される。戦国期の武士の官途は、一見無秩序のように見えて、実際には確固たる枠組みが存在していたのである。

さらに、名分《めいぶん》や政治的思想・意図を示す装置である点が挙げられる。これについては、官途に在地効果があるという主張がかつてなされていた。これは田中修實《たなかおさみ》氏や今谷明氏によって広められた解釈で、田中氏は赤松氏の事例を中心に、在国名受領《ざいこくめいずりょう》（自分のいる国の守）や隣国名受領を名乗ることで、在地支配にその権威を政治的利用したとした（田中：一九九三）。一方で今谷氏は、大内義隆の大宰大弐・筑前守・伊予介、織田信秀と今川義元《よしもと》の三河守を事例として、官位に実利性があると主張した（今谷：一九九二）。

ただし、今谷氏が提示した事例は、任官や政治情勢を詳しく検討すると、いずれも在地効果を検証するには不適当であるか、過大評価できるものでないと反証されている。田中氏の論も、一地域の事例で普遍化するのは無理がある上に、その事例に問題があり、在地効果も推測の域を出ず、史料に基づいて証明できていない。

現在では、支配や経済に関する直接的な在地効果と言えるものはなく、自身の政治的志向性を内外に示し、支配を有効に進めるための名分の一つという意味での政治的効果はあったと見るべきとされている。ただし、この名分はあくまで主張者側の論理であり、この認識を受け入れるかどうかは受取手側に左右されるので、当然無視されることもあり得た。

官途が政治的意図による産物である事例として、例えば戦国期の東北では、伊達・岩城《いわき》・白河《しらかわ》・葛《か》西《さい》・大宝寺《だいほうじ》氏などが左京大夫に任官している。これは奥州探題《おうしゅうたんだい》の大崎《おおさき》氏、羽州探題《うしゅうたんだい》の最上《もがみ》氏が左京大夫を極官《きょっかん》（最終的に上り詰める官途）としていたからである。東北では、本来、探題が家格の最上位に位置していたが、伊達稙宗《たねむね》が奥州探題の地位を狙う前段階として左京大夫への任官を果たしており（それまでの伊達氏は大膳大夫）、自身を探題と同格であると内外に示すために左京大夫任官を利用していたと言える。そして岩城氏が「奥州の伊達なとさへ任左京大夫たる事候間、申上之《これをもうしあぐ》」（『大館常興日記』天文十年〈一五四一〉八月十二日条）と、伊達でさえ左京大夫に任じられたのだから、自分も任じて欲しいと幕府に任官を求め、果したことに端的に見られるように、他氏との競争心から、同じ官途を求めもしたのである。

九州でも修理大夫が同様な働きをしており、島津・有馬《ありま》・相良《さがら》氏などが修理大夫に任官している。これは、いち早く修理大夫に任官していた大友《おおとも》氏を意識してのものであった。一方、その大友氏は、大友義鑑《よしあき》が、「なにの大夫事、西国におゐて、大内・此方より外ハ不可有之候歟《これあるべからずそうろうか》」（「大友家文書録」）と、四職大夫になれるのは西国では大内・大友氏のみであると幕府に主張して、九州の他家が四職大夫にならないよう働きかけている。その子義鎮《よししげ》（宗麟《そうりん》）も、格下である肥後の相良義陽《よしひ》が修理大夫と「義」字偏諱《へんき》を授与されたことに対して、幕府に異議を申し立て、将軍足利義輝から弁解を受けていること（『相良家文書』）に示されるように、周囲の領主の官途を相当意識していたことが窺われる。

戦国時代の武士にとって官途とは、自身が武士であるために欠くべからざる構成物の一つであると共に、自身を示す標識でもあり、政治的主張の拠り所であったのである。

おわりに

では戦国時代の武士の官途は、その後どうなったのか。

よく知られているように、天正十三年（一五八六）に羽柴秀吉が関白となる。この任官の意義については従来多く議論されているが、ここで注目するのは、この時に宇喜多秀家《うきたひでいえ》や細川忠興《ただおき》ら数人が侍従《じじゅう》に任官していることである。侍従とは、本来公家のみが任官できる、天皇に近侍《きんじ》する官である。中世後期には羽林家格《うりんけかく》の公家などが最初に任官する官であったが、ここに至って武士が任官するようになった。これ以後、秀吉は麾下《きか》に属した諸大名を、①徳川・前田・毛利など公家の清華家格《せいがけかく》に列する家、②伊達・佐竹・稲葉《いなば》・長宗我部《ちょうそかべ》・立花《たちばな》など四位・五位の侍従に叙任する家、③黒田《くろだ》・石田《いしだ》・蜂須賀《はちすか》など従五位下叙位と任官を受ける家、④相馬《そうま》・那須《なす》・秋月《あきづき》など叙任を受けないそれ以外の家、というように大まかに峻別《しゅんべつ》した。現在は、これをそれぞれ①清華成《せいがなり》、②公家成《くげなり》、③諸大夫成《しょだいぶなり》と呼んでいる（矢部：二〇一一）。④のそれ以外の家については、特にまだ名称はない。この秀吉による新たな官位秩序によって、それまであった室町幕府の官途秩序は崩れ、消滅していくこととなった。

江戸幕府は、この秀吉の官位秩序を発展させた、近世武家官位制度を構築した。四代将軍徳川家綱《いえつな》期以降になると、正式な任官を受けた者以外の官途は、四等官部分（かみ・すけ・じょう・さかん）を外すようになる。つまり左衛門尉が左衛門、修理亮が修理といったようになる。武士の官途名乗りは、ここに至って中世にはあった政治的意義も薄れ、名乗り、名前としての意味づけのみ残ることになり、律令官位とは全く無関係の官途風名乗りも多く広まることとなるのである。

主要参考文献

池享「戦国・織豊期の朝廷政治」(『戦国・織豊期の武家と天皇』校倉書房、二〇〇三年)
今谷明『戦国大名と天皇――室町幕府の解体と王権の逆襲』(講談社学術文庫、二〇〇一年。初刊一九九二年)
金子拓『中世武家政権と政治秩序』(吉川弘文館、一九九八年)
木下聡『中世武家官位の研究』(吉川弘文館、二〇一一年)
田中修實『日本中世の法と権威』(高科書店、一九九三年)
二木謙一「室町幕府の官途・受領推挙」(『中世武家儀礼の研究』吉川弘文館、一九八五年)
矢部健太郎『豊臣政権の支配秩序と朝廷』(吉川弘文館、二〇一一年)

木下聡(きのした・さとし)

一九七六年生まれ。白百合女子大学非常勤講師。博士(文学)。
主要業績:『中世武家官位の研究』(吉川弘文館、二〇一一年)、『美濃斎藤氏』(編著、岩田書院、二〇一四年)、『管領斯波氏』(編著、戎光祥出版、二〇一五年)など。

第5部

戦国期の宗教と文化

戦国武将の日常と非日常

はじめに

戦国時代の武将たちは、文武両道を兼ね備えていることが理想的であった。各地の大名や武将たちは、様々な文化や芸能を身につけようとしていたことが知られている。ここでは、彼らが身につけた芸能のうち、特に連歌《れんが》に焦点を当てて紹介していきたい。

連歌は、鎌倉時代から室町時代にかけて中世の文芸の代表的な存在であった。宗祇《そうぎ》や宗長《そうちょう》といった連歌師が出た頃には、連歌は和歌に匹敵する文芸になっていた。

各地の戦国大名たちは、京の文化人や公家を積極的に受け入れたので、大名らの領国では連歌を含む京の文化が地域に根づいていった。越前《えちぜん》（福井県）の朝倉《あさくら》氏、駿河《するが》（静岡県）の今川《いまがわ》氏、周防《すおう》（山口県）の大内《おおうち》氏などは、京の文化の受け皿となった代表的な大名たちである。

戦国大名や武将たちの連歌にまつわる逸話は多い。三好長慶《みよしながよし》には、連歌に関する大変有名な逸話がある。それを紹介することで、武将たちにとって、連歌会がどのような意味を持っていたのかを示しておきたい。その次に、戦国時代末頃の連歌会の話を取り上げる。因幡《いなば》（鳥取県）の守護大名であった山名豊国《やまなとよくに》が堺にいた時の連歌会のことである。徳川家康の家臣松平家忠《まつだいらいえただ》の『家忠日記』に書かれた連歌会を、具体的に取り上げる。このような、いくつかの話題を通して、地方にありながら京の連歌師との繋がりを求めた武将たちの姿が見えてくるだろう。

連歌の歴史

ここで、連歌についてその基礎的な事柄を確認しておこう。

連歌は、和歌から派生した。数人から十数人の寄り集まった人々が、上《かみ》の句（五七五）と下《しも》の句（七七）を互いに詠み継いでいく。複数の句を続ける場合、長《ちょう》連歌と言い、百句を続けて詠むと百韻《ひゃくいん》連歌と言う。これが、連歌の基本形である。

百韻連歌会では、四枚の懐紙《かいし》（連歌懐紙）に連歌が書き込まれる。一枚目の表に最初の八句、以下は十四句ずつを書き込み、最後の懐紙の裏面に八句を書いた。懐紙の末尾には、連衆の句が何句採用されたかが記入された。連歌の面白さの一つは、前の句に次の句をいかに付けて詠み継いでいくかという点である。

連歌会では、客のうち主賓にあたる客が第一句を詠む。これを発句《ほっく》と言い、発句には季語が詠み込まれた。二句目は連歌会の主催者が詠んだ。主催者は亭主《ていしゅ》として連歌会の懐紙や会食の準備を進めた。

第三句は宗匠《そうしょう》が詠んで、四句目以降は、早く作った人の句が詠み上げられた。
室町時代後期、宗祇・肖柏《しょうはく》・宗長らが連歌界を担った。宗祇・宗長が京と地方を往復して諸大名や武将たちとの交流を深めたことにより、連歌は全国的に流行した。そして、連歌の家の一つ里村《さとむら》家が連歌界の中心となっていく。里村家は里村昌休《しょうきゅう》を祖とし、天文《てんぶん》二十一年（一五五二）の昌休歿後、遺児昌叱《しょうしつ》の養育を助けた紹巴《じょうは》が基盤を作る。

連歌会の場

①三好長慶の連歌会

三好長慶は大永《たいえい》二年（一五二二）生まれで、出身地の阿波《あわ》（徳島県）のほか、山城《やましろ》（京都府）、大和《やまと》（奈良県）、摂津《せっつ》（大阪府と兵庫県の一部）・河内《かわち》・和泉《いずみ》（いずれも大阪府）までを勢力範囲とした戦国大名である。

当時の武将の中でも教養人・文化人で、特に連歌に熱心で優れていたと、長慶は評されている。自身の居城の芥川《あくたがわ》城（大阪府高槻市）や飯盛《いいもり》城（大阪府四条畷市）に連歌師を呼んで連歌会を開催した。自呼ばれたのは宗牧《そうぼく》、宗牧の子である宗養《そうよう》、紹巴といった、当時の連歌界を主導した人物たちである。そのうち、永禄《えいろく》五年（一五六二）の、よく知られた連歌会の様子をのぞいてみよう。

さて、飯盛山で連歌の会があり、長慶・安宅冬康《あたぎふゆやす》（長慶の弟）・宗養・紹巴らが参会した。連歌会が始まって、三の折が過ぎた頃合いに実休《じっきゅう》（長慶の弟・義賢《よしかた》）が討死にしたという知らせが長慶に届けられた。長慶はその書状をさっと見て懐《ふところ》にしまい、席を立たず、そして顔色も変えなかった。そのため連歌会は続けられた。ちょうど長慶の傍らの人が一句を詠んだ。それは、「芦間《あしのま》にまじる薄一村《すすきひとむら》」という句であったという。

連衆《れんじゅ》が、この句に続く次の句を付けるために考えあぐねていたところ、長慶は「ふる沼の浅き方より野となりて」と句を継《つ》いだ。これを聞いて参会者は皆、興に入った。「古沼の」と最初の五文字が詠み上げられた瞬間、冬康は「すばらしい！　すばらしい！」と言ったという。ちなみに、冬康は特に歌道の達人と言われ、「いにしへを　記せる文の　あともうし　さらずばくだる世ともしらじを」という歌を詠んだことでも知られる人物である。

連歌会が終わったあと、長慶は実休討死の報を座中《ざちゅう》へ披露した。そして、「きっと敵は出発しているに違いない。早く京へ戻るように」と言って宗養・紹巴をはじめとする客を帰京させたという。

これは、『三好別記《みよしべっき》』という軍記物に書かれた連歌会の様子である。「三の折が過ぎた頃合い」とは、連歌会が始まって全体の三分の一くらいの句が出された時間帯のことである。長慶は弟の実休の討死の知らせを受け取ったのに、顔色にも出さず、連歌会を続行させた。そして、そのような状況の中で、達人と言われる冬康が絶賛するような句を詠んだとある。

なぜ、長慶は連歌会を中断しなかったのだろうか。逆に言えば、連歌会とは、そういう場であったとも言える。連歌会が開かれた時は、平時や戦いの合間であったはずである。そうでありながらも、連歌会のその空間は、特別な場、つまり非日常の場でもあった。だから、長慶は連歌会を中断するという選択をしなかったのである。

②山名豊国の連歌会

もう一つ、連歌にまつわる話をしよう。

因幡の守護大名であった山名豊国（のちに出家して、禅高《ぜんこう》。天文《てんぶん》十七年〈一五四八〉生まれ）は、和歌や連歌はもとより、茶《ちゃ》の湯《ゆ》や将棋《しょうぎ》に親しんだことが知られている。

鳥取城《とっとり》（鳥取市）退去後、豊臣秀吉に御伽衆《おとぎしゅう》として仕えるまでの一時期、堺にいたことが公家の日記などから判明する。同じく秀吉の御伽衆として知られる梅庵《ばいあん》（大村由己《おおむらゆうこ》）亭の連歌会に豊国は常連で参会していた。この連歌会は、月の上旬と下旬との二回開かれた。天正《てんしょう》十四年（一五八六）～十八年秋まで、公家の山科言経《やましなときつね》が書いた日記『言経卿記《ときつねきょうき》』に記事が見える。天正十四年六月一日には、豊国亭を会場に、同じメンバーで連歌会が開かれた。

注目すべきは、この日の豊国の肩書に「殿下御内」、つまり「秀吉の家臣」と言経が書いたことである。直前の五月下旬に開かれた連歌会の時の『言経卿記』の記事には、豊国にこのような肩書は書かれていなかった。実は、この時の言経は出奔中で、京を離れて堺にいた。そのような状況の言経にとって、相手の立場がどのようなものであったかは重要な関心事であっただろう。つまり、豊国が秀吉と繫がりを持っているかどうかは、言経にとっては大切なことであった。それを考えると、ある程度の正確さを持って「殿下御内」と記述されたことが見てとれる。このことから、六月一日の連歌会の頃、豊国は秀吉の御伽衆になったと判断される。

いつものメンバーでありながら、わざわざ豊国亭で連歌会を開いた。それはなぜか。連歌会とは、人が集まる場であることを考慮すると、その答えに繫がる。豊国亭で連歌会を開催することで、豊国は周囲に自身の立場の変化を披露したと考えられるのである。

『家忠日記』に書かれた連歌と連歌会

それでは次に、東海地方の武将松平家忠《いえただ》の例を具体的に見ていこう。松平家忠は天文《てんぶん》二十四年（弘《こう》治《じ》元年、一五五五）に生まれ、三河《みかわ》国深溝《ふこうず》城（愛知県幸田町）主として徳川家康に仕えた武将である。家忠には生涯にわたって書き続けた日記『家忠日記』がある。永禄《えいろく》末年頃から起筆し、天正《てんしょう》六年（一五八二）からは、十八年に及ぶまとまった日記である。日記からは、家忠が仕えた徳川家で、連歌がどのように位置づけられていたのか、さらに京の連歌師たちとの繫がりが具体的に明らかとなる。まずは、家忠が仕えた徳川家康が企画し、領国全体に呼びかけた徳川家中の連歌会について、次に家忠と連歌について、京の連歌師との関わりに視点を据えて見ていく。

①徳川家康と家中の連歌会

紹巴をはじめとする京の連歌師との本格的な繋がりは、国許の三河で、家康が点取《てんとり》連歌会を国中の連歌師を呼び集めて開催した時からと考えられる。家康の意図は、連歌会を開き、連歌会で詠まれた句を京の連歌師に点を付けてもらおうというものであった。

この意向を家康が連歌を詠む三河・駿河・遠江《とおとうみ》の武将たちに伝えたのが、天正十七年（一五八九）正月二十七日である。この日、家忠は家康から二月十日に連歌会を開催する指示が来たことを日記に書いている。深溝へは「正佐《しょうさ》・勘解由《かげゆ》」に大久保忠隣《ただちか》（大窪治部少輔《おおくぼじぶのしょう》）を通して伝達が届いた。勘解由とは、松平康定《やすさだ》のことで、家忠の祖父好景《よしかげ》の兄弟にあたる人物である。連歌会当日の記事には「深溝玄佐」と名前が書かれた。

天正十七年二月八日には、「勘解由」と記述された松平康定が入道《にゅうどう》して玄佐《げんさ》と号したことも書かれた。この日、家康は連歌を詠む武将たちを駿府へ呼び寄せている。そして、連歌会は二月十一日、十四日、十六日の三日間行われた。初日の天正十七年二月十一日の連歌会は駿府城で始まり、参席者は十人で、発句は「作州《さくしゅう》」（奥平信昌《おくだいらのぶまさ》）が詠んだ。発句は「松の色や猶一《なおひと》しほの若《わか》みとり」と詠まれた。出席者は「三川《みかわ》衆」として、「長鶯《ちょうおう》・玄佐・正佐・備後守《びんごのかみ》・美作守《みまさかのかみ》・そけい」、駿河衆として「如雪《じょせつ》・雪巴・三益・頓雲」といった人物の名前が日記に書かれている。

二月十四日は、発句を「岡崎のそけい」が「さかしきやもるにもまさる山桜」と詠む。三日目の二月十六日には、「深溝の正佐」が発句を詠み「なミ木たゝ花ハつきくのさかり哉《かな》」と詠んだ。十六日には三日間の連歌会で合わせて三百句を作り、京都で点を付けてもらうことを家忠は日記に記した。とすると、各日に百首ずつの連歌が作られたことになり、行われた連歌会は、百韻連歌会であったことがわかる。日記には二月十四日・十六日共に発句とその作者の名しか見えないが、初日の十一日と同様の参加者が三日間参列したと判断してよいだろう。家忠もその場にいたことが、のちの記事から判明する。

家康が、このような連歌会を開催した真意は何だったのだろうか。

三日間にわたる百韻連歌会を企画し、その連歌会での成果に点を付けてもらうという形をとり、領国の連歌を嗜《たしな》む武将たちを城に集めた。これは、家中の取りまとめの空間として、連歌会を利用したとも言えよう。こうしたことは、かつて、家康が今川家の人質として過ごした中で育まれたのではなかろうか。

今川義元《よしもと》の主催する歌会の参会者は、今川家の一門であったり、譜代《ふだい》の重臣クラスの人物に加え、他国衆をも含んでいた。このことは、その場が結束する場になり得たことを示す。つまり、今川氏・徳川氏といった領主たちが支配していた地域では、そうした連歌会によって家中の繋がりを作る土壌ができあがっていたと言える。

家康は連歌会のあと、二月二十八日に上洛する。当初は、連歌会を終えて日を経ずに上洛する予定であった。二月十二日の段階では、二十四日に上洛することが決定していたものの、二十四・二十六日には家康の上洛延期のことが日記にある。連歌会直後に上洛する予定があったことを考えると、連歌会での句も携えて家康は上洛したと見られるだろう。

三ヶ月後。六月七・八日には、家康は京から三河へ下向している。

そして家忠のもとへ六月十五日、京からの点取の連歌が届いた。自分の点数は四句であった。つまり家忠は四句に点を付けてもらった。ここから、三百句の中には家忠の詠んだ句もあり、それを京に送っていたことがわかる。点を付けた京の連歌師の名前は書かれていないが、次で検討するように里村紹巴の誓願寺《せいがんじ》（京都市中京区）を通じた動向を考え合わせると、おそらくは、家康が企画した点取連歌会の当初から紹巴が関わっていたと判断される。

以後の『家忠日記』を見ると、家康は天正二十年（文禄《ぶんろく》元年、一五九二）には、正月二十日に江戸城で連歌会を開き、家忠も出席した。この時の発句は、天正十七年の連歌会にも名前の見える如雪であった。

②誓願寺での連歌会

家忠は、深溝松平家の佳例《かれい》の連歌会（正月の連歌会）を毎年開いている。それは正月十三日に決まっていた。天正六年（一五七八）・九年（一五八一）には記事がなく、それ以外の年には発句とその作者の名前が日記に書かれている。天正十九年（一五九一）は、出陣の沙汰が出たので中止したと書いている。『家忠日記』には、このように正月の連歌会に始まり、一年を通して多くの連歌会が開かれたことが書かれている。

ここでは、連歌を通した人脈の広がりについて見ていこう。

文禄《ぶんろく》二年（一五九二）正月二十七日、家忠は日記に「今年の京で開かれた新春の連歌会の発句が、京の誓願寺《せいがんじ》から届いた」と書いた。文禄二年正月当時、家忠は下総上代城《かじろ》（千葉県香取市）を本拠としていた。この記事は、上代にいる家忠のもとへ、京で開かれた初春の連歌会の発句が、誓願寺から届いたというものである。

文禄三年（一五九三）四月七日の記事には、誓願寺で連歌会が開かれたことが書かれている。その連歌会には「京連衆」が寄り合った、つまり、その連歌会には京の連衆が参会したという記事である。連歌会の会場を会所というが、誓願寺がその会所となったことを示している。ここでは参会者の人名が「京連衆」と記されているだけで、名前が明記されていない。『家忠日記』には、こうした簡略な記載が見られるが、それは名前を列記しなくても自明のことだったために書かれなかった。実は、前日の四月六日の記事に、家忠は、誓願寺で振る舞いがあるというので出向いた。そのあと、紹巴・昌叱・玄阿の三人へ家忠は礼に向かったと書いてある。この三人こそ連歌師であり、紹巴・昌叱は里村家の人物たちである。このように家忠は、六日の記事で名前を挙げているため、翌日の記事には名前を省略したのである。

家忠は文禄三年二月十六日に江戸を出発し、上洛している。伏見《ふしみ》での城普請が、三月十二日から一ヶ月近く続いていた。四月六日の記事には、普請が終わったことが書かれている。その後、途中に欠損があるため正確ではないが、四月十六日には、また普請が始まっている。

このように普請が終わって、また普請が続くということは、いったん伏見城のある部分の普請が終わり、一段落つき、また新たな部分の普請が始まったということを示している。六日と七日は、普請の合間であった。四月七日の誓願寺で開かれた連歌会は、まさにその普請の合間に開かれた連歌会であった。

家忠は、この誓願寺での連歌会を心待ちにしていたのであろう。それは、『家忠日記』に書き残された多くの連歌会の記事の書き方を、丹念に見ていくと推察できる。連歌会の発句とその作者の部分の筆致が、同日のほかの記事と違う場合がある。この書き方は、発句とその作者を異なる時間帯に書き込んだことを示している。さらに、数日後の文禄三年四月十六日や同年十月上旬に里村紹巴の名前が見えることから、上洛中には、点を付けてもらった紹巴と家忠はたびたび連歌を通して交流を深めていたことがわかる。

誓願寺で連歌会が開かれ、そこに京の連歌師たちが参会していた。家忠以外に、上洛した三河の武将たちも参席していたということが考えられる。

もう一度、文禄二年正月二十七日の新春の連歌会を、振り返って考えておこう。翌文禄三年正月二十六日の記事は、日記が欠損し、後半が判読不能であるため、詳細は不明である部分だが、「京発句」と読める記事がある。この記事も一緒に考えると、文禄三年正月も、誓願寺を経由して京の連歌師たちが開いた初春の連歌会の発句がもたらされたという可能性が高い。里村紹巴との繋がりも合わせれば、文禄二年正月二十七日の新春の連歌会は紹巴が主催した連歌会であり、その発句が誓願寺から届いたということを意味している。つまり、家忠は誓願寺を通してある時期、京都で開かれた新春の連歌会の発句を毎年入手していたことになろう。

③句に点を付けてもらう

次に、文禄二年（一五九二）十二月十四日の記事を見てみよう。

家忠は独吟《どくぎん》の連歌を採点してもらうために、紹巴へ連歌を一巻に認《したた》めてそれを送って、その一巻が京から戻ってきた。そのうち点をもらったのは、二十六句であったという。紹巴からの返事と共に、焼物二点と誓願寺から筆二対が家忠に届いた。

この日の記事から、家忠が自身の連歌に点を付けてもらうために、里村紹巴と連絡を取り合っていたことがわかる。返事は誓願寺を介して届いたのであろう。

右の記事から三ヶ月ほど前の閏九月二十三日には、「善甫《ぜんぽ》を京へ上洛させた。紹巴へ独吟の百韻の発句を渡すためである。併せて、紹巴へ銀子一枚を届けさせた」と書かれている。この記事の冒頭に記された善甫とは、前半に登場した深溝の正佐の息子である。閏九月二十三日の記事からは、十二月十四日の記事にある「一巻」というのが、百韻であったことが判明する。つまり、家忠は独吟の連歌の発句を集めた一巻百句を善甫に託して上洛させ、句に点を付けてもらうことを紹巴に依頼していた。そして、百句のうち二十六句に点が付いたのである。

さらに、遡ること二ヶ月ほど前の文禄二年八月十六日の記事には、新しくできた紹巴の連歌の作法書というものが登場する。家忠はそれを、吉祥寺朝意という人物に見せてもらっている。こうして新しくまとめられた紹巴の作法書に照らし合わせた上で、家忠は京の紹巴に句を送ったものと見られる。

『家忠日記』の記事を見返すと、実は独吟一巻を託した閏九月二十三日の一ヶ月後、十月二十三日条にも、家忠はまた京の紹巴へ採点のために句を送っていたことがわかる。このことは、家忠が句の上達を目指していた姿勢を示すのではないだろうか。さらに言えば、そうした「点取」を行うことが、当時のステータスであったとも言えよう。

このように、家忠は詠んだ連歌に点を付けてもらっており、その評者は京の連歌師で、連歌界の中心的存在の紹巴であった。一方、和歌と繋がりの深い誓願寺は、連歌会の会所となっており、連歌師たちにとって日常的に馴染みの深い寺であった。つまり、三河の武将たちと京の連歌師を結びつける仲介者としての寺であった。京都連歌師と誓願寺、誓願寺と三河の武将たちという深い繋がりが浮かび上がってきた。連歌という文化的な面で、三河の武将たちと京の連歌師たちは繋がっていたのである。

連歌会の効用

それでは、武将たちにとって連歌会は、どのような意味を持ったのだろうか。このことについて説明しておこう。

地域に根づいた連歌師たちとの交流が、『家忠日記』からは明らかとなる。家忠は日記に連歌会の発句とその作者しか記載していないが、発句を正佐や長尊といった連歌師たちが家忠の連歌会で詠んでいることが知られる。連歌師との交流は日常的であったのである。

家忠が、一族の武将たちとも連歌会を通した交流を持ったことは、『家忠日記』の連歌の記事を見ていくとわかる。同族の武将たちが連歌会の場に連なるということは、戦いの場に臨んでいるのではないにしろ、同じ時間・同じ空間を共にすることによって、連帯感を生み出すことになる。連歌会の場は、そうした日常的な空間でもあった。

一方で、もともと連歌は人が集まってその場を構成し、連歌を通して精神的な交流を持つという性格の強い文化である。そうした側面は、戦時には団結する武将たちにとって、重要な場であったと言える。

そもそも、家忠の出身である深溝松平家や鵜殿《うどの》家の家系を辿っていくと、連歌界と繋がりを持った一族であった。このことは、従来の研究でもすでに指摘されている。それは、連歌師たちの日記に家忠の先祖の名前が出てくることからも見てとれる。例えば、宗長《そうちょう》の『宗長日記《そうちょうにっき》』、宗長の弟子宗牧《そうぼく》の日記『東国紀行《とうごくきこう》』に家忠の一族の名前が書かれた記事が見られ、宗長と家忠の曾祖父忠定《たださだ》の間、そして宗牧と家忠の祖父好景《よしかげ》との間にも交流があったことがわかっている。

家忠は、どのように連歌会を日記に書いていたのだろうか。日記の原本を見ると、連歌会が開催された日は、ほかの日とは違う書き方を家忠がしている時がある。それは、あらかじめ発句と作者を書き込むスペースを空けているという点からわかる。おそらく家忠が、あとから発句とその作者を書き込んだのであろうことが筆遣いや墨の濃淡の違いから判明する。

竹内理三《たけうちりぞう》氏が『家忠日記』の解題《かいだい》を書いている。それを引用すると、

連歌師等との交際の記事より考えても、家忠の許には各地の多くの興味のあるニュースがもたらされたと思われるが、意図的と考えられるほどこのような伝聞記事のものを記さず（中略）自己の経験のみを極めて簡略に記すという態度が終始一貫して貫かれている。

（『増補続史料大成家忠日記』解題）

とある。家忠が記事を書く時に、自己の経験のみを簡略に記すという方針を持っていたことは、日記を通覧していくと納得できる。さらに、日記の記事を詳細に分析していくと、家忠は自分自身が「気になること」や、自身が「必要としていたこと」を書いたことがわかってくる。例えば、天気の記載は、悪天候しか書かれなかったし、家康の動向は、その日の記事を書き終わったあとで、新たに情報を入手すると加筆された。それを考えると、連歌会の書き方も、家忠にとっては必要な部分を書いていたと捉えてよいだろう。

おわりに

連歌会は、句を通して人柄の一面に触れることができる。そこは、人々が交流するところであり、

そこから人脈が広がる可能性を持った場所であった。

家忠の連歌会の記事を見ていくと、彼が家中や周辺の領主たちと共に連歌会を興行し、その連歌会を楽しんでいたことが感じられる。その家系を遡ると、父祖も連歌の世界に関与しており、そうした空間の中に家忠もいたことが垣間見られる。これは、深溝松平家の家風とも言えるであろうし、そうした雰囲気が深溝松平家を包摂する徳川家中に見られたと理解されよう。

すでに指摘されているように、連歌会は、ある意味、結束を固める場にもなっていた。一見、文化的な事柄でありながら、連歌会の開かれた時の同じ時間、開催された場所での同じ空間を、地域の武将たちが共にしたことで、連歌会の場が同盟関係の強化に一役買ったことは想像できるだろう。

そして、家忠の場合は、点取連歌を通して当時の連歌界のネットワークの中にいたことも窺えた。家忠は点取のために連歌を京へ送っており、『家忠日記』には「独吟《どくぎん》連歌」という形の連歌も書き写され、そして家忠はそれを一巻にまとめて点取のために、京へ送っていた。そうした京の連歌師との繋がりを求めたのである。京の連歌師と繋がり、交流を持つことは、京の情報を得られるということでもある。

連歌師に限らず、どこからか移動してきた人物と交流を持つということは、少なからず、彼らのいた場所の情報を得るということになる。移動する者は、当然、出発した場所の情報や、移動してきた諸方の地域の情報を持って移動していることになるからである。京の情報は、地域の武将たちにとっては、日頃得がたい、重要な情報であった。だからこそ、京の連歌師が、各地の大名たちや武将たちによって受け入れられたという側面も見逃してはならない。

紹介してきた連歌を通じた武将たちの繋がりやネットワークは、当時の戦国社会にとっては一般的に行われていたことと考えられる。それは、連歌が京だけでなく、全国的に流行していたことからも窺うことができよう。

主要参考文献

大嶌聖子「山名豊国の転身と連歌会」（『戦国史研究』三三号、一九九六年）
大嶌聖子「『家忠日記』のころの誓願寺」（近刊予定）
奥田勲『連歌師――その行動と文学』（評論社、一九七六年）
久保田昌希編『松平家忠日記と戦国社会』（岩田書院、二〇一一年）
鶴崎裕雄『戦国の権力と寄合の文芸』（和泉書院、一九八八年）
鶴崎裕雄「見られ聞かれる連歌――連歌張行の本質」（『藝能史研究』二〇三号、二〇一三年）
廣木一人『連歌入門』（三弥井書店、二〇一〇年）
米原正義『戦国武士と文芸の研究』（桜楓社、一九七六年）

大嶌聖子（おおしま・せいこ）

一九六八年生まれ。東京大学史料編纂所研究支援推進員。

主要業績：「『家忠日記』の情報――日記の中の情報と時間」（久保田昌希編『松平家忠日記と戦国社会』岩田書院、二〇一一年）、「『家忠日記』の存在しない一日」（『ぶい＆ぶい』二六号、二〇一四年）など。

戦国時代の寺社

はじめに

戦国時代の寺社に対して、どのようなイメージを持っているだろうか。戦乱の世で武士に領地を奪われたり、放火されたりする被害者としての姿であろうか。それとも、守護《しゅご》を滅ぼして「百姓の持ちたる国」を作り上げた加賀《かが》（石川県）の一向一揆《いっこういっき》や、約十年にわたって織田信長を苦しめた、いわゆる「石山合戦《いしやまかっせん》」のように、宗教勢力でありながら独自の軍事力を行使し、武家勢力と激しく争った姿であろうか。

しかし、これらは戦国時代の寺社の一側面に過ぎず、社会の中でもっと多くの役割を担っていた。京都に集住する本山《ほんざん》寺院や本社は寺家《じけ》として、足利将軍を中心とする武家や天皇を支える公家に並び、権門《けんもん》の一角を占めた。地域社会においては、開発を主導する領主であったり、武士や百姓の融通を助ける金融機関であったり、祭礼を通じてそれらの諸階層が結集する精神的紐帯《ちゅうたい》であった。

戦争時においては、寺社は百姓たちの避難場所となったり、財産を預かったりするだけでなく、境内や門前の百姓の生命と財産を守るため、戦国武将のもとに出向き、巧みな交渉術と礼銭《れいせん》により、軍隊の乱妨狼藉《らんぼうろうぜき》を取り締まる「禁制《きんぜい》」を獲得してくるなど、安全保障の担い手にもなった。

そうした寺社の僧侶《そうりょ》や神官《しんかん》は、経典《きょうてん》をはじめ、文字の読み書きができる知識層であり、周辺の土《ど》豪《ごう》や商人の子弟などを供給源とした。そのため土豪や商人は、寺社に後生の安穏を祈願するために土地や財物を寄進《きしん》した。また、禅僧の場合は特に優れた者が、勘合貿易《かんごうぼうえき》の船に同乗して中国に留学するなど、国際派のエリートとして幕府を支えたのである。

寺社の建築物の多くは、武士の館《やかた》よりも圧倒的に壮麗で、瓦や石垣、土塀《どべい》を作り、塔などの高層建築物を造る高度な技術を持っていた。本堂に収められた仏像は、木材や金属の加工技術の結晶であった。そして、僧侶や神官たちの消費や寺社の修築などの経済活動を支えるため、その門前には百姓が住み、市《いち》が立ち、地域経済の中心となった。全国各地に散らばる本山と末寺《まつじ》の繫がりは、単なる教線ではなく、その檀那《だんな》や信者も含めた遠隔地流通の交易ルートでもあった。

このように寺社が社会に深く関わり、信仰だけでなく、政治や経済、軍事、技術、文化など様々な機能を果たしていたのが、戦国時代までの状況であった。

顕密仏教と戦国仏教

戦国時代の仏教の主役は、平安末期から鎌倉中期に成立した浄土宗《じょうどしゅう》・浄土真宗《じょうどしんしゅう》・時宗《じしゅう》・法華《ほっけ》宗《しゅう》・臨済宗《りんざいしゅう》・曹洞宗《そうとうしゅう》など、いわゆる「鎌倉新仏教」と思われがちである。しかし鎌倉新仏教は、鎌倉時代はもちろん、室町時代中期に至るまで、社会的に大きな勢力を持つには至っていなかったのである。

戦国時代初期に至るまで、宗教界の中心にあったのは、南都六宗《なんとろくしゅう》（奈良を中心に行われていた倶舎《くしゃ》、成実《じょうじつ》、律《りつ》、法相《ほっそう》、三論《さんろん》、華厳《けごん》の各仏教学派の総称）・天台宗《てんだいしゅう》・真言宗《しんごんしゅう》を正統とする顕密《けんみつ》仏教であった（黒田：一九七五）。それに対して、念仏や修験《しゅげん》はその周縁に位置しているに過ぎず、異端とされた。顕密仏教の中でも、日本仏教の母山とも称された比叡山延暦寺《ひえいざんえんりゃくじ》（滋賀県大津市）は門前町《もんぜんまち》の坂本《さかもと》だけでなく、室町幕府や朝廷のお膝元である京都を押さえ、南都の興福寺《こうふくじ》（奈良市）は事実上の守護として大和《やまと》一国（奈良県）を支配したことで、大きな影響力を持ち続けた。

また、地方においても、顕密仏教系の平泉寺《へいせんじ》（福井県勝山市）や根来寺《ねごろじ》（和歌山県岩出市）などは、守護の支配拠点である守護所や武士の居館に勝るとも劣らない宗教都市を形成し、相当な軍事力を保有して、戦国時代末期に至るまで繁栄し続けた。高野山金剛峰寺《こうやさんこんごうぶじ》（和歌山県高野町）も、それぞれの院家《いんげ》（門跡寺の別院で、本寺を補佐し、諸種の法務を行う寺院のこと）が伊達《だて》氏・佐竹《さたけ》氏・武田《たけだ》氏・上杉《うえすぎ》氏・河野《こうの》氏など、特定の大名家を檀那として結びつきを強めた。烏文字《からすもじ》で有名な紀伊の熊野三山《くまのさんざん》（和歌山県田辺市、新宮市、那智勝浦町）の護符《ごふ》は裏返して、多くの起請文《きしょうもん》に使用された。

新仏教系の中では、禅宗のみが室町幕府より顕密仏教と同様に保護された（原田：一九九八）。足利将軍が住持職の任命書を発給するなど、事実上の官寺《かんじ》として遇され、地方禅院から南禅寺《なんぜんじ》や京都五山《ござん》

（天龍寺《てんりゅうじ》、相国寺《しょうこくじ》、建仁寺《けんにんじ》、東福寺《とうふくじ》、万寿寺《まんじゅじ》）への出世という、僧侶の移動が中央と地方を結びつけた。また、五山禅僧は幕府の外交と財政の顧問となり、荘厳化された足利将軍家の葬礼や追善仏事を取り扱った。そうした幕府の方式を模倣する地方大名によって、禅宗は大名個人の信仰を超えて保護されることになった。

新仏教系、特に親鸞《しんらん》や日蓮《にちれん》の教えが、民衆に広く受容されるようになったのは、戦国時代以降であった。そうした実態に合わせて、「戦国仏教」という呼称が提唱されている（藤井：二〇〇二）。室町時代から戦国時代にかけて、臨済宗寺院が多く創建された堺は「泉南仏国」と称され、戦国時代に庶民の葬送に携わった曹洞宗は全国へ展開した。

一向一揆と寺内町

室町幕府と顕密仏教を中心とする室町社会において、目に見える形で変化の兆しを示したのが、本《ほん》願寺蓮如《がんじれんにょ》の布教と、それに続いて起こった一向一揆であった（金龍：二〇〇四）。蓮如自体は一揆には否定的であったが、文正《ぶんしょう》元年（一四六六）に本願寺の門徒は金森《かねがもり》（滋賀県守山市）で延暦寺と戦い、長享《ちょうきょう》二年（一四八八）には加賀守護の富樫政親《とがしまさちか》を滅ぼした。加賀の一向一揆は、国内の寺社や地《じ》侍《ざむらい》とも手を結び、織田信長に敗れるまでの約百年の間、加賀を支配するだけでなく、周辺諸国に進出して、越前《えちぜん》（福井県）の朝倉《あさくら》氏や能登《のと》（石川県）の畠山《はたけやま》氏、越後《えちご》（新潟県）の上杉氏と争った。

こうした一向一揆を支えたものについては、門徒化した村落の上層部や「ワタリ」「タイシ」と呼ばれた技術を持つ流浪民、また、門徒に留まらず山伏《やまぶし》や巫女《みこ》など漂泊する信仰者、国人《こくじん》や土豪《どごう》などが形成していた地域的結合など、様々な要素が指摘されている。

近江では金森や堅田《かただ》（滋賀県大津市）の一向一揆が、実力を蓄えた土豪たちと互いに連合して、延暦寺の支配から自立するための一つの契機となった。

こうして見ると、本願寺・一向一揆は、延暦寺や幕府をはじめとする諸大名と一貫して対立関係にあったかのように思われるかもしれない。しかし、それは実態とは異なる。本願寺は延暦寺と本末関係を結んでおり、永禄《えいろく》二年（一五五九）には勅許《ちょっきょ》によって門跡《もんぜき》となることで、教団は公的に保障されることとなった。法華宗の本圀寺《ほんこくじ》（当時の名称は本国寺、京都市下京区）が延暦寺の末寺になることを拒否したため、門跡化運動が延暦寺の横槍で頓挫したことと比べると、大きな違いと言えよう。また、室町幕府も加賀の国人らに命令を下す際には、本願寺を通じて行っており、幕府の支配体制の中に位置づけられていた。

本願寺は、基本的には一揆を抑止していた。しかし、教団を護持するため、管領《かんれい》細川氏と密接な関係を構築したことが裏目に出て、永正《えいしょう》三年（一五〇六）と享禄《きょうろく》五年（天文《てんぶん》元年、一五三二）には、細川氏の要請によって一揆を動員せざるを得なくなった。ところが、天文の一向一揆には新興の村落の有力者や都市商人が加わったことで、畿内の武家や既存の都市との対立が一挙に表面化し、本願寺自身が一揆を統御できなくなった。このため、本山の山科本願寺（京都市山科区）やその寺内町が京都の法華一揆に焼き討ちにされ、畿内各地で細川氏・畠山氏・六角《ろっかく》氏の追討を受けることになってしまった。

一揆の終結後、本願寺は大坂（大阪市中央区）を新たな本山として再建に取りかかった。よく「石《いし》山《やま》本願寺」と呼ばれるが、この呼称は江戸時代に成立したもので、戦国時代当時はあくまで「大坂本願寺」である。大坂を中心とした浄土真宗の寺内町建設の動きは、細川氏や畠山氏にとっても一揆で荒廃した地域の復興と理解され、浄土真宗寺院に特権を認めることで、促進されていった（小谷：二〇〇三）。こうした寺内町は現在の大阪平野だけでなく、播磨《はりま》（兵庫県）や近江（滋賀県）、北陸や東海地方にも作られた。特に大阪平野では、現在の大阪府下の自治体名にもなった大阪、枚方《ひらかた》、富田《とんだ》林《ばやし》、貝塚《かいづか》が有名である。その中でも富田林では、本山の「大坂並」に免税や徳政令《とくせいれい》免除などの都市特権を与えられたことで知られる。

本願寺は、一向一揆のみに頼っていたのではない。武家権力との協調路線を基本とし、共存共栄を図りながら、惣村の自治的・経済的な発展を寺内町の建設という形で取り込み、教団の繁栄を目指していく。

法華一揆と京都十六本山会合

法華宗はもともと、日蓮が房総半島の出身でもあり、鎌倉幕府の所在地である南関東を中心に布教していたが、鎌倉時代末期から室町時代初期にかけて京都に進出し、さらに西国の港町へと展開していった。法華宗は京都の富裕な商人の外護《げご》を受け、やがて「京中大方題目（南無妙法蓮華経）の巷」と称されるようになった。その教義や解釈は、それぞれの門流や僧侶によって多少異なっており、門流ごとの活動が主体であった。そのため、友好的な門流もあれば、末寺や信徒を奪い取るなど対立する門流もあり、盛期には二十一もの本山寺院が京都に成立することになった。

また、法華宗は「折伏《しゃくぶく》」と呼ばれる激しい布教活動により、浄土宗や延暦寺との間でたびたび宗論《しゅうろん》を引き起こし、幕府から迫害されることもあった。ただ、徐々に摂関家をはじめとする公家や伏見宮《ふしみのみや》など皇族の入寺が相次ぎ、社会的な地位も向上した。絵師の狩野《かのう》氏、金工《きんこう》の後藤氏、刀剣鑑定の本阿弥《ほんあみ》、豪商の茶屋《ちゃや》などでは、一族が代々特定の法華宗寺院の信徒になる寺檀《じだん》関係が成立した。

戦国時代の宗教一揆としては一向一揆が有名であるが、法華一揆も起こっている。天文《てんぶん》元年（一五三二）、畿内を席巻する一向一揆に脅威を感じた京都の法華宗の信徒は、山科本願寺を焼き討ちにした。その後、法華一揆は京都の検断権《けんだんけん》や裁判権まで掌握し、各権門への地子銭《じしせん》支払いを拒否するようになった。天文五年（一五三六）、延暦寺はこうした動きに危機感を募らせ、近江の六角氏と結んで法華宗寺院や下京《しもぎょう》を焼き討ちにして、その信徒を京都から追放した。

この天文法華の乱によって堺に退去した法華宗の本山寺院は、延暦寺や六角氏と交渉を重ね、ようやく天文十一年（一五四二）に洛中への還住《げんじゅう》が許されたが、実際に帰京できたのは十五本山に過ぎなかった。法華一揆の頃から萌芽が見られるが、この還住交渉を経る中で、法華宗の諸本山寺院は、門流の枠組みを越えて「諸寺」という共同体を形成していく。

そうした共同体は、永禄四年（一五六一）の六角氏による京都侵攻などの非常時にも形成され、やがて平常時にも共同体を維持しようとする気運が高まった。永禄六年（一五六三）には、関東で本土寺《ほんどじ》（千葉県松戸市）の末寺や信徒を、異なる門流の東金《とうがね》（千葉県東金市）の酒井《さかい》氏が奪い取る事件が起こったが、京都の本山寺院同士の友好ムードや三好長慶《みよしながよし》・松永久秀《まつながひさひで》の調停によって解決されると、永禄七年（一五六四）には教義や門流を超えて、都鄙《とひ》（中央と地方）の法華宗全体を含み込んだ共同体の行動規範として「永禄の規約」が制定され、「京都十六本山会合（江戸時代に一本山が加入）」が設立された。

この「会合」は本願寺とは異なり、武力蜂起を行わず、三好氏・六角氏・織田氏と全方位外交を展開し、その交渉力によって平和の維持を図った。『京都十六本山会合用書類《きょうとじゅうろくほんざんかいごうようしょるい》』は、法華宗寺院だけでなく、信徒となった京都の都市民や、地縁的共同体である「町」との関係、都市自治のあり方の面から分析がなされている（河内：二〇〇〇）。

戦国大名の対応

戦国仏教として述べたように、戦国時代は人々の宗教意識が高揚した時代であった。浄土真宗の寺内町以外の宗教都市として、門前町も興隆した。伊勢外宮《いせげくう》の山田《やまだ》（三重県伊勢市）は大湊《おおみなと》を外港とし、全国から参詣者を集めた。その参詣者に宿を提供し、祈禱を行うだけでなく、参詣者を家単位や地域単位で組織化することに成功し、権利化した御師《おんし》の上層は、「山田三方《さんぼう》」という自治的な都市共同体を形成した。これに対して、北畠《きたばたけ》氏は徳政令の執行とその免除特権を使い分け、山田に圧力をかけた。出雲大社《いずもおおやしろ》の門前町である杵築《きつき》（島根県出雲市）は、参詣客だけでなく、石見《いわみ》の銀や出雲の鉄を求める商人たちによって、流通の要所としても発展した。そのため、尼子《あまご》氏は杵築に法度《はっと》を定め、毛利《もうり》氏は有力な御師を商人頭として把握していく。安芸《あき》の厳島《いつくしま》神社（広島県廿日市市）も信仰だけでなく、瀬戸内海流通の要所であったため、陶《すえ》氏や毛利氏が掟《おきて》を制定している。

こうして見ると、戦国大名は寺社のお膝元に介入し、規制を加えたように見える。しかし、富士参詣で栄えた富士山本宮浅間大社《ほんぐうせんげんたいしゃ》の門前町である富士大宮《おおみや》（静岡県富士宮市）は、今川《いまがわ》氏・武田《たけだ》氏・北《ほう》条《じょう》氏の国境に位置し、戦乱によって衰退したため、今川氏は楽市令《らくいちれい》を発布することで振興にあたった。また、信濃《しなの》の川中島《かわなかじま》（長野市）で戦いを繰り返した上杉氏と武田氏は、双方が善光寺《ぜんこうじ》（長野市）の如《にょ》来像《らいぞう》を略奪し、それぞれ直江津《なおえつ》（新潟県上越市）と甲府《こうふ》（山梨県甲府市）に安置するための寺院を造営し、町場《まちば》の中核としている。

四国から海を渡って畿内に進出した三好氏は、尼崎《あまがさき》・堺・兵庫津《ひょうごつ》（神戸市兵庫区）・宇多津《うたづ》（香川県宇多津町）・撫養《むや》（徳島県鳴門市）と、港町に展開する法華宗を集中的に保護し、その檀那らが関与する流通の掌握に乗り出した（天野：二〇一〇）。山陰の尼子氏は千部法華経読誦《せんぶほけきょうどくじゅ》に際して、清水寺《きよみずでら》（島根県安来市）を出雲一宮《いちのみや》の出雲大社の本寺である鰐淵寺《がくえんじ》の上座に据え、従来の国内の宗教秩序を変えようとした。寺社政策は戦国大名の統治において、大きな役割を占めていたのである。

「石山合戦」と織田信長

永禄十一年(一五六八)、足利義昭《よしあき》を擁した織田信長は三好三人衆《みよしさんにんしゅう》(三好長逸《ながやす》・三好宗渭《そうい》・石成友通《いわなりともみち》)を破って上洛を果たした。しかし、三好三人衆に決定的な打撃を与えたわけではなく、摂津《せっつ》方面での戦いが続いた。そして、元亀《げんき》元年(一五七〇)九月、三好三人衆と交戦中の信長に対して、本願寺が挙兵した。そもそも三好三人衆は寺内町の建設に協力的で、本願寺を保護したのに対し、信長は本願寺に献金を命じたりするなど、対立する要因はあった。

三好三人衆は本願寺だけではなく、朝倉氏・浅井《あざい》氏・延暦寺とも結んで、義昭と信長を包囲した。翌元亀二年(一五七一)になって反転攻勢に出た信長は、延暦寺を焼き討ちにした。京都に最も大きな影響力を有してきた延暦寺は壊滅し、近江における延暦寺の所領は信長方に押収された。

信長や家康は、上洛以前から、東海地方で不入権《ふにゅうけん》を主張する浄土真宗の寺内町と対立し、破却した。そのため、永禄六年(一五六三)には三河で一向一揆が起こり、家康の家臣団が分裂する事態を引き起こしていた。本願寺も信長との戦いが始まると、大坂だけでなく近江や越前、加賀、そして伊勢・尾張国境の長島《ながしま》(三重県桑名市)で信長を苦しめた。長島では、信長が和睦条約を破って開城後の門徒を騙し討ちで虐殺し、越前では一揆が信長の配置した家臣を討ち取り、織田氏の支配を覆した。

天正六年（一五七八）には、信長の家臣で摂津を支配していた荒木村重《あらきむらしげ》が本願寺と結んで挙兵し、信長の西部戦線は崩壊の危機に瀕したが、信長はそれを乗り越え、ようやく天正八年（一五八〇）の勅命講和《ちょくめいこうわ》によって本願寺を大坂から退去させ、戦争は終結する。

「石山合戦」の最中の天正七年（一五七九）には、法華宗と浄土宗が争った安土宗論《あづちしゅうろん》が起こった。敗れた法華宗は、莫大な賠償金を信長に納めることになった。従来は、法華宗を弾圧するために信長が仕組んだ、とされてきたが、信長は法華宗を追放したり、寺院を破却したりしたわけではない。信長の許しによって、法華宗は忝《かたじけな》くも立て置かれるという関係を作り出し、その経済力を利用することに意義があった。

本願寺も大坂を退去させられ、講和条件にあった加賀の返還は一方的に信長に破られた。その一方で、末寺や門徒の本山参詣は保障され、教団の存続は公認された。

信長は殊更、宗教勢力を敵視し、激しく弾圧したイメージが強い。また、信長の跡を継いだ秀吉も、長く一向一揆への警戒心を持ち続けた。ただ、両者とも敵対的な動向を見せなかった寺社については、支援策を打ち出している。

この約十年続いた、いわゆる「石山合戦」、統一政権と一向一揆の戦いとは何だったのか。一九七〇年代には、近江堅田の浄土真宗寺院・本福寺《ほんぷくじ》の僧侶が記した『本福寺跡書《ほんぷくじあとがき》』に見える、王孫たる百姓と侍・武士の激しい対抗関係から、武士の主従関係に包摂されることを拒否する百姓の国家構想が、一向一揆と本願寺法王国として現出したと考えられた。そして、武家はこれを徹底的に弾圧し、階級闘争に勝利することで、自らを「公儀《こうぎ》」と位置づけ、統一政権として確立していくと考えられた（朝尾：二〇〇四）。

現実には、百姓と侍を綺麗に分けることはできないし、浄土真宗の寺内町の多くは本願寺よりもむしろ信長の支持に回っている。一九八〇年代から九〇年代にかけて、本願寺の権門《けんもん》としての姿が明らかにされ、統一政権と本願寺教団は不倶戴天《ふぐたいてん》の敵ではなく、政治的に共存が可能な存在であったとされた（神田：二〇〇七）。

ただ、「石山合戦」を終結させた勅命講和のあとも、本願寺・荒木方として尼崎城（兵庫県尼崎市）や花熊城《はなくま》（神戸市中央区）に籠城した百姓らは、信長による村への還住命令を拒否し、顕如《けんにょ》の開城指示にも従わず、信長と戦い続ける道を選んだ。「石山合戦」の十年が、中世以来の百姓の様々な動向と、それを受け止めてきた寺社との関係が変化する画期であったことは間違いない。

東山大仏千僧会と神になる天下人

「石山合戦」の時期は、顕密仏教・戦国仏教にかかわらず、宗教勢力と世俗権力の関係が最も先鋭化した時期であったことは間違いない。そして、織田信長の跡を継いだ豊臣秀吉は、寺社との新たな関係の構築と安定化を図っている。その政策として注目されるのが、東山大仏千僧会《ひがしやまだいぶつせんぞうえ》である。これは、秀吉が母方の祖父母を供養するために、文禄《ぶんろく》四年（一五九五）から豊臣家が滅亡する慶長《けいちょう》二十年（一六一五）まで途絶えることなく続けられた。

豊臣政権は、事実上のこの国家的な法要に、顕密仏教に戦国仏教を加えた新たな八宗に出仕を命じた。その八宗とは、真言宗・天台宗・律宗・禅宗・法華宗（日蓮宗）・浄土宗・時宗（遊行《ゆぎょう》）・浄土真宗（一向宗）であった。顕密仏教が正統とされた中世社会では考えられなかった、戦国仏教と同座して奉仕するという状況が作り出され、その序列もやがて同列化していく。豊臣政権の下に、新たな宗教秩序が形成されるに至ったのである（河内：二〇〇六）。

そのような宗教秩序の再編と天下人への奉仕という関係は、天下人の葬礼のあり方からも窺うことができる。十三代将軍足利義輝《よしてる》を追放して京都を支配した三好氏は、長慶《ながよし》の葬礼を、林下《りんか》ではあるが天皇が住持を任命し、紫衣《しえ》を着する大徳寺《だいとくじ》に主催させ、それまで将軍の葬礼を取り仕切り、林下との同座を拒否してきた五山禅宗にも出仕させた。そうした形で、三好氏は室町幕府の秩序を乗り越えようとした。

織田信長は安土城内に摠見寺《そうけんじ》を建立し、自らを神格化しようとしたとされるが、宣教師の史料にしか見えない点に難点がある。豊臣秀吉は信長の葬礼を大徳寺に主催させ、それに五山禅宗を従属させる形で挙行した。後継者が葬礼を主催し、権力の継承を誇示するという、新たな意味を付加したことになる。

その秀吉は、京都東山の地に大仏を建立し、その死に臨んでは、新八幡神として祝われたいと望んだ。このため、秀吉は火葬もされず葬礼も行われなかった。実際には、秀吉の意向と異なり、神号《しんごう》は豊国大明神《とよくにだいみょうじん》と変更されたが、秀吉は神となった。

大坂夏の陣で豊臣秀頼を滅ぼした徳川家康は、豊国社《とよくにしゃ》を破却し、豊国大明神の神号を廃止して、秀吉には仏として「国泰院《こくたいいん》」の院号を与えた。そして、家康が新たな神、東照大権現《とうしょうだいごんげん》として祝われることになったのである。

足利・三好・織田・豊臣・徳川といった中央政権の主権者は、その権力の正統性を示すために宗教儀礼を活用した。その一方で、結局は政治力・軍事力によって、その後継者が決定されるという現実も、また見せつけられることになったのである。

おわりに

信長段階での軍事的な敗北により、寺社は政治的自立を失い、武家権力の許可によって教団の存続が保障される存在となった。秀吉段階になると検地《けんち》と朱印状《しゅいんじょう》の発給により、経済的な安定を手にした一方で、自立性を喪失していく。

中世都市の一類型として栄華を誇った寺内町も、浄土真宗の大坂寺内町は大坂城下町へ、尾山御坊《おやまごぼう》は金沢城へ、法華宗の尼崎本興寺《ほんこうじ》寺内町は近世の尼崎城へと変貌を遂げ、京都をはじめ多くの都市では、寺社はそれまで持っていた門前や寺内と切り離され、寺町として城下町の周縁に移転させられた。

かつて、寺社は都市の発展を牽引し、周辺住民の安全保障を担う存在であった。しかし、そうした機能は、武家が担うものとなり、寺社のそれを圧倒的に上回る形で、民衆に示すことになった。寺社は、良くも悪くも信仰の世界のみを担うことになったのである。

主要参考文献

朝尾直弘『朝尾直弘著作集第三巻　将軍権力の創出』(岩波書店、二〇〇四年)
天野忠幸『戦国期三好政権の研究』(清文堂出版、二〇一〇年)
天野忠幸『三好長慶――諸人之を仰ぐこと北斗泰山』(ミネルヴァ書房、二〇一四年)
安藤弥「戦国期宗教勢力論」(中世後期研究会編『室町・戦国期研究を読みなおす』思文閣出版、二〇〇七年)
今谷明『天文法華一揆――武装する町衆』(洋泉社MC新書、二〇〇九年)
河内将芳『中世京都の民衆と社会』(思文閣出版、二〇〇〇年)
河内将芳『中世京都の都市と宗教』(思文閣出版、二〇〇六年)
河内将芳『日蓮宗と戦国京都』(淡交社、二〇一三年)
神田千里『戦争の日本史14　一向一揆と石山合戦』(吉川弘文館、二〇〇七年)
神田千里『宗教で読む戦国時代』(講談社選書メチエ、二〇一〇年)
金龍静『一向一揆論』(吉川弘文館、二〇〇四年)
草野顕之『戦国期本願寺教団史の研究』(法藏館、二〇〇四年)
黒田俊雄『日本中世の国家と宗教』(岩波書店、一九七五年)
黒田俊雄『寺社勢力――もう一つの中世社会』(岩波新書、一九八〇年)
小谷利明『畿内戦国期守護と地域社会』(清文堂出版、二〇〇三年)
中西裕樹編『高山右近――キリシタン大名への新視点』(宮帯出版社、二〇一四年)
仁木宏「宗教一揆」(『岩波講座日本歴史』第9巻中世4、岩波書店、二〇一五年)

原田正俊『日本中世の禅宗と社会』（吉川弘文館、一九九八年）
藤井学『法華文化の展開』（法藏館、二〇〇二年）
藤木久志『天下統一と朝鮮侵略――織田・豊臣政権の実像』（講談社学術文庫、二〇〇五年）
湯浅治久『戦国仏教――中世社会と日蓮宗』（中公新書、二〇〇九年）

天野忠幸（あまの・ただゆき）

一九七六年生まれ。関西大学非常勤講師。博士（文学）。
主要業績：『戦国期三好政権の研究』（清文堂出版、二〇一〇年）、「中世・近世の兵庫――港と城の歴史」（『ヒストリア』二四〇号、二〇一三年）、『三好長慶――諸人之を仰ぐこと北斗泰山』（ミネルヴァ書房、二〇一四年）など。

キリスト教の伝来から拒絶まで

はじめに

戦国時代末期に海外から日本に伝来したキリスト教は、短期間で全国規模に拡大し、豊臣秀吉は徳川幕府の厳しい禁教令《きんきょうれい》の原型となる、「伴天連追放令《ばてれんついほうれい》」を発令するに至った。戦国時代の人々は、なぜキリスト教を受容し、そして拒絶したのだろうか。これまでの研究でわかっていることを整理し、今後の研究の課題を提示する。

キリスト教の伝来

日本に初めてキリスト教を伝えたのは、スペインはバスク地方出身のイエズス会宣教師、フランシスコ・ザビエルである。ザビエルは天文《てんぶん》十八年（一五四九）に鹿児島に上陸した。なぜこの時期に、地球の裏側からはるばる日本まで、宣教師が渡来したのだろうか。

ヨーロッパの歴史との接合

宣教師が日本を訪れた理由は、これまで、大航海時代と呼ばれるヨーロッパ人の海外への膨張現象が日本まで到達したためであると説明されてきた。ヨーロッパでは、一五一七年にマルティン・ルターが「九十五ヶ条の論題」とする文章を発表し、免罪符《めんざいふ》の発行など、カトリック教会の従来の宣教方法を批判して以来、宗教改革の時代に入っていた。イエズス会は、一五三四年にイグナティウス・デ・ロヨラがパリ大学の学友ザビエルらと共に立ち上げた新規の男子修道会《しゅうどうかい》であり、ローマ教皇に忠誠を誓うカトリック教会の、対抗宗教改革の旗手《きしゅ》と言われた。イエズス会の理念の一つは、世界宣教であった。

ところで現代の日本では、日本国憲法が定める厳格な政教分離《せいきょうぶんり》原則により、宗教が政治の干渉を受けることは禁止されている。世界的にも、大勢《たいせい》としてはそうであると言えよう。しかし、この時代のイエズス会の世界宣教は、中世以来、ポルトガル国王の有する「布教保護権」に基づき、王室の支援を受けて行われる、政教一体的なものであった。宣教はイエズス会など修道会独自の事業ではなく、ポルトガルという国家事業の一環として位置づけられていたのである（高瀬：一九七七）。

ポルトガルとスペイン両国は、発達した航海技術と十字軍《じゅうじぐん》精神を背景に、十五世紀後半から世界の海に乗り出し、地図もない未知の領域へ進出していった。そこで新たに「発見」した土地をめぐり競合《きょうごう》することを事前に回避するため、両国王は一四九四年にトルデシーリャス条約を結んだ。これは、デマルカシオン（世界二分割領有論）の理念に基づき、大西洋上に一本の経線を引き、両国の領有境界線を確定して、各領域での独占的な統治と宣教を認めた条約である。この条約は、ローマ教皇ユリウス二世の大勅書《だいちょくしょ》によって承認された。この時期の世界宣教は、ローマ教皇のお墨付きのもとに、言わばポルトガルとスペインの両国家が独占した事業だったのである。

このような取り決めや仕組みを前提に、ザビエルはポルトガル国王ジョアン三世によるアジア宣教の要請に応じ、インドに赴任する総督と共に、一五四一年四月七日、リスボン港を出発してインドに到着した。しかし、不熱心な信徒《しんと》の多さにやや失望したザビエルは、インドを出て東南アジアに移動し、ついに一五四七年十二月七日、マラッカで日本人アンジローと出会う。アンジローの理性と人柄に魅かれたザビエルは、日本宣教に希望を見出し、渡航を決断する。

このように、キリスト教の伝来は、日本が十六世紀に初めてヨーロッパを中心とする世界の歴史とリンクした象徴的事件として理解され、説明されてきた。

現場（アジア）への注目

しかし近年、ヨーロッパ人の動向よりも、アジア域（海域）内の自生的なヒト、モノの流れを重視する研究が盛んであり、ザビエルの日本到達についても、そうした見方での説明が強調されるようになっている。

例えばザビエルは、マラッカ半島より東の海域では、ポルトガルの役人が頼りにならないため、自治的な社会組織を形成したポルトガル人私貿易海商《しぼうえきかいしょう》たちと行動を共にしていた。アンジローを日本からマラッカまで連れてきたのは彼らである。また、時に彼らは中国商人を主体とする後期倭寇《わこう》のジャンク船に乗り込み、半商半賊《はんしょうはんぞく》の多民族混淆《こんこう》集団を形成した。ザビエルが日本渡航に利用したのは、そうしたジャンク船であった（岡：二〇一〇）。

つまり、キリスト教はポルトガルの国家事業の一環ではあったが、キリスト教の日本伝来に関わった現場の「南蛮人《なんばんじん》」は、ポルトガル人とはいえ国家的な帰属意識の薄い私貿易商人であり、後期倭寇の活動も、不可欠な要素であった。キリスト教は、決して国家の力で一直線にヨーロッパから日本へもたらされたわけではなかったということになる。

このように、日本へのキリスト教伝来をめぐる歴史的背景は、これまでとは違った見方からも明らかにされてきている。今後は、東洋固有の条件下で何らかの変容を遂げたであろう宣教の実態についていっそう理解を深め、日本宣教にどのように生かされたかなどを追究していくことが必要であろう。先駆的な研究としては、イエズス会のインド宣教に着目した、岸野久《きしのひさし》氏や高橋裕史《たかはしひろふみ》氏の研究がある（岸野：一九九八、高橋：二〇〇五）。

キリスト教の受容

深く広い受容

日本は、中国や朝鮮よりも時期的に早く、かつ広範に、キリスト教を受容した。宣教師がアジアの中で最も宣教を希望していたのは中国だったが、海禁《かいきん》政策のため入国に困難を極め、ようやく一五七八年にマカオで宣教が始まった。中国での主な宣教対象は、首都北京《ペキン》の知識層であった。十八世紀末に至ってキリスト教が伝来した朝鮮でも、両班《ヤンバン》階級の受容が中心であった。しかし日本では、伝来後わずか半世紀でイエズス会の宣教線は蝦夷《えぞ》地から九州地方のほぼ全土を覆い、しかも天下人から民衆まで全階層に教えが伝えられ、受容された点が特徴的である。

徳川幕府が禁教令を出した慶長《けいちょう》十九年（一六一四）の時点では、五十万人の信者がいたとイエズス会士は報告している。慶長五年時点での推定人口は千四百万人であるから、この時期のキリシタン信徒の比率は、およそ三・五％である。これは現代のキリスト教（全教派を含む）人口比約一％を大きく上回っている。さらに禁教令の発令後、下層民を中心に少なくとも四千人もの殉教者《じゅんきょうしゃ》を出したことは、キリスト教の受容が表面的なものではなかったことを示している（片岡：一九七九、山本：二〇〇九ａ）。

受容の要因①――宣教と南蛮貿易との一体性

日本でキリスト教が広く深く受容された要因としては、第一に、当時の宣教と人々の間で需要の高かった南蛮貿易（マカオのポルトガル人との貿易）が未分離であり、一体化していたことが挙げられる。日本イエズス会は、宣教経費の一部に貿易の収益を充てていたので（高瀬：一九七七）、修道会の本部はマカオ貿易定航船の入港地、長崎に置かれた。なお南蛮貿易は、中国産の生糸《きいと》と日本産の銀との取引を、主な内容としていた。

ポルトガル船の船員は皆キリスト教徒であり、彼らの師であるイエズス会士は、しばしば船長に入港地を指定した（岡本：一九四二）。肥前三城城《ひぜんさんじょう》（長崎県大村市）城主の大村純忠《すみただ》は、永禄《えいろく》六年（一五六三）に受洗《じゅせん》した、日本で最初のキリシタン大名と言われるが、同時にポルトガル船の領内誘致に成功している。また、豊後《ぶんご》（大分県）の大友宗麟《おおともそうりん》が、領内での宣教保護の言わば見返りとして、インド総督に大砲を贈って欲しいと要求したことは有名である。

キリスト教信徒になった彼らには、ポルトガル国王から親書《しんしょ》が送られ、必要な援助が約束されていた。肥前日根江城《ひのえ》（長崎県南島原市）城主の有馬晴信《ありまはるのぶ》も天正《てんしょう》八年（一五八〇）に受洗したが、戦争の際には、イエズス会士から弾薬や食糧の供与《きょうよ》を受けていた。富強を要する時代的状況のもとでは、大村氏らのように受洗にまでは至らずとも、領内で南蛮貿易と共に宣教師を優遇した肥前平戸《ひらど》（長崎県平戸市）の松浦鎮信《まつらしげのぶ》や、薩摩《さつま》（鹿児島県）の島津貴久《しまづたかひさ》らの九州大名もいた。

大名や公家など高貴な人物の受洗は、イエズス会のとった宣教策の一つであった。そしてキリシタン大名領国《りょうごく》では、「上から下」への強制を含む大量改宗、すなわち「垂直型宣教」（清水紘：二〇〇二）が顕著であった。戦国社会で、なぜこうした方式が通用したのかは不詳だが、中世法（「貞永式目」）や分国法《ぶんこくほう》などを見ると、中世の武家領主は宗教祭祀の統御《とうぎょ》・管理者として自らを位置づけており、このような日本にもともとあった政教一体的な法観念が、垂直型宣教を受け入れる素地《そじ》になったと考えられる。また、この方式による宣教では、偶像崇拝《ぐうぞうすうはい》を禁止するキリシタンの教義に基づき、宣教師の指導のもとで寺社破壊が多く行われた。特に、キリシタン大名の高山右近《たかやまうこん》領であった摂津高槻《せっつたかつき》（大阪府高槻市）の事例は著名である。

受容の要因②——適応主義の採用

受容要因の第二は、右記と一見矛盾するようであるが、初期の日本宣教を担ったイエズス会が、日本文化を尊重する「適応主義」を基本的な宣教戦略として採用したことが大きいと考えられている（井手：一九九五）。

日本イエズス会を統治した巡察師《じゅんさつし》ヴァリニャーノは、緻密《ちみつ》な観察に基づき、道理《どうり》を好む日本人に対しては、武力を行使して強制的に信徒にするよりも、論理的説得的にキリスト教を伝えるほうが効果的であると考えた。彼自身の報告書を見ると、目先の大量改宗よりも、最終的にキリスト教信仰が日本人の間で根づくような長期的な宣教成果を目指しており、このために九州ではなく貿易利益とは無関係の、京での宣教を重視していたことなどがわかる。

しかしヴァリニャーノは、日本人がヨーロッパ人と正反対の文化を持つために様々な宣教上の弊害をもたらしていると観察し、日本人の行動様式にヨーロッパ人が合わせる「適応主義」を部下に命じた。イエズス会の一部の会員には、宣教のために日本を武力で征服する意見もあったが（高瀬：一九七七）、最終的に日本における適応主義は、イエズス会総会長が認める方針となった（清水：二〇一四a）。世界宣教に必要な軍隊的規律を掲げるイエズス会において、上位者の命令は絶対的であり（高橋：二〇〇六)、この問題についても、ヴァリニャーノや総会長の決定が大きな意味を持ったのである。

イエズス会は「垂直型宣教」以外に、宣教師の人柄や説法の権威のみに依拠する地道な「水平型宣教」も行っていたが、この場合にはとりわけ、日本人の慣習や常識に合わせた適応主義が必要となる。戦国期の日本人には抵抗感の強かった偶像崇拝禁止や、キリスト教の異教徒との婚姻禁止の原則についても、柔軟に変更したとされている(浅見:二〇〇九、安:二〇一二)。

充実した宗教教育と出版

垂直型にしろ水平型にしろ、イエズス会が宣教の過程で洗礼後の信徒《しんと》教育を充実させたことは確かである。これが日本の場合は、キリスト教の表面的に留まらない受容を可能にしたと考えられる。まずヴァリニャーノは、神学校《しんがっこう》「セミナリオ」と、宣教師を養成するための高等教育機関の「コレジオ」を各地に開設した。さらに天正《てんしょう》十八年(一五九〇)には印刷機を導入し、百種類に及ぶとされるキリシタン版を作製・配布して、キリスト教の「知」の普及を図った(松田:一九七三)。

例えば細川忠興《ほそかわただおき》の正室ガラシア(玉子《たまこ》)は、簡単には教会に行けない身分と事情を抱えていたが、天正十五年(一五八七)、宣教師から贈られた修養書《しゅうようしょ》『コンテンツス・ムンヂ』を愛読して信心生活を送っていた。同書は、印刷が始まると慶長《けいちょう》十八年(一六一三年)の時点で千三百部が製本され、女性や庶民の信徒にも広く読まれたと推定されている(五野井:二〇一二)。

受容の要因③――民衆の救済への希求

しかし、文字の読めない民衆がどれほどキリスト教信仰を理解していたのか、疑問視する意見もある。確かに下層の民衆は、難解な教義書を読むことはできなかったと思われる。だが、聖人伝《せいじんでん》や聖画《せいが》・聖像《せいぞう》、祈り（オラショ）といったモチーフを通して、彼らなりに教義を理解していたはずである。そのように考えなければ、下層民から多くの殉教者が出た理由を説明できないからである。

そもそも救済を謳《うた》うキリスト教は、戦国時代の民衆の信仰心、すなわち現世後世《げんせいこうせい》における救済への強い希求《ききゅう》があってこそ受容されたと考えられる。織田信長、豊臣秀吉、徳川家康の天下人が、いずれも死後に神格化を遂げたのも、民衆のそうした希求に応じる必要があったためと指摘されている（朝尾：一九九四）。信仰が卑俗的に変容しているから民衆がキリスト教を理解しなかったという論説もあるが、キリスト教を彼らなりにどのように理解して受容したかという視点で、問題を追究していく必要があろう。

キリスト教の教義のうち、一般的に最も日本人に説得的に受け容れられたのは、全く新しい概念であったはずの創造神《そうぞうしん》観念であったという指摘がある（神内：二〇〇五）。一方、『どちりな・きりしたん』という、受洗前に必ずキリシタンが受けた教理説明のテキストを見ると、創造神デウスを信じることができなければ救われないと教えられていたことがわかる。すると、創造神観念の説得的な受容と強い救いへの希求が結びついて、殉教者《じゅんきょうしゃ》を出すほどの強靭《きょうじん》な信心がキリシタンの間では確立したと見ることも、論理的には可能であろう。

なお、日本人が未知のキリスト教を、在来の用語や概念を介して理解していたという点を、海老沢《えびさわ》有道《ありみち》氏や折井善果《おりいよしみ》氏が明らかにしている（海老沢：一九六〇、折井：二〇一〇）。神田千里《かんだちさと》氏は、戦国時代末期に興隆した、日本の「国教」とも言うべき「天道《てんとう》」の観念と、キリスト教との類似性を指摘し、この点で日本人のキリスト教受容と排除を説明しようとしている（神田：二〇一〇）。

伴天連追放令の発令

永禄《えいろく》十二年（一五六九）、イエズス会士は織田信長と十五代将軍足利義昭《あしかがよしあき》の保護状を得ることに成功し、教線は拡大した。しかし豊臣秀吉は、これを阻止するための禁令を天正《てんしょう》十五年（一五八七）に発した。また、徳川家康は禁教令を強化し、江戸幕府はキリスト教を流入・拡散させない鎖国《さこく》の体制を成立させた。このように秀吉の禁令は、政策の流れを変えた非常に重要な意味を持っている。そこで、ここでは秀吉の禁令をめぐる研究状況と課題を整理してみよう。

二つの法令

豊臣秀吉はキリシタン（伴天連門徒《ばてれんもんと》）に関連して、天正十五年六月十八日付け「覚」十一ヶ条と、同十九日付け「定」五ヶ条の二つの法令を発給したことが知られている。

六月十八日付け「覚」は、国内外で唯一、伊勢神宮《いせじんぐう》（三重県伊勢市）に数点の写本が残る法令である。

十一ヶ条の内容を整理すると、最も多くを占めるのは、給人《きゅうにん》（領主）が領内でキリスト教への強制的改宗を命じているが、それを禁止するという趣旨の条項である（第一〜第三条、第六〜第九条）。第一条には「伴天連門徒のことは、その者の心次第であるべきだ」とあり、一見キリスト教の「入信《にゅうしん》自由」を認めた条項と受け取れる。しかし、ほかの条項と合わせて読むと、「伴天連門徒のことは、強制せず、その者の心次第の改宗とすべきだ」という意味であることがわかる。積極的にキリシタン信仰の自由を保障しているわけではなく、強制改宗を非難しているのである。このほかには、高禄《こうろく》武士の入信を許可制とする条項があり（第四・第五条）、最後に人身売買の禁止（第十条）、食牛馬売買の禁止（第十一条）に触れている。キリスト教宣教に関しては、拡大する改宗を規制する方針であったことがわかる。

翌日付けの六月十九日「定」については、法令そのものを見てみよう。

定め

第一条　日本は神国であるのに、きりしたん国から邪法を授けることは、決してあってはならないことである。

第二条　自分の国郡の者を近づけ、門徒にし、神社仏閣を破壊しているということを聞いた。これは前代未聞である。（秀吉が）国郡在所知行等を給人に下されているのは、当座のことである。天下からの御法度《ごはっと》を守り、すべてのことについて許可を得るべきなのに、下々の分際《ぶんざい》で勝手なことをするのは、曲事《くせごと》である。

第三条　伴天連《バテレン》はその博識の法で、思いのままに檀那《だんな》を持てばよいと思っていたところ、右のように日域《じちいき》の仏法《ぶっぽう》を打ち破っている。それは曲事であるから、伴天連を日本の地に置いておくことはできないので、本日から二十日以内に用意し、帰国せよ。その間、下々の者で伴天連に不法を申しかける者がいたら、曲事とするべきである。

第四条　黒船は、商売のことであるから、特別であるので、年月をかけて、諸事売買をするように。

第五条　これ以降、仏法の妨げをしない者は、商人は言うに及ばず、誰であってもきりしたん国から往来することは構わないので、そう考えよ。

以上

天正十五年六月十九日　（「松浦家文書」）

法文の趣旨は、日本は「神国」、キリスト教が「邪法」であることを理由に、伴天連の国外追放と、南蛮船貿易の続行を命じるもので、一般に「伴天連追放令」と呼ばれている。

この法令は、六月十八日令とは対照的に、松浦家以外にも写本が伝存しており、各地に触れられた形跡がある。文中の「きりしたん国」はカトリック教国を指し、「伴天連《バテレン》」は神父《パードレ》を語源とするが、宣教活動に携わったイルマン（修道士）や、キリシタン大名の高山右近《たかやまうこん》などの俗人《ぞくじん》も含むと考えられる。

第三条の前半は研究者によって解釈が分かれる難解な文章であるが（山本：二〇〇九b）、ここではこの法文を記録した宣教師フロイスの解釈（ポルトガル語原文、松田毅一《きいち》ほか訳『日本史』第一巻三三九頁に日本語訳を収載）を尊重した拙訳を載せた。フロイスは誇張癖《こちょうへき》があるなどの批判がなされることもあるが、日本語は堪能であり、追放令を受けた当事者として秀吉側近のキリシタンなどの関係者から説明を受け、前後の事情にも通じていたはずであるから、この法文の解釈については尊重するべきである。

二つの解釈

これら二つの法令は、わずか一日違いで内容を異にしていることもあり、秀吉の真意をめぐって、研究者の間でも見解が大きく分かれている。

一つは、結果として豊臣政権は禁教令を発していないとする説である。最初にこの考え方を示した渡辺世祐《わたなべよすけ》氏は、内容からして、十八日令は全国の民衆に向けた信仰の制限付禁制《きんぜい》であり、十九日令は国外向けの宣教師追放と貿易に関する法令である、と解釈した（渡辺：一九三九）。宣教に関する二法令の内容の矛盾を解消するために、発令の対象が異なると考えたのである。

もう一つは、渡辺説とは異なり、秀吉は十八日令の趣旨であるキリスト教規制策を変更して、翌日キリスト教を禁止し、宣教師を追放する禁教令を広く公布したとする説である（三鬼：一九八三ほか）。

筆者自身は、前者の渡辺氏のように、法令の発令対象の内外の切り分けという論理で、二つの法令が併存したと考えるよりも、後者のように政策が転換したと見なすほうが、様々な理由から妥当であると考えている。（清水：二〇一四b）。

二つの法令の因果関係をどのように捉えるかという問題は、秀吉の禁教政策を理解する上で極めて重要であり、関連史料の発掘と共に、よりいっそうの議論の展開が望まれる。

伴天連追放令以降の状況

ここでは、その後の秀吉の禁教政策を概観しておこう。日本国内のイエズス会士約百三十名は、九州のキリシタン大名領に潜伏《せんぷく》して、慎重な宣教活動を再開した。天正《てんしょう》十八年（一五九〇）には人質《ひとじち》名目で、イエズス会神父十名の日本在留の許可を、秀吉から得ることができた。これは追放令後、イエズス会士を介在しないマカオ貿易がうまくいかなかったことを、秀吉が見た上での措置である。

さらに秀吉は、天正十九年、ルソン（フィリピン）貿易の利益を政権基盤に盛り込むため、ルソン総督に入貢《にゅうこう》を強要する使節を送った。文禄《ぶんろく》二年（一五九三）、交渉使節としてフランシスコ会士バウティスタらが来日すると、京での滞在を許可した。バウティスタは、京の下層民を中心に精力的な宣教を展開した。このために、スペイン系托鉢《たくはつ》修道会（フランシスコ会、ドミニコ会、アウグスチノ会）がルソン経由で来日するようになった。

このように秀吉の伴天連追放令は、マカオやルソンとの南蛮貿易とキリスト教禁教を二本立てで行っていこうとする秀吉自身の商教分離政策によって、骨抜きにされてしまったかのように見える。

しかしながら、滞在を許可された神父たちには、宣教しないことが厳しく条件づけられていた。そのために、精力的な宣教を展開したバウティスタらは、慶長《けいちょう》元年十二月十九日（一五九七年二月五日）、法令違反の名目で処刑されている（二十六聖人殉教事件）。さらに秀吉は、天正十九年（一五九一）七月二十五日付けのインド副王《ふくおう》宛て外交文書草案、慶長二年（一五九七）七月二十七日付け、ルソン総督宛て返書（『異国往復書簡集』）においても、日本は「神国」である、宣教は厳しく禁止している、商売往還のみ許可すると明記している。禁教令は一貫して内外に表明され、また法的効果も持っていたのである。

なお、慶長五年（一六〇〇）の関ヶ原の戦い以後も、イエズス会士は、「誰も我が聖教を奉じてはならないという太閤《たいこう》（秀吉）の法は今も存している」（『一六〇三年度日本年報』）と報告している。同時代人も、秀吉は禁教令を発令したという認識を持っていたことがわかる。

おわりに

十六世紀に日本に伝来したキリスト教は、現世後世の救済を希求する戦国の幅広い階層の人々に受け容れられ、国内に浸透していった。

豊臣秀吉は天正十五年（一五八七）六月に禁令を発令し、拡大する改宗の動きを阻止しようとした。その理由については本文で詳しく述べなかったが、天下を統一し、日本の君主であることを自覚しつつあった秀吉が、外来のキリスト教の急速な普及を、国家統治の障害と見たためと考えられる（清水：二〇一四b）。秀吉自身が死後の神格化を望んだのも、人々の信仰の問題を、統治の要として重視していたからであろう。

主要参考文献

朝尾直弘『朝尾直弘著作集第三巻　将軍権力の創出』(岩波書店、二〇〇四年。初刊一九九四年)
浅見雅一『キリシタン時代の偶像崇拝』(東京大学出版会、二〇〇九年)
安廷苑『キリシタン時代の婚姻問題』(教文館、二〇一二年)
井手勝美『キリシタン思想史研究序説――日本人のキリスト教受容』(ぺりかん社、一九九五年)
海老沢有道「キリシタンの信仰事情」(伊東多三郎編『国民生活史研究4　生活と宗教』吉川弘文館、一九六〇年)
岡美穂子『商人と宣教師――南蛮貿易の世界』(東京大学出版会、二〇一〇年)
岡本良知『十六世紀日欧交通史の研究　改訂増補版』(六甲書房、一九四二年)
折井善果『キリシタン文学における日欧文化比較――ルイス・デ・グラナダと日本』(教文館、二〇一〇年)
片岡弥吉『日本キリシタン殉教史』(智書房、二〇一〇年。初刊一九七九年)
神田千里『宗教で読む戦国時代』(講談社選書メチエ、二〇一〇年)
岸野久『ザビエルと日本――キリシタン開教期の研究』(吉川弘文館、一九九八年)
五野井隆史『キリシタンの文化』(吉川弘文館、二〇一二年)
清水紘一『織豊政権とキリシタン――日欧交渉の起源と展開』(岩田書院、二〇〇一年)
清水有子「イベリア・インパクト論再考――イエズス会の軍事的性格をめぐって」(『歴史評論』七七三号、二〇一四年a)
清水有子「近世日本のキリシタン禁制――地球的世界と国家・民衆」(『歴史学研究』九二四号、二〇一四年b)
神内里実「近世初期における創造主『デウス』をめぐる論争――キリスト教受容の思想史的検討として」(神奈川大学大学院歴史民俗資料学研究科編『対話する歴史と民族――歴史民俗資料学のエチュード』、神奈川大学21世紀COEプログラム「人類文化研究のための非文字資料の体系化」研究推進会議、二〇〇五年)
高瀬弘一郎『キリシタン時代の研究』(岩波書店、一九七七年)
高橋裕史訳注、ヴァリニャーノ『東インド巡察記』(平凡社、二〇〇五年)

高橋裕史『イエズス会の世界戦略』（講談社選書メチエ、二〇〇六年）
松田毅一ほか訳註、ヴァリニャーノ『日本巡察記』（平凡社、一九七三年）
三鬼清一郎「キリシタン禁令の再検討」（『キリシタン研究』二三輯、一九八三年）
山本博文『殉教――日本人は何を信仰したか』（光文社新書、二〇〇九年ａ）
山本博文『天下人の一級史料――秀吉文書の真実』（柏書房、二〇〇九年ｂ）
渡辺世祐「我が史料より見たる戦国時代東西交渉史補遺」（『史学雑誌』五〇巻七号、一九三九年）

清水有子（しみず・ゆうこ）

一九七二年生まれ。明治学院大学キリスト教研究所協力研究員。博士（史学）。
主要業績：『近世日本とルソン――「鎖国」形成史再考』（東京堂出版、二〇一二年）、「近世日本のキリシタン禁制――地球的世界と国家・民衆」（『歴史学研究』九二四号、二〇一四年）、「イベリア・インパクト論再考――イエズス会の軍事的性格をめぐって」（『歴史評論』七七三号、二〇一四年）など。

戦国時代の女性と結婚

はじめに

「戦国時代の女性」と言っても、一般に知られている人物は限られているのではないか。近年のテレビドラマによって、近江《おうみ》（滋賀県）の戦国武将・浅井長政《あざいながまさ》を父に持つ茶々《ちゃちゃ》（のちの淀殿《よどどの》）・江《ごう》・初《はつ》という三姉妹の存在がクローズアップされた。しかし、日野富子《ひのとみこ》（八代将軍足利義政《よしまさ》の妻）、お市《いち》の方（織田信長の妹。先の三姉妹の母）、おね（豊臣秀吉の妻）、細川ガラシヤ（明智光秀の娘）などを除けば、戦国時代の著名な女性は非常に少ないのである。

その理由を挙げるとするならば、女性に関するまとまった史料が乏しいからだろう。そもそも系図上においても、女性は単に「女（あるいは女子）」と記されるのみで、実名《じつみょう》すら伝わっていないケースが大半である。もちろん、女性の書いた（あるいは受け取った）手紙は、残りにくいことが多く、そのことが研究を妨げる要因となっている。

なぜ女性の手紙は残りにくいのだろうか。一般的に長く残る史料は、知行安堵《ちぎょうあんど》などの権利付与に関わるものである。それが、その後の裁判史料になることもあるので、長く残ったのである。女性の場合は単なる私信の場合が多く、要件が済んだら処分されるか再利用された可能性が高くなる。

このように、戦国時代の女性に関する研究には困難なハードルがあるが、以下、戦国時代の主要なトピックスを挙げて解説することにしたい。

戦国女性の手紙

戦国女性の手紙は、数が少ないとはいえ残っている。しかし、男性の書いた手紙とは、形態がやや異なっている。一般的に、男性が書く手紙は漢文で書かれており、花押《かおう》というサイン、もしくは朱《しゅ》印《いん》・黒印《こくいん》が捺《お》されている（妻や側室、子供らに送った仮名書きの手紙もある）。また、戦国大名当主が発給する手紙には権利付与を伴うものが多いため、長く伝わることになる。

一方、女性の手紙は、一般的に「消息《しょうそく》」と称されている。江戸時代後期の有職故実書《ゆうそくこじつしょ》『貞丈雑《ていじょうざっ》記《き》』によると、他人の安否を気遣い、自分の要件を伝え、「不安を消し息《や》む」という意味で「消息」と呼ばれていると説明されている。消息は仮名書きによる話し言葉で書かれており、「女消息」あるいは「仮名消息」とも呼ばれた。なお、女性の手紙にはこれまで印判状《いんばんじょう》がないとされてきたが、近年はそうではないことが明らかになっている。後述する寿桂尼《じゅけいに》は、印判状を用いていた。

「他人の安否を気遣う」という性質上、女性の手紙には心温まるものがある。その例として、備前《びぜん》（岡山県）の戦国大名宇喜多秀家《うきたひでいえ》の妻・豪姫《ごうひめ》（前田利家《まえだとしいえ》の娘で、豊臣秀吉の養女）が残した願文《がんもん》を見ることにしよう。願文とは、単なる手紙ではなく、神仏に祈念（願いごと）をする内容のものである。

慶長《けいちょう》五年（一六〇〇）に関ヶ原の戦いが勃発する直前、豪姫は大和長谷寺《はせでら》（奈良県桜井市）廊坊《ろうぼう》に「間もなく中納言（秀家）様が出陣されます。何事もなく、弓矢のご加護があることを願っています。中納言（秀家）様は申年生まれの二十九才です。百日参りをして、よくよく祈念をお願いします。初穂《はつほ》（その年に初めて収穫した農作物）として、銀子《ぎんす》一枚をお届けします」と夫秀家の無事安全と戦勝を祈願している。

この願文からは、豪姫の秀家に対する愛情が伝わってくる。そして、この願文には、改めて秀家の戦勝祈願を依頼すると共に「世の中には中納言の方は大勢いらっしゃいますが、秀家という名前なので、そのように心得て祈念してください」と追伸も記されている。中納言の官職を持つ人物がほかにもいることに気づいた豪姫は、神仏が間違わないよう念のために秀家であることを申し添えたのである。

戦国女性と和歌・連歌

平安時代に多くの女流歌人が活躍し、紫式部《むらさきしきぶ》が『源氏物語《げんじものがたり》』を、清少納言《せいしょうなごん》が『枕草子《まくらのそうし》』をそれぞれ著したことは、その後の日本文学に大きな影響を与えた。戦国時代に至っても、女性に和歌や連歌に嗜《たしな》みがあることは、教養として非常に重要であった。

十六世紀初頭、播磨《はりま》国守護の赤松義村《あかまつよしむら》は、十一代将軍の足利義澄《よしずみ》から「和歌の師範」として認定された冷泉為広《れいぜいためひろ》を居城の置塩《おきしお》城（兵庫県姫路市）に招いた。為広の代表的な歌集としては、『為広卿詠《ためひろきょうえい》草《そう》』がある。その際、義村の乳母《うば》は、為広に和歌一首の書写を懇望した。為広は「老眼を顧みず」書写したという。都からの遠隔地においても、女性たちは和歌や連歌を学び、和歌の短冊を所望した。戦国女性にとって和歌や連歌とは、教養として身につけるべきものであったことが窺える。

慶長三年（一五九八）三月、豊臣秀吉の主催で醍醐《だいご》の花見が執り行われた。この時、大名衆をはじめとして、秀吉の妻妾、侍女も花見に招かれ、和歌を短冊として残している。それらの短冊は醍醐寺《だいごじ》三宝院《さんぼういん》（京都市伏見区）に所蔵され、国宝に指定されている。この中には、次に示す淀殿の和歌も残されている。

あひおひの　松も桜も　八千世へん　君がみゆきの　けふのはじめに
はなもまた　君のためにと　さきいでて　世にならひなき　春にあふらし

この二首には「にしの丸（淀殿）」との押紙が付されており、自筆ではなく代筆であることが指摘されている。このほかに、秀吉の側室・松の丸殿の和歌も残っている。このように、女性たちは和歌の会に招かれることがあったので、一定の技量が求められた。

ところが、和歌を詠む局面は、そうした華やかな場だけではなかった。戦場において、最期に辞世の歌を残すこともあった。

天正《てんしょう》八年（一五八〇）一月、播磨三木《みき》（兵庫県三木市）城主の別所長治《べっしょながはる》は羽柴（豊臣）秀吉の兵粮《ひょうろう》攻めに屈し、一族の命と引き換えに城兵らの助命を願い出た。秀吉はその願いを了承し、別所一族に切腹を命じている。この時、長治の妻は、「もろともに　消へはつる身こそは　うれしけれ　をくれ先だつ　ならひなるよに」という辞世の歌を残している（『別所長治記』）。夫と共に死ねることがうれしいとの意であり、武将の妻としての覚悟が窺える内容である。

天正十一年（一五八三）四月、浅井三姉妹の母・お市の方も、再婚相手の柴田勝家《しばたかついえ》が秀吉との戦いに敗れ、越前北庄《きたのしょう》城（福井市）で運命を共にする際に辞世の歌を残している（『柴田合戦記《しばたかっせんき》』）。

さらぬだに　打ぬるほ程も　夏の夜の　夢路をさそふ　郭公かな（お市の方）

夏の夜の　夢路はかなき　跡の名を　雲井にあげよ　山郭公（柴田勝家）

死に臨む二人の凛《りん》とした態度を窺うことができ、同時にこの二首が見事なまでに対応していることが理解されよう。戦国の女性は、落城という非常事態に陥っても、心静かに辞世を詠むなど、冷静に対応することが求められたのである。

戦国女性と諸芸能

戦国女性と芸能との関わりも重要であり、その一つに茶道を挙げることができる。ただし、戦国期に女性が茶道に親しんだ例は乏しく、本格化するのは江戸時代に入ってからであると言われている。

しかし、茶道具の管理には女性が携わっていた。

豊臣秀吉は茶会を催すため、「よめ」「ちょぼ」の二人の侍女に対して、茶道具を準備するよう命じている。二人の侍女は茶道具の扱いに精通していたので、秀吉は高価な舶来《はくらい》の茶道具を彼女らに託したのであろう。公式な場において、女性が積極的に茶会を主催することは少なかったらしい。ただし、茶の心得はあったようで、それが江戸時代になって花開いたものと考えられる。

千利休《せんのりきゅう》（宗易《そうえき》）の後妻・宗恩《そうおん》には、利休の茶の湯に貢献した逸話が残っている。例えば、袱紗《ふくさ》が大きすぎるとして、現在使用されている寸法にまでサイズを縮めたなどである。こうした話は創作とされているが、実際には宗恩から利休へ助言があったと考えられないだろうか。

ほかの芸能では、小野《おの》お通《つう》が浄瑠璃《じょうるり》の創始者であると言われてきたが、謎の多い人物である。

その出自は、①織田信長の侍女、②豊臣秀吉の側室・淀殿の侍女、③新上東門院《しんじょうとうもんいん》（勧修寺晴子《かじゅうじはるこ》。後陽成《ごようぜい》天皇の母）・東福門院《とうふくもんいん》（徳川和子《まさこ》。後水尾《ごみずのお》天皇の中宮《ちゅうぐう》）の侍女という説があるが、いずれも疑わしいと評価されている。お通は浄瑠璃の起源とされる『十二段草子《じゅうにだんぞうし》（『浄瑠璃姫物語』とも）』（牛若丸と浄瑠璃姫の恋物語）の作者に比定されているが、この作品の成立は十五世紀後半である。したがって、時代が全く合わないお通は作者ではなく、この作品に曲節《きょくせつ》を付けて改作したと指摘されている。また、「柿本人麻呂図」や「達磨図」もお通の作品と言われているが、それらも疑問視されている。

先述した醍醐の花見の際に、お通も参加して短冊を残している。おそらくお通が和歌、絵画、琴、書に秀でていたことから、浄瑠璃作者として比定されたのかもしれない。

出雲阿国と歌舞伎

歌舞伎の創始者と言われる出雲阿国《いずものおくに》も重要な人物である。その出自には謎が多く、①出雲大社《いずもおおやしろ》で鍛冶職人を務めた中村三右衛門の娘、②出雲大社の巫女《みこ》、③京都の京北出雲路河原《いずもじかわら》の時宗鉦打聖《じしゅうかねうちひじり》の娘、④奈良近郊の散所《さんじょ》の歩き巫女、という説が示されている。いずれの説も確定ではないが、各地を漂流する芸能民であった可能性は高い。

天正十年（一五八二）、奈良の春日社若宮殿《かすがしゃわかみやでん》で、「国」なる人物が「ややこ踊り」を踊り、また、その六年後には出雲大社の「神子《みこ》」が勧進のために唄い踊ったという記録がある。いずれも阿国のことだと指摘されているが、異論もある。慶長五年（一六〇〇）には「国（あるいは「菊」）」なる人物が京で「ややこ踊り」を踊ったとの記録があり、この頃から阿国が京都の北野天満宮《きたのてんまんぐう》境内や五条河原《ごじょうがわら》で活動したと指摘されている。

この頃から、公家の西洞院時慶《にしのとういんときよし》が記した『時慶卿記《ときよしきょうき》』などには阿国の存在を示す記録があり、その実在は間違いないと考えられている。しかし、「ややこ踊り」や「念仏踊り」は地味な踊りであり、まだ歌舞伎との関係はあまりなさそうである。

慶長八年（一六〇三）、阿国は「歌舞伎踊り」で爆発的な人気を得ることになる。「歌舞伎踊り」では、阿国が脇差《わきざし》を帯び、華麗な男装姿で登場し、男の座員には女装をさせたという。阿国は茶屋の女のもとに通う「茶屋あそびの踊り」を披露し、多くのファンを獲得した。これまで、「歌舞伎踊り」は阿国の夫である狂言師・名古屋山三郎《なごややまさぶろう》が指導したとされてきたが、現在では疑問視されている。

慶長十二年（一六〇七）、阿国は江戸城で興行を催して大成功を収め、また佐渡島（新潟県）でも興行を催すなど活発な活動をしていた。しかし、その六年後には史料から見えなくなり、この頃には亡くなったと考えられている。阿国の死後、歌舞伎踊りの成功に便乗する芸能団体も現れ、中には勝手に「阿国」と名乗る女性もいたという。このように、戦国時代の女性は、芸能の担い手でもあったのである。

戦国女性と結婚

戦国時代の結婚と言えば、ほとんどが政略結婚であった。特に、大名間で同盟が結ばれた時には、人質と同じような形で婚姻が行われた。しかし、戦国時代の結婚に関する史料は乏しく、全容を知るには後世に成立した儀式書などに頼らざるを得ない。以下、儀式書や当時の史料を交えながら、戦国時代の結婚について述べることにしよう。

古代以来、日本では招婿婚《しょうせいこん》（婿入り婚）が主流であった。招婿婚とは結婚後しばらくは夫が妻の家に通い、のちに妻が夫の家に移るもので、この慣習は平安時代後期まで続いたという。鎌倉時代になると、武家では聚嫁婚《しゅうかこん》（嫁迎え婚）が主流になり、室町時代には公家も武家も聚嫁婚が定着した。室町時代は、結婚の儀式の作法が確立した時期でもあった。

では、何歳で結婚が可能だったのだろうか。戦国時代では、一般的に男子は十五歳前後に元服《げんぷく》を行い、一人前の男性と見なされた。女性の場合はもう少し早く、男女共に、その年齢前後で結婚をしていた。ただし、政略結婚の場合はもっと早く結婚することも珍しくなく、この場合は形式的に婚儀を取り交わし、実態としての結婚生活はあとになった。

当主が実子に恵まれない場合（あるいは子供の数が足りない場合）は、他家から養女をもらってから、嫁に送り出すこともあった。例えば、先述したように、宇喜多秀家の妻となった豪姫は前田利家の娘であったが、豊臣秀吉の養女に迎えられたのちに秀家の妻となっている。

婚約・結納のことなど

次に、婚約と結納がどのように交わされたのかを見ておこう。

天正十一年（一五八三）、徳川家康の次女・督姫《とくひめ》と北条氏政《うじまさ》の嫡子《ちゃくし》氏直《うじなお》が結婚する際、婚儀の日取りなどを決定するために使者が何度も行き来したが、結局は相模《さがみ》（神奈川県）と駿河《するが》（静岡県）両国間の川で洪水が発生したため、婚儀の日取りは延長されている（『譜牒余録《ふちょうよろく》後編』など）。婚約が交わされると、夫となる家から妻となる家に金品が贈られた（結納）。婚姻に至るまでは、両者が頻繁に品物を贈ることもあった。例えば、元亀《げんき》三年（一五七二）に朝倉義景《あさくらよしかげ》の娘と本願寺光佐《ほんがんじこうさ》（顕如《けんにょ》）の嫡子・

光壽《こうじゅ》（教如《きょうにょ》）が婚約に至るまでは、太刀や馬などを互いに贈っている（『顕如上人御書札案留《けんにょしょうにんごしょさつあんとめ》』）。

　婚約と結納の次は、輿入《こしい》れである。延徳《えんとく》三年（一四九一）、越前《えちぜん》国（福井県）守護の朝倉貞景《さだかげ》は、美《み》濃《の》国（岐阜県）守護の土岐《とき》氏の守護代斎藤妙純《さいとうみょうじゅん》の娘と結婚することになった。驚くべきは輿入れの際の朝倉方からの返礼で、騎馬に五十貫文（約五百万円）、走衆には二十貫文（約二百万円）が支払われた。朝倉氏が婚姻にかけた経費は、総額で二万貫文（約二十億円）であった（『大乗院寺社雑事記《だいじょういんじしゃぞうじき》』）。

　天正十三年（一五八五）における、北条氏政と武蔵岩付《いわつき》（さいたま市岩槻区）城主の太田資房《おおたすけふさ》の娘との輿入れの様子は、江戸から岩付までの行列の記録がある（「豊島宮城文書」）。行列は一番から十八番まで編成され、責任者には太田氏、総奉行には宮城《みやぎ》氏と豊島《としま》氏が命じられ、ほかに「御物《おもの》奉行」や「御荷奉行」などが定められた。また、女騎（女性のみの警護役）も編成された。行列を成す時は、無駄口を利かないこと、きょろきょろしたり手を振ったりしないこと、服装を整え、責任者の指示に従うことが徹底され、従わない場合は厳罰が適用された。

　このように、輿入れは単に両家が結婚するという儀式にとどまらず、周辺の有力大名や領民へのパフォーマンス的な要素もあったようである。

今川氏親と寿桂尼

　ここで、戦国大名の婚姻の事例を一つ取り上げておきたい。それは、駿河・遠江《とおとうみ》（どちらも静岡県）

を支配した戦国大名の今川氏親《いまがわうじちか》と、その妻寿桂尼《じゅけいに》（実名不詳）の例である。

氏親は遠江国守護の斯波《しば》氏を打ち破ったのち、検地の実施や大永《たいえい》六年（一五二六）の「今川仮名目録《いまがわかなもくろく》」の制定を通して、戦国大名化に成功した今川氏中興の祖である。妻の寿桂尼は、中御門宣胤《なかみかどのぶたね》の娘である。中御門家は藤原北家勧修寺流《ふじわらほっけかじゅうじりゅう》の中流公家で、権大納言《ごんだいなごん》を極官《きょっかん》とした。故実典礼《こじつてんれい》に詳しく、その深い学識によって代々の天皇に仕えた。宣胤は後花園《ごはなぞの》天皇らの信任も厚く、朝廷儀式の復興に尽力した。

氏親と寿桂尼が結婚した時期は、永正《えいしょう》二年（一五〇五）説と永正五年（一五〇八）説があり、前者が有力とされている。氏親と寿桂尼が結婚した理由については、①氏親の曾祖父範政《のりまさ》と中御門家との交流があったこと、②氏親の姉が正親町三条実望《おおぎまちさんじょうさねもち》の室であったこと、の二つの説が提示されている。

①の理由は、範政が優れた歌人であり、文芸を通した交流があったという事実による。②の理由は、今川家が正親町三条家を通して、中御門家と婚姻関係を取り持った可能性が高いということである。後年、たびたび実望は駿河国に下るが、それほど両家の関係は深かった（『実隆公記《さねたかこうき》』など）。氏親の父義忠《よしただ》の妻は伊勢宗瑞《いせそうずい》（北条早雲《そううん》）の娘北川殿《きたがわどの》であり、その間に生まれた娘が実望の室であった。したがって、今川氏は婚姻により、実望と関係を深めていたという背景があったのである。

大永《たいえい》三年（一五二三）、実望は駿河滞在中に出家し、そのまま留まった（『公卿補任《くぎょうぶにん》』など）。結局、実望は享禄《きょうろく》三年（一五三〇）に駿河国で亡くなった。宣胤の日記には、氏親からの金銭的援助の記録も残っているので、氏親からの経済的な援助を期待して駿河に留まったのだろう（『宣胤卿記《のぶたねきょうき》』）。

一方、氏親が京の公家から妻を迎えることは、誇らしいことであった。父義忠から影響を受けたのかもしれない。つまり、氏親と寿桂尼の婚姻が成立した理由は、経済的支援を期待する中御門家と今川家の思惑が一致したからと言えよう。寿桂尼が氏親と結婚したことは、重臣との関係にも及んだ。今川氏の重臣である遠江懸川《かけがわ》（静岡県掛川市）城主の朝比奈泰秀《あさひなやすひで》は、寿桂尼の兄中御門宣秀《のぶひで》の娘を娶った。朝比奈氏が中御門家と婚姻関係を結んだことで、主家である今川氏と、より強い紐帯《ちゅうたい》で結ばれたと言える。

婚姻後の寿桂尼は、「大方殿《おおかたどの》」と呼ばれた。やがて、寿桂尼は氏親との間に、氏輝《うじてる》、彦五郎《ひこごろう》、義元《よしもと》という三人の男子をもうけた。三人の子供のうち、氏輝と義元の二人は今川家の家督を継いだ。しかし氏親は、側室として遠江高天神《たかてんじん》（静岡県掛川市）城主の福島助春《くしますけはる》の娘を迎えていた。氏親と側室との間に授かった子は玄広恵探《げんこうえたん》といい、のちに花蔵《はなくら》の乱で今川氏の後継者争いに加わる。その後、氏親は伊勢宗瑞（北条早雲）の協力を得て、遠江と三河《みかわ》（愛知県）に進出する勢いであった。しかし、氏親は健康に不安を抱えており、大永元年（一五二一）には中風《ちゅうふう》で病に倒れた。

氏親の不測の事態に備えて、「今川仮名目録」の制定が急がれた。その編纂には寿桂尼も加わり、のちに「女戦国大名」の異名を取る片鱗《へんりん》を見せた。氏親が病に伏す中で、氏輝は大永五年（一五二五）に十三才で元服した（『宗長日記《そうちょうにっき》』）。元服式を見届けた氏親は、翌六年六月二十三日に亡くなった（『実隆公記』）。氏親の死後、寿桂尼は出家し、幼い氏輝の後見人として今川家をリードすることになる。

寿桂尼と領国支配

寿桂尼が注目される理由は、領国経営を行うための文書を彼女が発給したことにある。先に触れた通り、女性が多くの文書を残すこと自体に類例が乏しく、それだけでも稀有な存在と言える。ここでは、寿桂尼の領国支配を取り上げることにしよう。寿桂尼が領国支配に携わった時期は、氏親が中風に罹ってからである。氏親は永正十三・十四年頃から中風を患っており、政治的な判断にも支障が出るほどであった（『宗長日記』）。

寿桂尼の発給文書は全部で二十七通あり、その初出は氏親歿後の大永六年（一五二六）である。近年の研究によると、氏親が晩年に発給した文書（大永六年六月十二日付け）と寿桂尼の発給した文書（享禄元年十月十八日付け）の類似性が指摘されている（「七条文書」）。その類似性とは、①文書の書き出し部分に印判が捺印されていること、②文面が仮名交じりとなっていること、③文面がほとんど同文であること、の三点である。

まず①についてであるが、通常、文書には発給した人物が署名と花押《かおう》（サイン）をする。印判の例は関東の戦国大名に多く、西に行くほど少なくなる。武田氏や北条氏などは、印判を用いた戦国大名の代表であろう。氏親の印は「氏親」という印文《いんもん》であり、寿桂尼の印は「帰（とつぐ）」という印文である（次頁図参照）。一般的に、中世の女性は印を用いないので、寿桂尼の印判状は非常に珍しいと

寿桂尼の印判

今川氏親印判

言える（佐藤：一九九七）。ほかには、播磨国《はりま》（兵庫県）守護赤松政則《あかまつまさのり》の後妻である洞松院《とうしょういん》尼《に》の例があるくらいである。

　次に②③についてであるが、普通、女性の発給文書は、漢文ではなく仮名交じり文である。文面がほぼ同じというのは、以前に書かれた文書を参考とするためで、よく見られることである。以上の点から、先の大永六年六月十二日付けの氏親の印判状は、実際には寿桂尼が作成し、氏親の印を使用したと指摘されている。つまり、氏親の晩年には、寿桂尼が事実上、夫の代わりに領国支配を行ったのである。

　大永八年（一五二八）以降、氏輝が名実共に家督を継承すると、いったん寿桂尼の印判状は見られなくなるが、享禄元年（一五二八）から享禄四年（一五三一）には、再び寿桂尼の印判状が見られるようになる。その理由は、氏輝が病弱であったためとの指摘がある。寿桂尼の領国支配におけるスタンスとは、①基本的に氏親の遺言に任せること、②氏輝が執務を行うようになったらそれに従うこと、の二点に集約される。

　この二点によれば、寿桂尼は、氏親から氏輝に継承する間の「橋渡し的」な存在だったと位置づけられよう。一方で寿桂尼は、氏親晩年の頃から、領国支配に積極的であった側面もある。氏親と氏輝が病弱だったため、実質的には大きな裁量権を持っていたのであろう。つまり、寿桂尼は事実上の今川家当主としての地位にあり、幼い氏輝を支えつつ領国支配に従事していたと言えるのである。

戦国女性の様々な姿

戦国時代を生きた女性と言えば、まずは公家や戦国大名の妻子を頭に思い浮かべるところであるが、それは全体から見れば、ごく一部の存在に過ぎない。次に、戦国女性の様々な姿に触れることにしよう。

まずは「大原女《おはらめ》」であるが、大原女とは大原《おおはら》（京都市左京区）から京の街で薪《たきぎ》などを売る行商人のことである。大原は自然豊かな山村であり、薪・柴・炭は特産品であった。女性たちは家事だけでなく、家計を支えるために行商を行ったのである。大原女が京で薪などを売り歩く独特な姿は、鎌倉時代の歌人藤原定家《ふじわらのさだいえ》の和歌にも見られる。「洛中洛外図」にも、大原女の生き生きとした姿が描かれている。

次に「辻君《つじぎみ》」とは、町の路地に店を構え、売春に従事した下級の娼婦《しょうふ》である。辻に店を構えることが多かったので、辻君と称された。このような売春施設は、室町時代以降の京の各地に存在したことが知られている。列挙すると、畠山辻子《はたけやまずし》、近衛万里小路《このえまでのこうじ》、錦小路町《にしきこうじまち》、東洞院《ひがしのとういん》、地獄辻子《じごくずし》、加世《かせ》辻子《ずし》などである。

ちなみに「君」とは、遊女のニュアンスが含まれた言葉である。また、「立君《たちぎみ》」は道に立って売春

大原女

を行ったので、辻君とは区別されている。やがて京では、こうした人々によって傾《けい》城街《せいがい》が造られるようになり、各地にそうした街が現れるようになった。豊臣秀吉の側室淀殿は、かつて「淀君」と称されていたことがあった。しかし、現在では右のような理由から、淀殿と呼ばれるようになっている。

天正七年（一五七九）九月、下京《しもぎょう》馬場《ばんば》町《ちょう》の門役《もんやく》の女房が、女を騙して和泉《いずみ》（大阪府）の堺で売ったという話がある（『信長公記《しんちょうこうき》』）。人買い商人のようなものであろう。その女房を捕らえて糾明すると、今までに八十人ほどの女性を売ったことを白状したという。こうした人身売買も、売春の温床になったと考えられる。

行商が転じて、遊女になる例もあった。「桂女《かつらめ》」は、京の西南にある桂付近に住んでいた。もともとは平安時代から桂供御人《かつらくごにん》として、天皇に鮎を献上する鵜飼い集団の女性を示す。鎌倉時代以降、鮎売りの女商人に転化した。しかし、室町時代に鵜飼いが衰えると、畿内各地の公家・寺院・大名の間を渡り歩く遊女へと変貌したのである。

また、瞽女《ごぜ》は盲目の旅芸人で、歌を歌いながら三味線を弾き、門付《かどづけ》をしつつ生計をたてた。瞽女には座頭《ざとう》のような全国的組織はなく、地方ごとの組織が縄張りを歩いていた。当時、山村などでは娯楽が乏しいこともあり、瞽女は大いに歓迎されたと言われている。

おわりに

戦国女性については、ここでは書き切れないほどの蓄積と研究分野がある。それは、政治、経済、社会、芸能など多岐にわたっている。本章で取り上げたのは、それらのほんのごく一部に過ぎない。今後もさらに研究が発展する分野である。

主要参考文献

佐藤進一『新版　古文書学入門』(法政大学出版局、一九九七年)
江馬務『結婚の歴史』(雄山閣出版、一九七一年)
小和田哲男編著『戦国の女性たち――一六人の波乱の人生』(河出書房新社、二〇〇五年)
久保田昌希「寿桂尼の生涯と今川氏」(『戦国大名今川氏と領国支配』吉川弘文館、二〇〇五年)
桑田忠親『桃山時代の女性』(吉川弘文館、一九七二年)
桑田忠親『桑田忠親著作集第七巻　戦国の女性』(秋田書店、一九七九年)
後藤みち子『中世公家の家と女性』(吉川弘文館、二〇〇二年)
女性史総合研究会編『日本女性史』第二巻中世(東京大学出版会、一九八二年)

女性史総合研究会編『日本女性生活史』第二巻中世（東京大学出版会、一九九〇年）
前近代女性史研究会編『家族と女性の歴史――古代・中世』（吉川弘文館、一九八九年）
前近代女性史研究会編『家・社会・女性――古代から中世へ』（吉川弘文館、一九九七年）
高群逸枝『日本婚姻史』（至文堂、一九八一年）
西尾和美『戦国期の権力と婚姻』（清文堂出版、二〇〇五年）
田端泰子『日本中世の女性』（吉川弘文館、一九八七年）
田端泰子『日本中世女性史論』（塙書房、一九九四年）
脇田晴子『日本中世女性史の研究――性別役割分担と母性・家政・性愛』（東京大学出版会、一九九二年）

渡邊大門（わたなべ・だいもん）

一九六七年生まれ。大阪観光大学観光学研究所客員研究員。博士（文学）。
主要業績：『中世後期山名氏の研究』（日本史史料研究会、二〇〇九年）、『戦国期浦上氏・宇喜多氏と地域権力』（岩田書院、二〇一一年）、『戦国・織豊期赤松氏の権力構造』（岩田書院、二〇一四年）など。

あとがき

まず、本書の成り立ちについて触れておきたい。「戦国時代の重要なテーマについて、わかりやすく解説した本を書けないか」というのが、そもそもの発端である。また、一般の読者は著名な人物や合戦に注目しがちであるが、多様な戦国時代の側面を知っていただきたいという思いもあった。

織田信長や豊臣秀吉、徳川家康といった英雄の生涯や、彼らの合戦だけを追っていても、戦国時代は理解できないからである。

すでにお読みになっていただいた通り、本書では丁寧な説明を行うことによって、初学者でもわかりやすく読んでいただけるようにした。戦国時代の様々な側面や、従来説の誤りを知っていただければ、望外の喜びである。

なお、本書の「はじめに」でも申し上げた通り、本書は一般書という性格から、読みやすさを重視した。したがって、文中には学術論文のように、細かく注記を施していない。ご海容をお願い申し上げる次第である。

さらに勉強をしたいという読者は、それぞれの項目に「主要参考文献」を掲出してあるので、書店や図書館などで手に取って知識を深めていただければ幸いである。
最後に、ご多忙のところ原稿をお寄せ下さった執筆者各位に厚くお礼を申し上げる。また、本書の編集にあたっては柏書房編集部の小代渉氏のお世話になった。原稿を細かくチェックしていただき、有益な助言を得たことを厚く感謝申し上げたい。

渡邊大門

二〇一五年五月

編者紹介
渡邊　大門（わたなべ・だいもん）
1967年、神奈川県横浜市生まれ。
1990年、関西学院大学文学部史学科日本史学専攻卒業。
2008年、佛教大学大学院文学研究科博士後期課程修了。博士（文学）。
現在、大阪観光大学観光学研究所客員研究員。

【主要著書】
『人身売買・奴隷・拉致の日本史』（柏書房）、『戦国の貧乏天皇』（柏書房）、『真田幸村と真田丸――大坂の陣の虚像と実像』（河出ブックス）、『宮本武蔵――謎多き生涯を解く』（平凡社新書）、『牢人たちの戦国時代』（平凡社新書）、『戦国史が面白くなる「戦国武将」の秘密』（洋泉社歴史新書y）、『こんなに面白いとは思わなかった！　関ヶ原の戦い』（光文社知恵の森文庫）、『謎とき東北の関ヶ原――上杉景勝と伊達政宗』（光文社新書）、『戦国誕生――中世日本が終焉するとき』（講談社現代新書）など多数。

真実《しんじつ》の戦国時代《せんごくじだい》

2015年６月10日　第１刷発行

編　者　　渡邊大門

発行者　　富澤凡子
発行所　　柏書房株式会社
東京都文京区本郷2-15-13（〒113-0033）
電話（03）3830-1891［営業］
（03）3830-1894［編集］

装　丁　　鈴木正道（Suzuki Design）
組　版　　有限会社一企画
印　刷　　壮光舎印刷株式会社
製　本　　株式会社ブックアート

ISBN978-4-7601-4607-9

柏書房の本

［価格税別］

消された秀吉の真実——徳川史観を越えて

山本博文・堀新・曽根勇二［編］

●四六判上製／328頁／2800円

偽りの秀吉像を打ち壊す

山本博文・堀新・曽根勇二［編］

●四六判上製／256頁／2800円

豊臣政権の正体

山本博文・堀新・曽根勇二［編］

●四六判上製／336頁／2800円

柏書房の本

［価格税別］

天下人の一級史料——秀吉文書の真実

山本博文

●四六判上製／２７４頁／２２００円

キリシタン将軍 伊達政宗

大泉光一

●四六判上製／３３６頁／２８００円

戦国大名と読書

小和田哲男

●四六判上製／２４０頁／２２００円